ZUOSHI YAOYOU FENCUN

做事
要有分寸

◎ 王宇/著

新星出版社 NEW STAR PRESS

前 言

分寸,何谓分寸?"分寸"主要两种含义:一、比喻微小的意思。二、指说话或做事的恰如其分。做事有分寸中的"分寸",无疑是第二种含义。它要求人们做事要谨慎严肃,谦虚认真。行动合乎立场,举止合乎身份,言语合乎分寸,礼貌合乎常规。

人生中最难把握的两个字是分寸。科学界有一个关于分寸的定论叫黄金分割,就是最具有美学价值的比例,也就是我们人类的视觉感到最舒服的造型。其实在生活当中,黄金律几乎无处不在。旗帜的长宽,人体上下部的长短,窗子的大小,一天当中气温冷暖的比差,甚至阳光的强弱……都有一个科学的定律在发挥作用,这也就是人生的分寸。

做人做到恰如其分,是人生的最高境界。做事做到恰到好处,是人生的最大学问。历史上,无数的有着绝世功勋的人士都没能逃脱"狡兔死,走狗烹"的命运,而曾国藩就不一样了,他及时地把握好了自己作为一个将军大臣的分寸,因此他成功了。看看所处的世界,因为有一个完美的尺度,我们的世界才端庄和谐。看看我们周围的人们,因为有一个人生的分寸,才使他们的人生既有失败的懊恼,也有成功的欢欣。

把握好了做事的分寸,就等于掌握了自己的命运。

本书分了三篇讲述做事有分寸的道理和技巧。俗话说:做事先做人。做人有分寸,做事才会有分寸。因此,本书第一篇先向读者朋友们点明了做人有分寸的重要。坚持自我,保持本色;把握做人的

度,找回自己的价值。后两篇分别讲述了做事有分寸。做事要有计划,有选择,懂得进退,清楚做事的禁忌。第三篇以做事巧在分寸为主题向读者朋友们讲述了人际交往、说话、送礼的分寸之道。

　　本书取材于现实,以"做人要有分寸"为出发点,告诫读者做事应注意的方方面面。如果你仔细从头到尾阅读本书,就能从中得到大量有益的启示,大大改进你做事的能力。本书就是对生活中做事应该讲分寸的方面进行了最细节性的归纳,用浅显易懂的语言说明深刻的大哲理,让读者有种耳目一新的感觉!

　　不用迟疑,行动就是您最好的选择,我们期待着!

第一章　坚持自我,保持本色

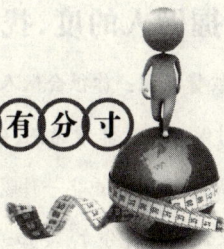

做事 要有分寸

目 录

做事先做人,成事先成人,这是老祖宗留下来的话。生存不易,许多人都会在沉重的生活压力之下摇头叹息:做人难,成事更难。生活中的种种际遇经常会让人感觉到心灰意冷,做事想要轰轰烈烈,但最终却迷失了前进的方向;做人想要八面玲珑,处处讨好,最后却疲惫不堪,失去了自我。我们不是不努力,更不是不够聪明,为什么我们一样付出了,但是最终结果却不像我们想象中那般美好?原因只有一个:我们没有坚持自我、保持本色。

做事没有计划、没有选择的人，无论从事哪一行都不可能取得成绩。一位在商界中颇有名气的经纪人把"做事没有分寸"列为导致许多公司失败的一个重要原因。事实上，做事有计划、有选择对于一个人来说，不仅是一种做事的习惯，更重要的则是反映了自身的做事态度，而这种做事态度往往是日后自身能否取得成就的重要因素。

做好计划、按计划有选择的行事，不仅可以提高工做效率，而且可以体验工作的节奏感，使你不至于把工作当做是一种苦役；而是当做一种享受，让你在工作中感受生命的脉动，把握生命的韵律。

第四章 审时度势，进退有道………………………103

人生如棋局，棋局中自有其法，进退各有其道。天下各种各样的棋谱有千千万万，成为高手的重点并不在于精通所有，而是在于审时度势，找出最为适合自己的棋谱，然后在此基础上不断地发展变化，学会进退有道。生活中的每一个成功者都是进退自如的高手，要想掌握好进退的方法与时机，便首先要从"败退胜进"的误区中走出来，进不见得就并非不强，退也不一定就代表弱。那些懂得忍让退却的人背后往往蕴藏着更为惊人的力量。所以，进不一定轰轰烈烈，退也不一定显山露水，进退之形决定于局势的变幻，而非一时的自我感觉。如此行事，才有可能达到胜利的彼岸。

第五章　做事有禁忌，三思而后行 …………… 127

世界上的事情大部分都有禁忌，在之前好好地思考一番，事中才能畅通无阻，事后才能倍感欣慰。一步走错，或许就是终生的遗憾；一念之差，或许就是整局的失败；一个失误，或许就是整个团队的失败。所以在行事之前，最好要三思而后行，三思而后行，可以避免冒失做事。三思而后行，可以给事情一个缓冲的机会；三思而后行，可以使问题找到最佳的解决方案；三思而后行，会尽量避免冒失所造成的遗憾。做事知禁忌，三思而后行，才是最佳的解决问题方案。

第三篇　巧在分寸，成事不难 …………… 162

第六章　人际交往，保持适度的弹性 ………… 162

一个篱笆三个桩，一个好汉三个帮。孤掌难鸣，一个人出入社会，必须要学会寻求他人的帮助,借他人之力来使自己更为强大,借助他人之力来成就美好人生。这就注定了我们要不断地在人际网中活动,保持适度的弹性。学会了弹性做人、做事的话,往往会让你的人际关系层层是金。

第七章 求人办事,口吐莲花……………………193

说话是一门艺术,更是一种技巧。会说话的人往往左右逢源,如鱼得水;不会说话的人,却处处受限,寸步难行。古今中外,独领风骚、成就大业者,都是会交朋友、会说话的杰出典范。然而,说话不懂得分寸,往往会使原本有望成功的事情趋向于失败。说话有分寸,做事才会更加顺利。

第八章 礼尚往来,巧妙送"礼" …………………… 244

"人无礼则不生,事无礼则不成,国无礼则不宁。"礼,是人际关系的润滑剂,是一个人立身处世的根本,是你事业成功的金拐杖。然而,送礼也要有技巧,有分寸。会送者,不仅送得必要,而且送得恰到好处;不会送者,不仅不容易被他人所接受,甚至有可能会得到相反的效果。

第一篇 做人有分寸,做事才会有分寸

第一章 坚持自我,保持本色

做事先做人,成事先成人,这是老祖宗留下来的话。生存不易,许多人都会在沉重的生活压力之下摇头叹息:做人难,成事更难。生活中的种种际遇经常会让人感觉到心灰意冷:做事想要轰轰烈烈,但最终却迷失了前进的方向;做人想要八面玲珑,处处讨好,最后却疲惫不堪,失去了自我。我们不是不努力,更不是不够聪明,为什么我们一样付出了,但是最终结果却不像我们想象中那般美好? 原因只有一个:我们没有坚持自我、保持本色。

1. 走自己的路,不盲从别人

在现实生活中,我们往往会碰到这样一种情况:自己的意见往往会在大众的压力之下发生改变。平日里,我们将这种行为称之为"随大流",这种行为与心理反映出了一个问题:我们对自己的判断缺乏信心,对后果没有十分的把握,为了求心安,我们只好选择随波逐流。在频繁的此类行为冲击之下,个性被泯灭,创新的

思想被掩盖。在这种情况下，个人的发展便成为了空想。

意大利文学家但丁在他的代表作长诗《神曲》中留下了一句点醒愚钝世人的哲理语言："Go your own way, let others talk."走自己的路，让别人去说吧！这是怎样的人生气概！鸟有鸟语，虫有虫鸣，花开花谢间各有各的不同，茫茫人海，芸芸众生间，你永远也无法找到第二个自己，也许你出身贫贱，或者你生来便是豪门二代，但是那又如何？生命永远是自己的，没有人可以主宰你的生活。

纵观中国的历史长河，坚持走自己的路，不盲从别人的人随处可见。不管是比较强盛的唐朝早中期，还是后来的明朝早期，抑或清朝早期，当时的领导者都是在坚守我国自身优良的文化传统的基础上，兼收并蓄地吸取外来文化，扬弃的借鉴一切外来的先进政治体制、军事思想和先进科学技术。

汉末，群雄逐鹿，英豪四起。曹操北踞中原，虎视江南，修书一封与孙权曰，"与将军会猎于吴"。吴国朝野顿时人心惶惶，有的人主动应战，也有的人主动投降，莫衷一是。吴主孙权主战，然张绍等一干人竭力劝孙权降曹。到底是该怎样做，关键时刻孙仲谋拔下佩剑，砍下案头一角，斩钉截铁地说："孤意已决，再有言降者，如斯！"孙权下定决心不盲从，这才有了赤壁一战的辉煌与曹军的"樯橹灰飞烟灭"。

为什么吴国能在群雄中占得三足鼎立之一席，成就霸业？孙权对自己信念的坚持自是功不可没！关键时刻要相信自己，给自己一个明确的答案。当断则断，勇敢地相信自己，不盲从，不轻信，这是一种存在于所有成功人士身上的伟大品质。就如同一棵青松，风雨中，它不像矮草那样趋从风向；下雪时，它亦不会轻易地被雪压折了枝头。要想成为有作为的人，我们便必须让自己锻炼出不盲从，不轻信这种品质。

"坚守自我"、"走自己的路,不盲从别人",不管在任何时期,都是引领成功的重要原则。古往今来,很多成功者都是坚守自我的代表人物。改革家与政治家商鞅、王安石至死都不放弃自己的改革措施;大诗人李白、杜甫、苏轼等情愿一辈子过着一种贫困、流放的生活,都不愿意放弃自己的政治主张和见解;大军事家孙子、孙膑、周瑜等之所以在军事史上有立足之地,与他们的不盲从、独立的思考能力和坚守自我的毅力是分不开的。这些人物之所以可以在浩瀚的中国历史中留下自己的名字,不仅是因为他们在各自的时代都留下了不朽的业绩,更是因为他们"坚守自我"的品格,无论在什么样的环境下都保持着不变的状态。

"走自己的路,不盲从别人",在我们日常生活与学习中随处可见,"坚守自我"也时刻在考验我们。

"麦当劳"在中国已经成为了人人皆知的快餐巨头,其足迹几乎遍及各大中型城市。它的成功绝非偶然,而是与其不盲从其他快餐店的经营方式有着密切的关系。

年轻人爱吃麦当劳,主要看中的是它快捷的服务、舒适的用餐环境和口感良好的食物。从下面的一组数字中,我们可以得知麦当劳是如何坚持自我原则的。

60秒。每一位顾客从付钱到下单,到拿到食物,这一整套工作流程麦当劳的工作人员必须要在60秒内完成,这是麦当劳员工对每位顾客的承诺,也是其不成文的规定。

30分钟。每隔30分钟,麦当劳员工必须要对店内进行一次全面的清扫,以便随时保持室内的干净清洁,为顾客提供舒适卫生的用餐环境。

4摄氏度。根据研究表明,可乐在4摄氏度的时候口感状态最佳。麦当劳不遗余力,始终将可乐保持在4摄氏度,让顾客享受到

最佳口感。

60秒、30分钟和4摄氏度，这三个极为普通的数字，在麦当劳里却演变成了快捷、舒适、美味的代名词。这便是麦当劳的原则，更是驱使它成为全球快餐巨头的所在。

经营企业是如此，做人更是如此，这些永远都是决定你是杰出者还是平庸者的重点所在。很多人都会将走自己的路当成人生的座右铭，但是静下心来想一想，真正可以做到走自己的路却又寥寥无几。

走自己的路，就如同大树深深扎根于土壤中那般坚定不移。墙头的小草有着更为自由的生存空间与更宽广的视野条件，生活那么自由，然而当微风吹起时，它们便摆弄着自己的身姿，风往哪个方向吹，它们便往哪个方向飘。是想要做根深蒂固的大树，还是做随风而倒的小草，每个人都有自己的选择。但是一旦你已经认定一条路，便应该毫不动摇，哪怕外界的风再大，路再坎坷，你也应执著于自我，坚持下去。

1896年，在美国的马萨诸塞州，一位年仅14岁的少年罗伯特·戈达德在自己的心中产生了一个大胆的设想：如果有一种机器可以把人带到外星的话，那该有多神奇！他把自己的这个设想告诉了家人与周围的朋友，大家却无情地嘲笑他，认为他只不过是在异想天开。父亲甚至劝他说："孩子，你能老实地待一天就好了，我可不认为你有本事驾着你那神奇的机器飞上太空。"

但是戈达德却并未灰心，为了自己的梦想，他开始发奋学习，并在高中毕业后考上了克拉克大学，在其中获得了理学博士学位。毕业后，戈达德并没有找工作，而是开始不断地研究自己的设想。他写出了一本共69页的小册子，并起名为《达到超高空的方法》。

但是,不管是当时的国际理学界,还是美国政府,根本没有人理会他,一些报纸甚至说,戈达德是新时代的科学狂人。因为在当时,这种设想简直就是痴人说梦。

戈达德依然没有灰心,他将自己的所有财产都变卖了,并制作出了第一架极为特殊的机器,这架机器高 1.2 米,直径 15 厘米,并用汽油和液态氧做燃料,时速达到了 100 千米。但是由于燃料不足,这次试飞升到了 60 米的高空就落到了地上。戈达德给自己的这架机器起名叫火箭。这是人类第一次使用液态的燃料将火箭送上天空。这一年,戈达德已经 44 岁了。

在自己的实验成功之后,戈达德早已经成为了一个身无分文的穷光蛋。他向美国政府申请对这种火箭进行研制开发,但却遭到了美国政府的无情拒绝,对方的理由是:看不到任何可行性。戈达德没有灰心,他继续着自己孤独的实验。

终于,在一家慈善机构的捐助下,1929 年 7 月,戈达德在自己的家乡马萨诸塞州发射了第二枚火箭。这枚火箭上不仅有气压表、温度计,甚至还带了一架小型照相机。这次,火箭飞行了 1000 千米才落到了地面。这是世界上第一次发射装载有测量仪器的火箭实验,这一年,戈达德 47 岁,他成为了众人眼中的不务正业者。

第二次实验成功后,为了平息民愤,当地警方给戈达德下了通告:不允许再在马萨诸塞州实验火箭。没有办法的戈达德只得带着自己从慈善机构募捐来的微薄经费,独身一人来到了新墨西哥州一块荒凉的土地上进行实验。他如同一只猩猩一样,生活在这片荒滩上。从 1930 年到 1935 年,5 年的时间里,戈达德发射了多枚火箭。他研制的火箭已经设有专门的燃烧室,装载有转向器、陀螺仪,并能对火箭的方向和速度进行自由的控制。火箭的最高飞行高度已经从第一次的 60 米攀升到 2500 千米,时速达到超音速。

终于有人对戈达德的实验结果产生了兴趣：德国的科学家采纳了他的火箭研究理论，并在希特勒政府的全力支持下，德国科学家研制出了 V 型火箭。而这一成果成为了当时令美国羡慕不已的事情。二战后，德国火箭专家迁居美国，此时的美国政府才得知，戈达德多次申请的项目并不是一件妄想。虽然当时，戈达德早已因为贫穷与疾病而去世了，但是他的伟大著作与令人惊讶的研究成果却成为了日后美国进一步发展航空事业、研制新型火箭的重要基础理论。

走自己的路，哪怕看不到结果，你既然已经下定决心走一条路，为何要去思考日后需要走多久？不要盲从他人的意见，因为他们往往无法看到其中的思想精华。坚定自己的目标，昂首向前，直至抵达目的地，这才是走自己的路应持有的态度。只有那些不为诱惑所困、不为他人所动的人，才能将自己的人生之路走好。

走自己的路，不盲从别人，坚持自己的原则，有自己的主见，保持自我的个性与勇气，这是成功做事的基本要素。世道茫茫，在这个五彩缤纷的大千世界中，每一个人都要认真地为自己选择一条人生之路，绝不可因为一时的迷茫而失去方向，而随大流。人云亦云的人生是悲惨的，只有走自己的路，有自己的主见，认真地对自己的人生负责，不能有半点马虎，更不可见风即起浪，这才是成事的秘诀所在。

2. 保持本色，走出自己的路

平庸的人总是很难赢得掌声的，因为他们总是在他人的指指点点下失去了自身的个性，甚至无法保证思想上的独立性。保持自我本色，走自己的路，虽然不一定会让你成为卓绝的人物，但是却一定会让你在短暂的人生中收获属于自己的精彩之处。如果你渴望成功，如果你向往未来，便必须要走出自己的路来。跟在别人后面的人，永远都只能庸庸碌碌。凡事善于动脑子，结合自己的个性去设计未来的成功之路，我们的人生才能成功。

一个人所面临的最糟糕的事情便是，自己无法成为自己，无法保证行动与心灵上的一致性，更无法在现实生活的打击之下保持清醒的自我。每一个人在出生的时候都是原创，但是随着人生履历的增加，却有越来越多的人变为了他人的盗版。这种单纯意义上的无谓模仿不仅是思想贫瘠的外在表现，同时也是个人本色开始泯灭的标志之一。

在一代喜剧大师卓别林刚开始拍电影时，一些知名导演们都坚持让卓别林模仿当时一位非常有名的德国喜剧演员。卓别林却坚持着自己的原则，仍然保持着自己的本色，经过不懈地努力，他终于创造出一套自己的表演风格，而这样的表演风格使他成为了至今依然极为有名的电影大师。其实要想把一件事情做好很简单，那就是当你做事的时候，坚持自己的原则、不要迷失自我就可以了。凡英雄豪杰必有着坚定的做人原则与风格，平庸之辈绝对无法站在众人仰望的高度，缺乏了自我本性，他们只能成为仰望巨人的芸芸众生中的渺小一员。保持本色，你才会有机会成为有所作为的人。

某饮料公司在产品准备投放市场之初，便曾委托一位大学教授做相应的市场研究。几个月后，这位教授带回许许多多垃圾，对经理说："垃圾袋绝对不会说谎和弄虚作假，什么样的人丢什么样的垃圾。查看人们所丢弃的垃圾，是一种最有效的行销研究方法。这些垃圾中，品种最多的空饮料瓶便是最为畅销的！"而这家饮料

公司从中发现，教授所带回来的垃圾中，那些多年坚持自我口味不变的品牌才是拥有消费者最多的品牌。

其实调研市场的方法并不难，看看人们真正在消费什么就可以了；其实靠近成功很简单，坚持自己的个性便能成功了。一个人在自己的漫长人生当中要想成功，便必须要走出一条属于自己的路来。盲目跟从的人是永远不可能做出什么令人惊诧的创举的。凡事善于动脑子，结合自己的个性去设计成功的路线和方法，才是成功最好的方法。

东施效颦、邯郸学步，之所以沦落成为了众人口中的可笑之处，完全是因为他们放弃了自身的本色，而去拙劣地模仿他人的生活方式与做事方法而造成的。失去了自我的本色，人生便会由五彩变为黑白。

2004 年度，奥地利女作家埃尔弗里德·耶利内克获得了当年的诺贝尔文学奖。令人们惊讶的是，这个骄傲的女人在得知自己获奖的消息之后，却宣告说："我不会去瑞典的斯德哥尔摩领取诺贝尔文学奖。"

她并不期待着自己可以成为一个受万人瞩目的名人，她认为自己极力想要追求的目标并不是如此。她对自己的朋友说，在得知获得了这一如此崇高的奖项之后，她首先感觉到的"不是高兴，而是绝望"。耶利内克说："我始终没有想过，我本人会获得诺贝尔奖，也许，这一奖项最应颁发给另外一位奥地利作家，彼杰尔·汉德刻。"

我们不必表达自己对这位获奖者的反应是褒还是贬，但是最为难能可贵的是，在面对如此巨大的荣誉时，她完全保持了自己的本色，她非常地清楚自己是谁，自己应该做些什么。耶利内克写作的本意并非为了获奖，而且她认为，有比她更应该获奖的作家，这不仅是她的诚挚与超凡勇气的体现，而且更是真实自我本色的体现。

的确，诺贝尔奖是加在一个作家头上最为光荣的桂冠，它令获奖者沐浴着荣誉的阳光，但是它却无法从根本上改变一个人，你本来怎么样，现在你还将是怎样的。荣誉是如此，诋毁更是如此，他人的评价永远不会对真实的你产生作用，它们所产生的影响永远是心理上的，而你则是将其进行了片面的放大，从而使自我的前进方向发生了改变。

埃尔弗里德·耶利内克的坚持自我本色，丝毫没有影响到瑞典文学院公布对她的评选结果。另外，在公布这一评选结果时，颁奖方附上了授予她这一荣誉的原因："她用音乐般畅快的表达，以充满激情的语言揭示了社会中一切陈规旧俗的荒谬以及这些枷锁对人施加的可怕压力。"

想要培养良好而积极的心态，想要拥有平和、美丽的心理世界，你便应该明白，刻意地模仿别人，是摧毁幸福、导致失败的最快捷方法。找回自我，保持本色才是通往幸福与成功的最佳途径。保持自己的本色，做最真实的自己，这样的人是最富有人情味与亲和力的人，而这样的人也是最容易聚集人气的人。在一个人脉决定成功的时代中，这样的坚持自我无非是为自己的未来增添了一个极重的砝码。

永远不要抱怨自己是那么不完美，永远不要期望自己可以如某某般。你要懂得，假如你具备了所有人的优点，那么你得到的将是前所未有的孤独和寂寞。这个世界上从来不存在完美，人正是因为拥有了缺点或缺陷才会更有亲和力，才会获得更多人的认可。因此，不管是谁，你只需要保持自己的本色，设法在最大限度上利用自己的优势，保持你的本色，走好你的路，做最好的自己，你便可以既在事业上有所成就，又可以充分地享受到幸福与美满。

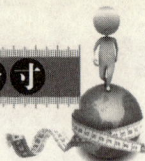

3. 保持独立，不轻易依附

我们不会永远是那个牵着父母的手走过春秋冬夏的儿童，长大是一件残忍的事情，但同时也是无法避免的事情。终有一天，我们会独立而坚强地生活在这个社会上。在繁华与喧闹的城市，如果不懂得独自承受，不懂得独立，便会在诱惑与挫折中迷失方向。总是抱着依附的态度，便无法体会到人生中独特的感觉，更无法品尝到成功的甜美。

学会独立而不依附别人，靠自身的力量去努力开垦一片属于自己的天空，这是一件值得骄傲的事情，更是一件为人生增添色彩的事情。也许这样的事情会让你很累很苦，但当千帆过尽繁华散去时，你会发现自己已离最初的梦想并不遥远了。

某人遇到了无法解决的事情，便去庙里拜观音，七天七夜间，他不停地跪拜，态度非常虔诚，但是七天间，他却连菩萨的影子都没有看到。正当他准备离开的时候，却有一人走了进来，他定睛一看，原来是观音。观音走到自己的佛像前，深深跪拜。此人深感诧异，便上前询问："菩萨，您为何事跪拜？"菩萨笑答："我也遇到了难事。""那您为何跪拜自己？""因为我知道，求人不如求己。"

求人不如求己，这便是不依附的思想。保持独立，不要去轻易求取他人的帮助，不要去想如何才能找到更为稳定的靠山，这些思想最终会使你失去最初的前进方向，从而迷失在无尽的现实诱惑中。

莎士比亚曾经说过："巨象的腿是为步行用的，不是为屈膝用的。"对于一个拥有独立思想、渴望成功的个体来说，依附于他人是一种无法淡忘的耻辱。在通往成功的道路上，我们可以向外界学习各种各样的知识，以增加自身的实力，但是我们必须走自己的路，坚持自己的独立。

人要学会独立，只有这样才会拥有别样的光芒。做人做事有明确的立场，是独立；不盲目听从他人的意见，不轻易调整前进的方向，是独立；不放弃自己的主张，不轻易依附于其他人，更是独立。

提香，意大利文艺复兴盛期威尼斯画派的代表性画家，身为乔凡尼·贝里尼的学生，他的画风深受乔尔乔奈的影响。在乔尔乔奈和乔凡尼·贝奈尼相继去世后，提香成为了威尼斯画坛的一枝独秀。当时的他被公众推选为威尼斯宫廷画师，但是画家却对此并不感兴趣，他极其委婉地拒绝了这份拥有高俸厚禄的职位。因为当时，在威尼斯共和国中，宫廷画师虽然名义上好听，但是其实际上的地位却并不比宫廷乐师、厨子，甚至小丑高出多少。他宁可保持着自己独立的地位，去谋得更多的自由来招徕主顾，也不愿屈从于某一个权贵。而在整个欧洲的美术史上，提香可以说是第一位不依附于统治者的画家。法国国王亨利三世曾亲临他的画室；罗马皇帝查理五世在随从的簇拥下来到他的画室时，发现了一支掉在地上的画笔，便弯下身子亲自为提香捡起来，并风趣地对他说："世上最伟大的皇帝给最伟大的画家捡起一支画笔。"

这便与庄子的"愿在泥水中摇尾而行"有着异曲同工之处了。保持着自身的独立性，对本可以依附的权贵保持远离的态度，坚持着自己的原则，生活在独立的状态之下，追求最佳的人生际遇，这不仅仅是庄子与提香的生活准则，更是众多成功人士一生中都在坚持的行事原则。也正是因为拥有了这样的原则，他们才能拥有了别样的灿烂人生。

保持独立，不仅仅是不轻易求人，更是让自己与他人保持在合适的距离之内。你是否有这样的经验：最为常用的物品往往是最不

受珍惜的,因为接触得越多,其缺点便会越明显。所以,千万不要与他人过度亲密,或者让他人过于亲近于你。否则,你将会失去自身的优势与声望。如果你让他人感觉到,他们可以对你产生影响、可以支配你的行动,你便会失去影响力。保持一定的距离,让自己处于独立的状态中,便会增加对方的注意力,从而使自己获得更多的威望。

英国女王伊丽莎白一世在位期间,有着自己独特的统治方式:给予希望,但是永远不让对方满足。在她的统治期间,英国享有着无与伦比的和平,文化艺术更是发展到了一个全新的高度。借助着一辈子玩挑逗及退缩的游戏,伊丽莎白成功地主宰了国家以及每一位想要征服她的男人。身为广受世人瞩目的核心人物,她拥有对一切的控制权力,以保持独立为最高原则,伊丽莎白不仅捍卫了自己的权力,同时也成为了众人的崇拜对像。

这个世界便是如此,当你保留着自己的独立立场时,你不但不会激起别人的愤怒,反而会受到尊敬,而这样的行事方式会使自己看起来比较有权势。因为你从来不会去依附于他人,更不会让他人掌握自己的未来。

当你不像绝大多数的人那样,屈从于团体或关系时,随着你独立的名声逐渐响亮,会有越来越多的人想要将你拉拢进来,希望你加入他们,而这种欲望会如同病毒一样进一步地蔓延。如果我们看到其他人都去仰慕一个人的话,我们也就会倾向于仰慕他。但一旦你将自己的态度明确地表达出来,你的魅力便会消失殆尽,同时你会变得跟他人没有两样,人们会试着用各种各样的手段,使你产生想要依附于他们的想法。他们也许会送给你礼物,会给你许多的恩惠,而这一切都是为了要绑住你。但是你应该鼓动这样的关注,并激发他们的兴趣,同时又要不惜任何代价保持独立,使自己的态度疏离,而人们会自动地前来依附于你,因为赢得你的感情会成为他们最大的挑战。只要你始终保持着自身的独立,不轻易去依附于任何人,并不断地刺激对方的欲望,你便永远是广受关注的魅力人物。在这种魅力的带动之下,你的成功便不在话下了。

4. 不做忍气吞声的人

如果你是一名踏入职场的新人,总是会有所谓的好心老员工过来告诫你:想要出人头地,先要学会忍气吞声。你刚入公司,不知所以,好不容易有了一个好心人指点自己,自然是言听计从。于是,在忍气吞声中,你想要纵横职场、创下一番事业的雄心忍没了;你朝气蓬勃的生活状态没有了,你良好的心态也开始变得浮躁了,但是成功却仿佛越来越远了,你根本看不到何日的自己才品尝到荣耀。这便是忍气吞声的下场:你永远都是别人成功的垫脚石。

有这样一个比喻:企业好像是一棵大树,树上攀满了很多的猴子。如果要站在树上,左右看都是耳目,往下看都是猴子的笑脸,往上看都是猴屁股。如果我们要想少看见屁股、多看见笑脸,唯有站得够高。

不仅在企业中,在生活中也同样是如此,社会再讲究公平公正,其内在都永远有着人为原因造成的阶层,正如树杈的分布一样:越到高处,可供盘踞的位置也是越少。我们中的大部分人,恐怕一辈子只能是仰起笑脸看上头的屁股;生活中碰到了待人苛刻或脾气暴戾的人时,自己偶尔也会有冲上去理论一番的欲望,但是想一下后果,还是忍了吧! 于是自己便永远成为了社会最底层、最为受气的一种人。

想不受气吗? 敢于捋起胳膊跟欺负你的人干上一架,并不是能

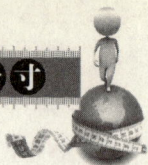

使你不受气的正确做法，那样的过激行为反而会让你陷入冲动带来的无尽惩罚中。拿职场来说，真正的不受气是这样一种状态：初入职场头三年学艺未精的人，只能是看老板脸色，这并不丢脸；有本事的人，三年后成为组织里不可或缺的骨干，让老板看你脸色。

这样的状态是一位广告界的青年才俊总结出来的。他之所以能够深谙此中的意义，是因为他有亲身的体会：在他刚进入本地最大的那家广告公司时，发现自己在大学里学到的东西，在实际应用中不实用，致使办事成功率很低、出错率很高，为此受到的责罚也不少。那时候不论寒暑，他都自觉把领带吊在颈子上，"好让焦躁的上司方便地拽紧它大声训斥"。但是慢慢地，遭上司训斥的次数变少了；两三年过后，上司见到他时，已变得跟换了个人似的。再见面时这位青年总会说一句重话，有几次该青年要耍大牌，上司居然也不恼，还小心地陪着他。

上司不能不小心地陪着了，因为现在这位青年已经是个"有本事的人"，举凡展览、策划、文案、平面设计等他都很有一套，迄今获奖无数，已成为那家广告公司里的台柱和招牌。现在的他的确可以扬眉吐气了，因为他有反过来让老板看他脸色的资格。现在，你是否也觉得这位青年有今日之成绩，源于他沉得住气、懂得卧薪尝胆？的确，我们要忍气吞声，但更要努力进步，让自己拥有扬眉吐气的资格。

成者为王败者寇，这早已是人类社会中铁打的规律，只有胜利者才拥有欢呼的权利，谁也无法对此提出反对。在人类社会的金字塔中，如果你没有能力，那你便只能成为负担最重、收入最少、社会地位最低、最为受人漠视的人群，你也能只能是忍气吞声之人，就算你鼓起全部的勇气想振臂一呼，响应者也寥寥无几，因为你是个失败者，你不具备号召力，你没有站在领袖位置上的资格，而这一切都是因为你没有能力。

能力决定生活状态，只有靠着过人的能力与持续不断的努力，我们才能赢得别人的尊重，有了能力，才能在别人的眼中提高高度，受到他人的尊重。自身有了值得别人尊重的地方，我们才会在社会上拥有一席之地。

不想做忍气吞声的人吗？那就从现在开始，让自己提升高度、努力充实自我、认真做好每一件事吧。如果你将这一过程坚持着持续下来的话，你终会赢得尊重，赢得赞赏，赢得掌声，凡事都需要自己打拼之后才会成功，而上帝也往往只能看到那些持续努力的人。有一颗上进的心，有提升自我的决心与行动，你终会得到自己梦想的一切。而当你将以上统统做到之后，你会发现，你成为了那个把他人呼来唤去的人，忍气吞声的日子离你越来越远了。

5. 做最好的自己

生活中，我们总是会听到有人这样说：假如我是马云，我的生活便不会如此窘迫；假如我是比尔·盖茨，我便不需要再为钱而发愁；假如我是××，我便不用再……说这些话的人，往往是生活中的失败者，他们喜欢这样遐想，这样的遐想会让他们品味到一丝丝成功的美丽，但是在跳出遐想、回到现实后，他们却总是会发现，现实依然残酷如旧。在这些"假如"背后，隐含着说话者自卑的情绪：一个天生的失败者。

我们允许遐想，但是为什么我们要按着他人的成功模式来遐想自己的未来呢？的确，现实是残酷的，我们无法选择自己的出身，但是至少我们可以选择相信自己，因为不管是马云还是比尔·盖茨，甚至很多的其他成功者，往往都是从最初的幼稚开始的。

也许很多人都不知道，在球场上叱咤风云、令无数球迷倾倒的球王贝利，曾经是一个极度自卑的胆小鬼，当他得知自己入选了全巴西最为有名、明星球员最多的桑托斯足球队时，竟然紧张得一夜未眠。因为他认为自己无法胜任这一工作，那些明星球员肯定会看不起自己，一种前所未有的怀疑与恐惧使得贝利寝食难安。身不由己的贝利来到了桑托斯足球队，"正式练球还未开始，我已经吓得几乎快要瘫痪"。他便是这样走入一支著名球队的。

在贝利入队后不久，桑托斯足球队与其他足球队进行了一次比赛。第一场教练就让他上场，并让他踢主力中锋。贝利过度的紧张使得他的双腿好像是长在别人身上一般，半天未曾回过神来。每一次球滚到他的身边时，他都好像看到了对方的拳头向他击来一般。他几乎是在被逼得无路可退的时候，才不顾一切地在球场上疯狂地奔跑起来。从那一时刻开始，他的眼里只剩下了足球，而且他恢复了自己的正常水平。从那以后，他找回了自信，并且将自己的潜能发挥到了极致。

事实上，那些使贝利深深畏惧的足球明星们根本没有一个轻视贝利，而且对他还相当的友善。如果当时的贝利自信心稍微强一些的话，也不至于会受到那么多的精神煎熬。而贝利的紧张和自卑，完全是因为他将自己的缺点过度扩大化。他是一个自尊心极强的人，一向自视甚高，以至于在当时，他做任何事情都无法达到理想的要求。他一心只顾着想别人是如何评价自己，而这样的行为又怎么会自信起来？

而贝利的事情也告诉了我们一点：尽量将那些你认为会成为自己成功路上阻碍的疑虑抛开，拼着失败的耻辱也要大胆去做一次，其结果往往并不一定会真的失败。每一个人都有自己的长处与缺点，扬长避短，这才是建立起自信的最佳途径，同时也是人生的制胜之道。

学会去发现生活中的小小成功，并在这些小小的成功中去培养自己的信心。人的自信是建立于成功的基础上的，一个人从来没有成功过，那么他也很难会认为自己可以成功。而这样的人会永远徘徊于人生的灰色地带中，没有阳光，无法品尝到喜悦。想要成功，便必须要正视自己的优点，利用优点去成就小小的成功，并进而找到通往人生大成功的入口。

有人评价说，科比是 NBA 球场上的第二个乔丹。他是目前 NBA 最好的得分选手之一，突破、投篮、罚球、三分球他都驾轻就熟，几乎没有进攻盲区，单场比赛 81 分的个人纪录就有力的证明了这一点。有记者曾经问过他，在对手如此严密的防守之下，为何他还能轻而易举的得分时，他讲述了自己培养自信的过程：

"在刚到 NBA 的时候，我总是忐忑不安地被叫到篮球架前，心里总是在埋怨对我过于严厉的教练。他是一个极为严谨的人，从来不会认可一切解释与借口。他只看重结果，只希望我们将学到的战术运用于实战中。这对于一向散漫的我是一个打击，但是我从中获得了巨大的益处。不到一个月的时间，我便拥有了勇气与独立思考的能力。"

"但是有一天，教练却在大庭广众之下训斥了我，他说我的动作不对，而就在他喊不对的时候，我最佳的进球机会也错失了。而另一个队友却在听到了不对的时候继续坚持着比赛，直到打完为止，而教练对他的评语则是'非常好'。这让我非常不服，我问他原因，他却告诉我，是我自己对自己产生了怀疑，才导致了自己的失败。在 NBA 的球场上，仅了解篮球的战术是远远不够的，你必须深信，你的行为能有效地得分。除非你胸有成竹，否则你什么都没学到。如果全世界都说不，你要做的就是证明给人看。"

从那天起,科比开始在球场上坚信,自己在出手之后一定会命中得分。他的行动也表明,不管是在怎样的严密防守之下,他都始终是一个成功的投球手。

拿破仑·希尔说:"自信,令我们每一个意念都充满力量。当你有强大的自信心推动你的致富巨轮时,你就可以平步青云。"自信是点亮人生的明灯,我们不可能在各个方面都是佼佼者,每一个人都或多或少地在某一方面存在一定的缺陷,就算是伟人也毫不例外。拿破仑的矮小、林肯的丑陋、罗斯福的小儿麻痹、丘吉尔的臃肿,都是他们无法避免的缺憾,但是这些却丝毫没有妨碍到他们的成功,这便是自信的力量。

做最好的自己,坚持自己的行事原则、做事风格,总有一天你会发现,你如同球王贝利、得分王科比一样,拥有了一场场专为自己上演的秀。

6. 活出自己的精彩

人的一生漫长而又简短。匆匆行进的人生旅途中,我们每一个人都是旅者,肩上背负着或轻或重的包袱,不停行走其间,我们往往会受到同行者或者擦肩而过者的影响。大部分的人在每一次挤入熙熙攘攘的人群中时,恐怕便再也无法听到自己的脚步声了,而你很可能就是这大部分人中的一员,当你渐渐地习惯了跟随他人的脚步上路的时候,你便会慢慢地成为一个失去了自我的人。

于是,你的世界中便缺少了属于自己的精彩,在失去了自我的人生路途中,你为自己的目标选择了错误的"参照物",而你也因此迷失了自己的方向。于是你会痛苦、抱怨,甚至会呐喊:"怎样才能拥有不一样的人生?""为什么我总是最差的那一个?""为什么我的命运这么艰难？""为什么……"

归根结底，是因为你迷失了自我，无法找到适合自己的人生之路。你必须要明白一点：在这个世界上，你同样是独一无二、不可复制的一员，你有着自己特有的优点与独特的个性。"横看成岭侧成峰，远近高低各不同"，也正是人与人之间拥有这样那样的不同，你才会变得如此多样。也正是因为我们活出了自己的精彩，我们的生命才因此而美丽。

1925 年 4 月 15 日，英国北部的小城市格兰森市中，杂货店主艾尔弗雷德·罗伯茨的第二个女儿出世了，兴高采烈的父母给她取名叫玛格丽特·希尔达·罗伯茨。

玛格丽特 6 岁那年，一个星期天的上午，一家人从教堂做完礼拜，正走在回家的路上。对于这个虔诚的基督教徒家庭来说，这样的活动是他们一次也不会错过的。玛格丽特在路上一边走，一边回想着牧师布道的内容。正想得入迷，一阵开心的笑声传到了她的耳中，她被吸引了过去。

她看到的是一群在街角玩耍的孩子，这些孩子互相追逐，推推搡搡，不时地爆发出一阵阵开心的笑声。玛格丽特不知道他们在玩什么游戏，因为自己的家庭中是不允许如此的喧哗出现的。她不由得放慢了脚步，目不转睛地盯着那些孩子，直到母亲催促离开的声音响起。

回到家中的时候，玛格丽特的心却无法平静下来。她还是个孩子，而这样的天性在经过了长期的压抑之后却突然被唤醒了，并一心想要找回属于自己的快乐。但是在以往的生活中，她就如同一个小大人一般，不苟言笑，天天跟在父亲的后面，要么是忙着各种家务，要么就是参加各种大人的活动。但是突然间，她发现，自己的生

活是那样的无聊,与同龄人相比,自己的世界是如此的贫瘠。

一想到自己错过了那么多的快乐,那么多的游戏时间,玛格丽特不由得委屈起来。她忍不住问父亲:"爸爸,为什么我不能像别人家的孩子一样,经常出去游戏玩耍呢?"父亲听到了女儿提出这个突如其来的问题之后,却一点也没表现出来吃惊的样子。他没有责备玛格丽特,而是亲切地告诉她说:"孩子,做任何事情都要有自己的主见,不能因为其他的孩子在做某件事情,你便也去做或者去想某件事情,不要因为害怕与众不同而随波逐流,而是要决定自己应该怎么办。如果有必要的话,就要去影响他人,但千万不要受他人影响。"

聪明的玛格丽特听了父亲的话之后,恍然大悟。她渴望玩耍的童心被渴望成功的心理代替了,委屈在此时也立即烟消云散了。此时的她才明白,父亲之所以会如此教育她,完全是为了让她拥有自己的精彩。从此之后,她将父亲的话当做"终生奉行的准则",直到她成为英国历史上第一位女首相。

康德曾经说过:"天才是自创法则的人。"如果一个人总是随波逐流的话,也许能和众人打成一片,但是却永远无法活出自己的精彩,更无法取得与众不同的成功。相反,只有突破常规,自立法则,才有可能让自己出类拔萃,引导潮流。

如果你想出色,如果你渴望成功,请记住,千万不要和大多数人一样,活出自己的精彩才是人生正道。

7. 肯被领导,才有机会做领导

你能从一个普通员工的工作状态中,推断出他未来的职场之路吗?一个人的职业生涯应该是什么样的?作为领导人,在任何企业或者组织中,最重要的事情便是要将人们团结起来,而这无疑是最为重要与最为困难的责任。这种团结才能是决定一个企业未来发展之路的重要所在,而一个人是否肯被他人领导,则是自身是否具备领导能力的最基础所在。

　　某公司在年度考绩当中,胡飞只得了90分。虽然其分数并不是特别差,但是胡飞依然对自己感觉到特别失望,其理由非常简单:在过去的一年中,胡飞可能在一百次与同事的接触中,有高达十次曾经让同事感觉到非常压抑,同事们总是会感觉到和他格格不入。

　　其实在平日里,为了提醒自己不要过于主观化,胡飞每次在进入办公室的时候,都会告诫自己,不要将自己的个性带到办公室。因为当自己先将个性忘记之后,才能将主观性摒弃,听得进去员工的声音。而显然,胡飞在这方面的火候还不够。

　　也许很多人都会为胡飞打抱不平:身为一个管理者,难道非要百分百地依照着员工的意见来做事,才算是真正的有风度、懂管理吗?那不是等同于毫无主见了吗?

　　由此可知,做一名领导者、管理者并不是件容易的事情。而最为重要的是,身为员工,只有学会了如何去适应被管理的过程,你才会有机会爬上管理者的位置。

　　一个捕鸟人将一张大网撒向了一群正在低飞的鸟,那一大群的鸟在被网住之后,连同网一起掉在了地上。在这群被捕的鸟中,有一只明显较大的鸟,它在掉在了地上之后,立即想要振翅飞走,但是却不见捕鸟人有任何收网的动作。

　　此时,连路人都替捕鸟人着急:眼看鸟都快飞走了,为什么还

不收网呢？捕鸟人却只是笑笑，依然不急不躁的样子。结果，那只大鸟真的连同网一起飞了起来，而那些体形较小的鸟儿也依势躲在大鸟的下方飞了起来。旁观者又急道：为什么还不拉它们下来！捕鸟人却依然不慌不忙地说：别担心，现在已经是黄昏了，这些鸟儿在到了傍晚之后，便会想要各自回巢，因为各自的飞行方向不同，所以它们必然飞不高、飞不远的。

果然，这些鸟儿飞了一段距离之后，那张网还是掉在了地上。因为大家都想飞往不同的方向，捕鸟人便轻而易举地将那些鸟儿捉了回来。

如果一个企业中的员工都只是片面地坚持着自己的个性，而忘记了大局的需求。那么便会如同故事中的小鸟一样，只知道自己所需要的，从而使得整个办公室中冲突不断。而这种只是坚持自己的才是对的，只知道自己想要什么的行为模式，往往会造成个人的职场之路坎坷不断。

由此我们便可以得知，人们口中的雅量并非是一件轻而易举可以做到的事情，雅量是一种违反人性的行为，要有雅量，便先要让出自我。所以，不管你是管理者，还是普通的员工，所需要做到的永远是成为他人的幕后英雄，当你不需要幕前的掌声、但是却愿意协同同事、助对方成功时，你才会成为真正的智者。

在美国西南航空公司中，所有的人力资源管理者统统都被称为办公人员，不管是资深或者一般的人员，都具有相同的头衔，即你首先是在为大家服务。我们都期许自己在职场上扮演的是主宰者的角色，但是事实上，真正的主宰者永远处于拱卫他人的努力中，他们所追求的永远是整体的协调。而当一个普通的员工做到这样的程度之后，自己便离领导的位置不远了。

第二章 把握做人的度,找回自我价值

如果你在生活中被赞誉说:"你很会做人。"那么便可以证明,你做人的度把握得非常好。很多人都对做人之度非常迷茫,他们不知道这个"度"到底是怎样的一种表现。想要把握好做人的"度"并非一件易事,中国人认为,做人要尽量艺术化,而其中的"度"便是要求做人要有分寸,要知进退。人生的巧妙便在于有"度"。只有拥有了"度",才能在人生旅途中进退自如,游刃有余,并掌握生活的主动权,赢得广阔的生存空间。做人恰如其分,是人生的最高境界。把握做人的分寸,日积月累,在一分一寸之中叠加起人生的新高度,找回自己的生存价值,这才是智者所为。

1. 自尊但又尊重别人

自尊,才能赢得他人的尊重;尊重别人,别人才会尊重你。

自尊是做人的底线,更是自立的基础所在。不管在任何时候,我们都不能失守,不能放弃,因为尊重自己,相信自己,所以才会有能力去超越自己。

自尊也是一种力量,人可以没有金钱,但是不能没有自尊,没有了自尊,就算拥有数以亿计的金钱,也终有花尽的一天。有了自尊,便拥有了自强不息、奋发向上的巨大动力,任何财富都是可以创造出来的。自尊是一种人生高度,因为自尊总是建立于平等的基础上的,可以尊重自己的人,同样也可以尊重他人,而尊重他人可以换来他人的尊重。

在1914年的冬天，美国加州沃而逊小镇来了一群逃难的流亡者，好心的人们给这些可怜的流亡者送去了饮食。他们个个狼吞虎咽，连一句感谢的话都来不及说出口。只有一个年轻人例外，当镇长杰克逊大叔将食物送到他的面前时，这个早已饥肠辘辘、骨瘦如柴的逃难者问道："真是不好意思，您送给我这么多吃的东西，我可以帮您干什么活吗？"杰克逊大叔回答说："不，孩子，我没有什么活需要你来做。"这个年轻人的目光立即黯淡了下来，并坚定地说："我不能没有经过劳动便平白吃您的东西！"杰克逊想了想说："对了，我想起来了，我家中的确有一些活需要你帮忙，不过你现在太瘦了，我怕你没有力气干，你最好吃过饭后再来干。""不，等做完了您的活，我再吃这些东西！"面对这样的一个倔强的小伙子，杰克逊只好说道："小伙子，你愿意为我捶背吗？"于是这个年轻人弯下腰，十分认真地给杰克逊捶背。

后来，这个年轻人便留了下来，在杰克逊的庄园中干活，并成为了一把好手。两年之后，杰克逊又将女儿玛格珍妮许配给了他，而且在女儿出嫁之前，他对女儿说："不要小看这个小伙子，他虽然现在一无所有，但是他以后百分百会成为一个富翁，因为他有尊严。"

果然不出杰克逊所料，20年后，这个年轻人真的成了亿万富翁，他便是美国赫赫有名的石油大王哈默。

你是否有尊严，你是否有足够自尊，直接决定了你未来的路到底在何处。自尊，永远是那些期冀成功、并最终成为众人眼中英雄的人们最为重视的东西。同样，如果你现在还未成功，只要你坚守着自己的自尊，你便终将会成功。

我们重视自己的尊严，更要学着去保护他人的尊严，只有学会了尊重他人，我们的人生才会由自我尊重上升到群体尊重的高度，我们才会拥有吸引他人、聚集人气的个人魅力。而这种个人魅力最终将会引领我们踏上成功之路。

一位纽约商人在街头看到了一位衣衫褴褛的铅笔推销员，顿时生起了一股怜悯之情。他将一元钱丢入了卖铅笔者盛钱的盒子后便走开了。但是没走几步，他又忽然感觉到这样做非常不妥当，便又急忙返回了，并从卖铅笔人那里取出了几支铅笔，并抱歉地解释说，自己刚刚忘记了取铅笔，希望对方不要介意。最后，他说："你和我都是商人，你有东西要卖，而且上面有标价。"若干年过后，在一个高档的社交场合上，一位穿着整齐的推销商迎上这位纽约商人，并做自我介绍说："可能你已经忘记了我是谁，而我也不知道你的名字，但是我永远也忘不了你。我一直认为自己只是一个推销铅笔的乞丐，直到那天你跑过来告诉我，我是一个商人为止。"

没有想到，纽约商人一句极为简单的话，竟然使一个处境窘迫的人重新树立起了自信心，并通过自己的努力取得了可喜的成绩。人性中最为强烈的渴求便是自尊与受到他人的重视。而一旦对方意识到了自己的自尊与存在价值之后，他便会树立起信心，充分地相信自己，并有决心去摆脱眼前的磨难，去证明自己并不是一个弱者。

尊重他人，不管对方是落魄之人，还是郁郁不得志者；尊重他人，不管对方是自己的朋友，还是敌人。只有学会了尊重他人，你的生命才会提升到一个新的高度。

某个原始部落中有一个不成文的传统：所有的人都要赤身裸体地一起活动。这个特别的风俗，使那个原始的部落饱受外人的白眼与嘲笑，但即使如此，部落里的人仍然不愿意改变这个传统。有

一年,这个原始部落不幸发生瘟疫,全部的族人几乎都被感染。于是,他们决定到邻近的城镇里,邀请一位当地有名的医生来控制部落里的瘟疫。然而,这位医生一想到他们的传统,便感到相当为难,但是,看着跪在地上的求助者,医生的使命感与责任感使他还是勉为其难地答应了。

为了迎接医生的到来,原始部落里的人紧急开会决定,为了表示对这位甘愿冒了生命危险来救治他们的名医表示尊重,部落里的所有人都破例穿上了自己最好的衣服,有些人甚至打好了领带,在集体活动的地方等待着医生的到来。

当医生缓缓地到来之后,眼前的一幕,却让在场的每一个人都愣住了,而医生自己也愣住了:老医生身上背负着沉重的医疗器材走进来的时候,身上竟然一丝不挂!广场上形成了奇特的一幕:来自于文明世界、德高望重的老医生全身赤裸,而来自于荒蛮之地、处处受人歧视的原始部落人却都衣着整齐。但是在场的每一个人都没有笑,相反,他们的眼中都因为感动而被泪水所充满着。

在这个温暖的故事里,让我们感受到了尊重他人所带来的感动。我们时时都在辛苦地追求着良好的人际关系,但是却鲜有人知道如何才能使自己左右逢源。其实,人与人之间有着绝对的互动关系,那就像弹力球一样,你用多大的力击球,球体也会以相同的力弹射回来。只要用真心去对待他人,去尊重他人,良好的人际便不在话下了。

学着去拥有自尊,并去尊重他人,尊重可以让最为寒冷的心底见到生命的阳光,可以让自卑者重新树立起坚定的信念,可以使堕落者重新回到正轨上。生活中没有人是完美无缺的。而你的嘲笑与侮辱很可能在日后被加倍地返回给你。

当你某些方面胜过别人，要记得，千万不要用傲慢与不敬去伤害别人；当你某些方面不如别人时，你也不必用自卑或者嫉妒去代替自尊。"梅虽逊雪三分白，雪却输梅一段香"，真正的自尊与尊重他人，应该是以静如止水的心态去平等地对待每一个自己生命中的过客，不管对方是男是女、是弱是强、是幸运还是不幸运。

拥有自尊，才会拥有绚丽人生，尊重别人也就是尊重自己，尊重别人才能换回自尊，这本身就是一个良性循环。的确，人的"自我价值感"往往是在得到了他人的肯定、赞美与重视之后才会得来的。只要让对方感觉到自己很重要，对方自然会"投桃报李"，给你"正面的回馈"。"尊重别人，便能换回自尊。"尊重是人生的一大要义。自尊，并尊重别人，这才是真正的智者会选择的行事之道。

2. 表现自己，但不贬低他人

既表现自己，又不贬低他人，这是做人的重要原则。尽力在生活与工作中将真实而优秀的自我展示给他人，当他人奋发向上的时候，当他人取得的成绩超过了自己的时候，学会对他人持有一种欣赏、羡慕的正确态度，并且让自己在最大程度上为对方的发展提供方便，在必要的时候甚至甘当"人梯"，让别人踩着自己的肩膀冲上去，这才是真正的成功者做事之道。

成功者深知，人与人之间是相互拱卫的关系，你怎样对待他人，他人也会怎样对待你。我们不能去嫉妒别人，更不能牺牲自己的人格去造谣生事，竭尽所能去污蔑诽谤别人。因为，这种做法的最终结果是既损害了别人，同时又"搬起石头砸了自己的脚"，不但没有抬高自己，还很容易会被他人所憎恶、唾弃，从而使自己无法在社会上立足。

　　表现自己是求得进一步发展的必要先决条件，有人总认为表现自己便是不谦虚，便是爱出风头，因此，他们甘愿让自己的才华随着年华一起慢慢逝去，最后像"辱于奴隶人之手，骈死于槽枥之间"的千里马一样，不被人所知，更没有机会去施展满腹的才华。或许这类人也曾经哀叹过自己的命运多舛，以至于终其一生都怀才不遇。但是他们从来未曾想过，自己的命运之所以会如此，完全是由于自身不懂得表现自己。

　　电影《飘》眼看就要开拍了，但是主角郝斯佳的人选还未确定下来，导演为此也非常伤神，但就是无法找到一个合适的演员。刚刚从英国皇家戏剧学院毕业的费雯丽听说之后，非常想为自己争取到这个极为难得的演出机会，而且她认为自己非常适合这个角色。但是，当时的她只是一名默默无闻的演员，没有什么名气。如何才能让导演看中自己，让他知道自己是出演郝斯佳的最佳人选呢？思虑再三之后，费雯丽下定决心要毛遂自荐。

　　一天晚上，刚刚从外景地回来的导演又在为没找到出演郝斯佳的演员一事而愁眉不展。就在此时，一个女子走上了楼梯，而那个美丽的女子竟然将自己打扮成了郝斯佳的样子。男主角一见，便立即兴奋不已地喊道："看啊，那不就是我们一直在苦苦寻找的郝斯佳吗？"

　　导演回头一看，也高兴地大叫着说："天哪，这不就是活脱脱的一个郝斯佳吗？"

　　就这样，毛遂自荐的费雯丽被选中，为自己赢得了扮演郝斯佳的机会，从而为自己打开了成为国际巨星的绚丽之门。

　　很多人总以为，只要自己有足够的耐心去等待，机会总是会有一天敲响自己的大门，但是他们却未曾意识到，这样的等待本身就是毫无意义的，在这个处处是人才的社会中，根本没有人会在意到你的存在和价值，如果你不将自己表现出来的话，你的存在便会永远处于被人忽视的状态中。很多时候，人们之所以会失败，完全是因为不懂得转变自己固有的观念，而这也是人的最大悲剧所在，即无法超越自我、表现自我。

我们可以表现自己，从而为自己赢得更大的发展空间，获得更多的发展机会。但是我们也要时刻注意一点：在表现自己的同时，我们万万不可以贬低他人。因为在使用种种恶劣的语言对他人的行为进行大肆的批判时，你也贬低了自己。

这是一个不争的事实：我们处于一个前所未有的大时代中，在这个时代中，机遇与危险并存，梦想与能力齐飞。在就业机会少、就业者众多的情况之下，能力出众者大有人在，你并不一定是最好的。但你不能因为自己比不过他人，便出言对对方的所做所为进行贬低。这是最能够看出个人素质的行为，同时也是决定你是否能够站在成功的巅峰、傲视众生的基本条件。

中国有些成语非常有意味："棋逢对手，将遇良才"、"降龙伏虎"、"明知山有虎，偏向虎山行"……虽然表达方式各有不同，但是其核心意思却只有一个——对手的强大也反证出了自身的强大，只有运用正当的手段与途径战胜了强大的对手之后，方能显示出自己的强大。

某家生产电力设备的公司正在招商，恰好有一位外地的客户打电话前来咨询产品的具体情况，并想申请在当地进行独家代理。在进行商谈的过程中，该客户问起，另有一家同行与该公司同一类型的产品外观完全一模一样，这是怎么回事？该电力设备公司的人

员也知道此事,那家同行是纯粹在仿造他们公司的产品,而且最主要的便是以外形上的极度相似来假冒他们公司的产品,再加上质量不错,使得该公司的市场受到了一定的扰乱与冲击,而且最为严重的是,仿造者还坚持自己才是原版。

这位客户在之前对仿造公司进行过咨询,对方的回答是他们开发此类产品的项目更早。这家公司的接待人员立即就不乐意了,于是便开始了对对方大肆贬低:我们的产品都是有专利的,对方仿造的只是我们的一个外观,他们根本不懂行,是做食品的转行过来的,内部结构、技术工艺、质量等根本没有保障,并且最主要的仿造我们产品外观的几个型号还没有通过3C认证,并告诉此客户说,如果他不相信的话可以去调查一下,以辨真假。当时客户并没有说什么。后来,过了一段时间之后,该公司打电话回访,客户却反映说,你们两家相互攻击的行为让他非常反感,所以他决定两家都不代理,而且已经选择了另外一家合作伙伴。

这便是贬低他人的最直接下场,你可以表现自己,但是贬低他人是绝对不可取的。竞争是每个人都无法避免的事情,贬低自己的竞争对手好像也是一种正常的竞争方式,殊不知,他人只会对你的这种行为产生反感,并进而对你的个人人品产生怀疑。

"王婆卖瓜,自卖自夸",王婆只是说自己的瓜甜,从来没有说过李婆的瓜苦、刘婆的瓜小。你可以多方位地展示自身的优点,但是万万不可以靠着贬低他人来抬高自己,每个人都有自己的评判标准,你无法得知,在自己看来非常差的人在他人眼中是不是一个不可多得的人才。

在竞争中,"棋逢对手,将遇良才",方能显出类拔萃的才能;"降龙伏虎",方可显通天彻地的本领;"明知山有虎,偏向虎山行",才能彰显大无畏的精神……如若不然,与"臭棋篓子"对弈,与"三脚猫"过招,胜了也无所谓光彩;与"鸟虫"斗,降了、伏了也没有什么好夸口的地方。这便是竞争的魅力所在:你的对手直接决定了你自身的生活状态,而良好的竞争秩序永远是成功者们所推崇的竞争之道。

3. 谦虚但不虚伪

在中国人的道德范畴中,谦虚一向被人视为是美德,本身应该赞扬,而虚伪则一向被人认为是恶习,是一种应该被抑制的行为。但是在现实生活中,谦虚却往往离虚伪很近,很多时候,二者之间并没有泾渭分明,谦虚过头的时候,便会成为虚伪。某位哲人也曾经表达过自己对于谦虚与虚伪的看法:"狂妄和过分谦虚都是虚伪。"由此可见,谦虚也要有分寸,否则一不小心便会让自己沦为虚伪之辈。

谦虚是一种美德,同时更是一种明智之举,天外有天,人外有人,意识到自身的不足、并努力去弥补,这本身就是一种智慧。谦虚首先表现为实事求是地看待自己,有自知之明。谦虚的人总是既可以看到自己的优点与长处,又可以看到自己的缺点与短处。既看到自己已经取得的成绩,同时又懂得不管目前的成绩有多大,对于未来将要建设的事业来说,只不过起到了一砖一瓦的作用。当人们对科学家牛顿的光辉成就进行高度的赞扬时,他却认为,自己就跟在海滨玩耍的孩子一般,只不过捡到了几片贝壳而已。古希腊的著名哲学家苏格拉底,不仅才华横溢,而且广招门生、奖掖后进,并且极善于运用谈话来启发青年人的智慧。每次当人们对他的学识发出赞叹的时候,他总是会谦逊地说:"我唯一知道的就是我自己的无知。"

20世纪，中国著名的作家与文化先驱之一蔡元培先生曾经讲述过一个这样的故事：一次伦敦想要举行中国名画展，组委会派人去南京和上海监督选取博物院的名画，蔡先生与林语堂都参与了此事。法国汉学家伯系和自认是中国通，在进行巡行观览的时候总是滔滔不绝，无法自已。为了表示自己的内行，伯希和向蔡先生说，"这张宋画绢色不错"，"那张徽宗鹅无疑是真品"，并对画上的墨色、印章等细节进行了详细的评价。林语堂先生在此时非常留意地对蔡先生的表情进行了观察，他并没有表示赞同与反对，只是一脸的平淡与冷静，非常客气地低声回答说："是的，是的。"后来，伯希和若有所悟，闭口不言，面有惧色，大概是他从蔡元培的表情和举止中领悟到，自己或许已经说错了什么，出了丑。后来，林语堂还就伯希和一事感叹说："这便是中国人的涵养。"这种涵养便是谦虚，这种涵养使他人为之敬畏，使张扬者自觉形惭。

谦虚还表现为正确地看待他人，虚心地向他人学习。孔子曾说："三人行，必有吾师。"其意便是指，只要有几个人在一起，其中必定会有值得我学习的老师。谦虚的人善于发现别人的优点与长处，并随时向他人请教，懂得尊重他人，有事与大家商量。所以谦虚之人总是可以主动地取他人之长，补自身之短，并不断地从集体与同行者中汲取自身前进的养分，从而充实自己，为自己的进步与成功创造良好的条件。

我们提倡真诚的谦虚，而反感虚伪的谦虚，两者之间因人而异，因地而异，因时而异。只有掌握好了谦虚的分寸，才会赢得他人的尊重。"谦"怀若古，如果是真诚的谦虚，则会使我们永远保持着进步的状态。有些人总是自我感觉良好，这种人往往内心深处并不谦虚，不能进步。现实生活中并不缺乏此类人，维新运动中的领袖之一康有为便是其中之一，他自称年届而立，天下学问无不掌握。

但是结果,他只能被称为是革新家,而并非一个学问家。因为他在学术上并没有什么建树。过度的谦虚不仅仅会让自己陷入难堪的境地中,而且还很容易会失去到手的发展机会。

可楠在大学里学的是营销专业,在毕业后不久,她便通过人才市场应聘到本省一家中美合资的食品企业从事销售工作。三年多来,可楠兢兢业业地对待着自己的本职工作,恪尽职守的她不仅吃苦耐劳,勤于付出,而且敢于出大力、流大汗,一直扎根于市场的一线,与经销商同甘共苦,并肩作战。

天道酬勤,她的这些辛苦没有白费。当时,可楠所负责的四个县级市的总体销售额不仅占到了自己所在大区的整体销售额的50%,而且个人业绩也总排在公司100多名业务员中的前10名。根据当时的情况,可楠成为了公司上上下下都普遍看好的"经理坯子",而可楠也幻想着有一天机会会垂青自己。

不久之后,机会来了,负责可楠所在地区北部的某个区域经理由于内部岗位转换调走了,该岗位留下空缺。这时公司领导自然想到了最为出色的可楠,但是当负责销售的营销经理找到可楠谈话时,不知怎么,她却一时腼腆并异常谦虚起来。面对客户时的那种自信与勇气一下子全都不见了。她告诉营销经理说,自己需要学习的东西还有很多,还需要继续在原来的区域中进行锻炼与提高,区域经理的重任自己还无法胜任,而且时机也不成熟。

后来,可楠的过度谦虚直接造成了一个结果:空缺区域经理的职位最后确定下来了,是一个销售业绩远远不如可楠,但是极具有魄力的同事。此人在经过公司的岗位技能培训以及在领导经常"开小灶"给其补充"营养"和"面授机宜"的熏陶下,成长极其迅速。一年后,这位同事升任到苏皖担任大区经理,享受着企业给予的比可

楠高出三倍的薪酬待遇和更高的岗位挑战，而可楠却还在原来的销售区域继续做着自己的业务代表。

可楠的遭遇让人叹息，原本大好的发展机会便如此轻易地失去了。在具体运用谦虚的过程中，我们更需要注意技巧与策略。谦虚不等于自卑，过度的谦虚往往会变味成为自卑与虚伪，而一个自卑的人在工作中是很难会得到领导的欣赏。谦虚更需要注意分寸，谦虚过一分便成为了懦弱，而少一分便变成了狂妄和轻浮。把握分寸，才会在做人做事时更加游刃有余。谦虚也要分清对象，在谦虚者的面前，你的适当谦虚可以增加对方的共鸣，使对方产生好感。而对于个性自信而张扬的人来说，适度的"王婆卖瓜"则可以深得对方的赏识，从而为自身的下一步发展赢得更宽广的空间。

谦虚使人进步，但谦虚过度，便是懦弱与虚伪。因此，在面对人生种种时，你一定要知道，何时应谦虚，何时应张扬，从而灵活应对，游刃有余，促使自己快速达到个人事业发展的巅峰。而那种过度谦虚，以至于到了虚伪地步的行为，我们是万分不提倡的。

4. 严于律己，宽以待人

中国著名处世之书《菜根潭》中强调了这样一种处世哲学——待人需宽，律己需严。另一句哲言：人之过误宜恕，而在己则不可恕；己之困辱宜忍，而在人则不可忍。这句古语告诉我们的是一个最为基本的为人处世道德：对于他人的过失与错误，我们应该采取宽恕的态度，而如果错误在自身，便是一件无法宽恕的事情。对于自己所遇到的困境与屈辱，我们应该尽量忍受，但是如果这种困境与屈辱发生于别人的身上，我们便不能袖手旁观，忍心不顾。严于律己,宽以待人,许多的成功人士大都恪守着这一处世法则。

某一著名的广告界精英在对自己的成功之路进行回顾的时候曾说:"在我看来,人生其实很简单,归根结底就八个字,'严于律己,宽以待人'。如果可以做到这一点的话,人生中的许多事情便会豁然开朗。"

为何待人要宽?为的是给人一个改过自新的机会,律己为何要严?因为如果不严的话,便会对自我放松,使小错误进一步地发展成为大错误。这本身就是一种极为规范的待人之道,同时更是为人处世的最为重要原则之一。其主要核心在于强调公正:对事物的标准,对是非的判断,要有一个尽可能客观而又公正的把握。一个具备了此种高贵品格的人,其成功必然是水到渠成的。

大将军徐达对于大明王朝的建立起到了极大的推动作用,这个朱元璋儿时的玩伴、成人后的大将,有勇有谋,深得朱元璋的喜爱。但就是这样一个战功赫赫的人,却从来不会居功自傲,而是处处时时律己极严。他处处与手下的兵士同甘共苦,在遇到军粮不济的艰难时刻,士兵无法填饱肚子,他会主动地少饮少食,将自己省下来的口粮分给手下的士兵。大军进驻新战场、未曾扎好营寨的时候,他从来不会提前进帐休息,定会等到大家都安顿好了之后他才会放心下来。士兵患病、受伤,徐达总是会主动亲自慰问,端药治疗。如果遇到了士兵牺牲的话,他更会筹集棺木安葬他们。所以,明军将士上上下下无不对他既尊敬,又感激。

在生活方面,徐达也是一个极为清正廉明的人,史书有载说:"妇女无所爱,财富无所取,中正无所疵,昭明乎日月。"朱元璋曾经赐给他地好几次,但是正好处于农民的水路必经之地。家臣看到了其中有好处之后,便用这块地皮谋取私利,向农民征收"过路费"。徐达知道后,马上将此地上缴给了官府。

　　朱元璋后来为了拱卫自身的政权，用严刑重刑杀了包括许多开国功臣在内的十多万人，但是徐达却善始善终。在他病逝于南京后，朱元璋大恸，为之辍朝，并追封他为中山王，将他的画像陈列于功臣庙第一位，称之为"大明第一功臣"。可以逃过生性多疑的朱元璋的诛杀，不得不说，这与徐达严于律己、宽以待人的处世之道是无法分开的。

　　现实生活中，我们都往往严于待人，宽以律己，对自己过于宽松，但是却对他人要求极严，他人犯了一点错误自己便看在眼中，记在心上，对方有一点小事自己便喋喋不休。这样的人，往往无法客观地看待问题。一旦境遇不顺利，他便会抱怨说别人对他如何不好，社会是如何不公的。受到一点委屈，便会大呼小叫。社会上有不少这样的人，他们总是认为自己怀才不遇，感觉全世界都是凶手，全对不起他。他们永远不知道自己的问题出在哪里，眼睛盯在别人的身上，从来不反思，到头来吃亏的依然是自己。长此以往，他将会失去人们的尊敬。

　　如果一个人可以对自己要求严格、凡事身体力行的话，便没有过不去的坎、攻不克的难关。另一方面，当我们看到别人陷入困境，而自己又可以举手帮助的时候，切记不可袖手旁观，做冷冰冰的无情路人。如果自己确实有能力的话，便尽量伸手去扶一把；没有能力帮的话，也尽量让自己去分担他人的痛苦。如果我们真的可以做到这样待人的话，那么在未来我们遇到事情的时候，他人自然也会同样对待我们。

　　为人处世的要点便在这里：以责人之心责己，便会减少许多的过失，以恕己之心恕人，同样可以维护良好的人际关系。我们不应该去抱怨别人，如果你总是抱怨别人的话，就请先想想自己是如何做的。

　　一位哲学家在海边目睹一条船遇难，船上的水手和乘客全部溺死了。他痛骂上苍不讲理——只因为一位罪犯正好乘坐这条船，竟然让众多的无辜者受害。当他正沉迷于这种思想时，他发觉自己给一大群蚂蚁围住了。这时，有一只蚂蚁爬到他身上并咬了他一口，他立刻用脚踩死所有的蚂蚁。天神在这个时候现身，并用拐杖敲着哲学家说："你既然都以类似上苍的方式去对待那些可怜的蚂蚁，难道你还有资格去批判上苍的作为吗？"

著名诗人萨迪说："谁想要在困厄中得到援助，就应在平日待人以宽。"记得他人对我们的恩惠，洗去我们对别人的怨恨，这样的人生才会快乐而有意义。

人总是喜欢与宽容厚道的人交朋友，正所谓"宽则得众"，宽以待人，以宽广的胸怀、宽容的气度，营造出宽松的人际环境，使别人敬重和倾慕你的人品，从而使自己具有很大的人格魅力。要知道，世界上没有两片完全相同的树叶，对于复杂的人类思想与行为来说更是如此。你有你的思考方式，别人也有别人的思考方式。不要去批评与责难，更不要互相排斥，而是要去体悟到各自互异的本质，坦然地对待。

世界上有一种尊敬叫做"严于律己"，天地间有一种美德叫做"宽以待人"，这种尊敬与美德把人类的文明、文化不断地推向高峰。也正是因为这样，我们才得以在不断地反省中，发现自己的弱点。因为这样，我们才能在与他人的融洽相处中，取他人之长、补己之短。严以律己，宽以待人，是值得我们去细心琢磨的一种人生哲学，它可以使我们的思想之花永远浸润在高尚的品德之中，使人与人之间，在理解与宽容中和睦地相处。

5. 坦诚但不草率

做人要坦诚，在社会生活中我们与人交往需要坦诚，但坦诚不

等于简单草率，信口开河，不讲究分寸。

万钧和一个客商谈生意，双方已经将合作中的各种条件进行了协议，而且达成了共识。晚上吃饭的时候，为了活跃气氛，万钧便叫上了一个喜欢说笑的朋友。酒过三巡，这个朋友便开始夸夸其谈起来，大说特说自己与国内某些新闻媒体中的一些人关系非常好，在酒桌上对客商说，为客商所在地区应用他们的新技术做一下宣传工作，这样同时可以扩大两家公司的知名度。

这句话立刻引起了客商的警觉，客商说："你们的技术我还没有应用，效果如何我还不知道，如果你一旦利用了媒体做了宣传，如果你的技术在应用过程中出了问题，我们不就骑虎难下了吗？"

万钧的这位朋友的确是出于好意，想帮助他和客商建立进一步的关系，但这种坦诚到了草率地步的帮助，却使得原本可以完美结束的合作过程由此产生了裂缝。

生活中的每一件事、每一个人都需要我们去用心对待，坦诚待人在任何时候都是为人处世中的一个不过时的标准。我们在彼此坦诚相待的过程中，可以建立起强大而牢固的关系，我们知道自己站在何处。我们知道自己如何去满足彼此的需要，如何去帮助彼此实现梦想。如果不坦诚相待的话，我们便会铸成大错，无心地伤害了自己与他人。

但是我们也要知道，一旦坦诚到了过度的地步，便很容易会使自己受到来自于外界的伤害。伸出你的手，便意味着人们可以轻易地盘算出他们可以如何攻击与伤害你。当你从防线后面走出来的时候，你便暴露了。这不仅是在私人关系中，在群体与组织中更是一件千真万确会发生的事情。

　　李杨大学毕业之后非常幸运地被一家外企录用了，刚刚进入公司的他非常不适应，因为周围的同事都埋头工作，没有人管这个新来的毛头小子。大公司便是这样，每天都有人走有人留，人们已经见惯不怪了。一个男人走了过来："你好，我是你同一部门的同事，我叫大友，以后要互相帮助啦！"

　　这个主动打招呼的大友使被大家冷落的李杨感受到了一丝温暖。在经过了一段时间的交往之后，两个人成为了好兄弟，几乎无话不谈。有时候，李杨对上司有什么抱怨、自己对工作有什么不满，都会对大友说。而大友则总是安慰他，在这种大公司里面上班，与同事、上司出现意见不一致本身就是无法避免的事情。

　　李杨本身的能力不错，在经过了一年的苦苦等待之后，他终于盼来了极为不易的升迁机会，而在同事们看来，李杨也肯定是会升迁的那个人。但在工作组对李杨展开调查之后，却提升了原本并不是太出众的大友。

　　这样的结果对于李杨来说有些意外，他始终不明白，为什么原本不在升迁人选中的大友会成为工作组注意的对象。在大友调走后，才有同事告诉李杨：他之所以没有升迁，是因为大友在工作组调查人员面前说，李杨的心态不稳，不适合现在提升，并且列举出了种种例子。

　　想起自己平日里对大友所说的那些抱怨的话，李杨的肠子都悔青了。

　　过于草率的坦诚总是会让善良的一方受伤，当你将内心世界毫无保留地告诉对方的时候，你无疑也是将自己最为脆弱的地方暴露给了对方。在无法保证对方与你是绝对忠诚的关系时，这种暴露是最为危险的，轻则会让你陷入人际关系的沼泽，重则会让你遭

遇沉重的失败打击。

1755 年，英国多才多艺的文学家、语言家、新闻记者塞缪尔·约翰逊编的《英语语言词典》出版了，在当时的社会中巨有很大的影响力。一次，两位女士高度赞美约翰逊的词典之后，特别赞美他在词典中省略的好多猥亵词语。"哦，亲爱的，"约翰逊惊讶地说，"你们都已经找过这些词了？"两位女士立刻就红了脸。

在社交中，坦白诚恳是一种优良的传统，能够使交往变得轻松、愉悦。坦诚的人说话办事都是真心实意，有理有节，心口一致。但坦诚并不是草率，心直口快，信口开河，捕风捉影，不看对象，不讲方式方法，不分场合地点，不顾前因后果，只凭自己主观想象乱说，这样的人虽然本身并没有恶意，但却是在人际交往中最不讨人喜欢的那种。为人坦诚，可以让别人对你放心！但是如果你坦诚到了草率的地步，则只会让对方心存顾忌，所以，在社交中我们一定要注意，不可太过于草率。

《红楼梦》中薛宝钗在追逐蝴蝶时，那对蝴蝶穿花度柳，飞到河的那边去了，薛宝钗为了追蝴蝶而偷听到了一段谈话，那是躲在假山后丫鬟小厮的爱情。薛宝钗一转念，就大声嚷嚷："林妹妹，你莫躲，看到你了。"丫鬟小厮惊起，免了一段尴尬。他们没有怀疑薛宝钗，而嘀咕着林黛玉，再想起林妹妹平常的小气刻薄尖酸，心惊胆战，林黛玉无辜惹了一段她永远不能听到的诅咒与责难，而始作俑者薛宝钗却成为了众人眼中的大好人。这便是坦诚、但不草率的真实作用：它可以使你逃离尴尬的处境，将你掉入人际交往沼泽的危险免除。这就是生活的真实。

在家庭与组织生活中，最为重要的原则之一便是信任，隐藏自己的感受、思想希望、或者恐惧等情绪便无法建立起信任。与人分享、真诚坦白才可以建立起信任。如果你想要拥有成功的人际关系、团队、组织与社会关系的话，你便必须要建立起自己与他人之间的信任。

在坦诚待人的过程中，举止得体是一件极为重要的事情。说同样一句话，分为正确的时机与错误的时机两种，有些话则根本不应该说。保守秘密是信任关系的最重要部分。有些事情只适合与一个人或者几个人分享，但是举止得体与保守秘密并不妨碍你在大多数的日常关系中与人坦诚相待。这便是坦诚的底线，失去了这个底线，坦诚便会成为草率。

在一个处处被矛盾与冲突所充斥着的世界中，建立起有效的个人防线、身穿铠甲的行走是一种最佳的生活状态，而这种状态是最有吸引力的。这层盔甲可能会让你有些压抑，但却是一种自我保护的最有效方式。

所以，尽可能地去坦诚待人，但要记得不要坦诚到了盲目的地步，一旦坦诚变成了草率，你便会很容易受到外界的伤害，而这种伤害往往不是一时两刻便可以修复的，学会在恰当的时机说恰当的话，学会去适当地暴露自己的内心世界，虽然这样的生活状态有些疲惫，但却是使你处于安全之下的最佳方案。

6. 既勤奋也要动脑筋

生活中有些人只会空想，不会做事。他们异想天开，想了许多念头，滔滔不绝地说了许多空话，可是从来没有看见他们认真做过一件事，也从来没有看到他们做出一件成功的事情。这样的人总是生活在自己的世界中，不管不顾，所以他们的未来也如他们的言语

一般，渺茫无音讯。

还有一种人正好是与此类人相反的：这些人只是一味地埋头做事，不动脑筋。他们整天忙碌着，做他们一向习惯做的或者别人要他们做的事情。一般情况下，这些不动脑筋的人从来不会思考所谓的做事方法，只是惯性地根据自己的习惯，或者别人的命令，或者一般人的贯例。自己一向这样做，别人一向是这样要求他们的，抑或是一般人都这样做，他们就依葫芦画瓢，照样做去。到底为什么要做这件事，为什么要这样做，有没有更好的办法，不动脑筋的人从来不想一想。

对于前一种人，我们总是会抱着瞧不起的态度，因为这种空想家的思想总是飞在天空，他们从来不懂得脚踏实地才是成功的基础；可是，对于后一种人，我们却往往抱着赞扬的态度，说他们可以做到埋头苦干。可以吃苦本身是件好事，但是只顾埋头苦干，不肯动脑筋来想想自己做的事情是否值得改进，这样的工作态度其实并不值得我们去发扬。

赵兵从前在一家外资企业是技术骨干，一向勤勤恳恳。有一天，另一个部门空缺一个经理，但却没有派遣他过去担任。赵兵感觉非常不公平，总经理交代的工作，他都已经圆满完成了，而且比别人做得更加认真与努力，为什么派别人却不派他？总经理对此所做出的解释是：因为那个岗位需要做很多沟通工作，但是平日里只看到他一个人在埋头苦干做事情，很少与别人进行沟通，所以不能派他过去。

美国某个知名企业管理杂志上曾经讲过一个这样的真实故事：一位美国高科技公司员工被裁员之后向总部表达了自己的强烈不满："我比别人认真工作，从不迟到、不早退，为什么先要将我裁掉？"对此，总部的回答是："就是因为你只做好我们交代的工作，开会的时候很少可以看到你发表相关意见,没有发挥能力。将来我们一个人要当两三个人用,只能留下拥有更多能力的人。"

对此,一个心理学家曾经如此解释:"一个人的成功,EQ(情绪智商)占 80%,IQ(专业能力)只占 20%。"在这个失业与上岗交替、机遇与危险并存的时代中,哪一种人受到的打击最小?答案是那些勤做不傻、肯出力、肯动脑筋的人。

不动脑筋,埋头苦干,便成了"死做"。不管什么时候、什么情况下,比如工作或者学习,"死做"都不会有长足的进步,想与做是相伴相随的,想需要做来变成为现实,做需要想来简捷过程。要做,更要懂得想,这才是真正有效的做事之道。

有一年,市场预测表明:该年度的苹果将会供大于求,这使得许多的苹果供应商与营销商在心中暗暗叫苦,他们认定:自己必将蒙受损失。聪明的甲却想出了一个好办法:在苹果还在树上的时候,他便将自己已经剪好的"喜""福""吉""寿"等纸字都贴在了苹果向阳的一面。由于贴了纸的地方阳光照射不到,苹果上也就留下了痕迹——比如贴的是"喜"字,苹果上也就有了清晰的"喜"字。

当别人还在发愁自己的苹果要如何进行推销的时候,甲的苹果早已经被抢购一空了。

第二年,他的这一招,别人也都学会了。但是他的苹果却依然是卖得最火的。原来,这一年他的点子更绝了:苹果上不仅有字,而且还能鼓励"青睐者"成系列购买,即他的苹果可以组成一句甜美的祝福语:"祝您寿比南山""祝爱情甜蜜""永远想念你"等。于是,人们纷纷购买他的苹果作为礼品送人。

成功的大门从来没有关上的时候,但是只有那些善于思考、勇于动脑的人才能进入成功的殿堂中。那些盲目做事不动脑筋的人,说得不客气点,便如同牛马一般。拉磨的牛,成年累月地在鞭子下

绕石磨转，牛永远不会想一想为什么要做这件事，为什么要这样做，有没有更好的办法，能够用思想去考虑的只有人。人在劳动中不断动脑筋，想办法，才清清楚楚地知道自己做的事情有目的，有什么意义，有什么缺点，才渐渐地想出了最好的方法。人类能够这样劳动，能够一面做，一面想，所以人类的文明才能够不断进步。否则，今天的人类也只能像几万年以前的人类一样，过着最原始最简单的生活。

一位条件非常优越的女大学生到一家公司应聘财务会计的工作，面试的时候却遭到了对方的拒绝，因为她太年轻，而公司需要的则是有丰富工作经验的资深会计人员。女大学生听到了这样的回答后，并没有气馁，而是坚持对主考官说："请您让我参加完笔试再下定论好吗？"看她如此真诚，主考官便答应了她的请求。结果，她竟然通过了难度极高的考试，而且是所有参与考试者中成绩最好的。

复试由人事经理亲自负责，他对这位女大学生颇有好感，但是这个没有工作经验的女孩却并不是他的理想人选。人事经理只得敷衍道："今天就到这里吧，如果有消息的话，我会打电话通知你的。"

女孩从座位上站起来，向人事经理鞠了一躬，从口袋中拿出一元钱，双手递给人事经理说："不管是否录取，请您打个电话给我。"人事经理当时有些惊讶，他问："你怎么知道我不给没有录用的人打电话？""您刚才说有消息就打，那言下之意就是没录取就不打了。"

人事经理此时对这个年轻女孩产生了浓厚的兴趣，他问道："如果你没被录用，我打电话，你想知道些什么呢？"

"请告诉我，我在什么地方无法达到你们的要求，我的哪里做得还不够好，我好在下一步改进。"

"那这一元钱……"女孩微笑着解释道,"给没有被录用的人打电话不属于公司的正常开支,所以由我付电话费,请您一定打。"人事经理马上微笑着说:"请你把这一元收回。我不会打电话了,我现在就正式通知你,你被录用了。"

看起来女孩得到自己梦想中的工作是一种偶然,但事实上,她自身的努力是她赢得他人赞赏的主要原因,但是如果她不懂得多动脑筋使自己显得与众不同的话,便无法引起招聘者的兴趣,更不要说应聘成功了。

这便是动脑与勤奋结合的最大好处:做,靠想来指导;想,靠做来证明。想和做是紧密地联结在一起的,它们是不可分割的。如果光凭一腔热情,埋头苦干,不动脑筋利用自己的经验,想想怎样才能把事情做得更好、更有效果,那么,最终的结果便会以失败告终。

在如今越来越复杂的社会里,要想在社会上立于不败之地,必须首先学会做人做事的方法。成功的机会对每一个人来说都是平等的,你不可能从这上面寻找差距,你唯一能胜过别人的就是你做人做事的方法了。如果你不懂得做人做事的方法,不仅会影响你的人际关系和谐程度,而且还会影响到你自身事业的发展。如果你想拥有高质量的生活,拥有自己的成功事业,辉煌未来,那么请你在勤奋的同时多动动脑筋,这将会使你的生活和事业得到很大的帮助。

7. 自己吃亏,那是福气

郑板桥被世人誉为"扬州八怪",他在生前曾留下两句四字名言,一句是"难得糊涂",另一句是"吃亏是福"。难得糊涂益身心,生活中总有那么一些亏让人吃得难受,但是你又何必苦了自己,不妨

装装糊涂,告诉自己吃亏是福,才会拥有安然平顺的心情。

吃亏不但是一种胸怀、一种品质、一种风度,更是一种坦然,一种达观,一种超越。事实上,"吃亏"不仅仅是一种境界,更是一种睿智。懂得吃亏的人,往往是会一生平安的。不懂得吃亏的人,却往往会在是非纷争中斤斤计较。他们的眼光永远都只放在"不亏"的狭隘的自我思维中,自己吃了点亏,便会感到窝囊;常把事情记在心里,要争这口气,便会耿耿于怀。尤其是自以为有理时,那是绝不相让的,大有"不获全胜,誓不收兵"的架势。

其实,那些不愿吃亏的人便越容易吃亏,不但吃亏,而且往往还会多吃亏,吃大亏。唯有不计较吃亏的人,才会真正有福。

某市有一位靠卖纽扣成为富翁的商人,他开的店,既不气派,也不宽敞,但却非常有特色。他的店中,除了卖纽扣以外,其他东西都不卖。他的纽扣,不仅品种非常齐全,而且有着各种各样的花色。有些女顾客的漂亮大衣上丢了一枚纽扣后,纽扣店便会想尽一切办法配上之后寄给顾客。久而久之,小小的纽扣店在偌大的一座城市中人尽皆知、家喻户晓。

而这家小店之所以经营得如此成功,关键在于:店主深知"世上的钱是赚不完的"道理。他在做生意的时候,每一枚纽扣只会赚取几分几厘。至于别人,比方说,来纽扣店大量进货的成衣铺到底会赚顾客多少钱,他根本不去攀比,在他的眼中,比钱更为重要的是,自己能赚到多少顾客。

但是现实生活中,许多的人都不明白这样的道理。特别是在一些交易场所中,这样的例子是屡见不鲜的,买方与卖方为了一点小利而讨价还价,争执不休,结果闹得不欢而散,双方都无利可图,而这明显与经商之道有所背离，精明的商人往往会爽快地与对方成交，宁肯让对方多占一些利，自己更关注的则是长远的大计。

"吃亏是福"是一种高瞻远瞩的战略，无法舍弃眼前小利而去争取长远大利的商人，注定是无法向前发展的。人都有趋利的本性，自己吃亏，让别人得利，便可以最大限度地调动他人的积极性，使对方为自己的事业发展贡献力量。

试想一下，如果世界上的每一个人都打着自己的小算盘，整日里盘算着如何去敛聚更多的财富，如何使自己比别人获得更多的利益，那么这个社会便无和谐可言了。"吃亏是福"，人不可能永远站在有利的一面，世界上所有的利更不可能被某个人所独享。一心只为利，得到的便是小利，便是短暂的利。只有心胸开阔的处世，方可以付出大义，得到大利。

吃亏，虽然意味着舍弃与牺牲，但却是一种胸怀、一种品质、一种风度。况且，一个人如果不为钱财，追名逐利，他们这些人在世上做人从容的同时也必将失去自己的尊严。贪心的人，总是费尽心思去算计别人，在其热情、仗义与关切的伪装背后，更多的是肆无忌惮地对别人的进攻与伤害。不怕吃亏的人，总是把什么事情都往好处想，在他们天真、迂腐、软弱的背后，是一个宽容的不设防的世界。不怕吃亏的人，才会在一种平和自由的心境中享受人生。

事实上，一辈子都不吃亏的人是不存在的，其主要问题在于我们如何去看待"吃亏"。吃亏包含了两层不同的含意：一层是生活本来就需要我们去吃亏；第二层则是因为人为的不公平强加给我们的吃亏。

第一种吃亏可以说是一种傻子精神。实际上，这种傻子精神是为了对社会的责任、对人生的热忱而体现出来的奉献精神。

一位年仅16岁的美国姑娘，自愿到洪都拉斯去帮助当地人，

令他们了解有关眼部卫生的常识，以提高健康的水平。洪都拉斯是一个极为肮脏的城市，有一次，这个家庭条件优越的女孩子一觉醒来后，竟然发现自己与一头猪睡在了一起。不久之后，她回国向母亲介绍了一下当地的情况，而且还眉飞色舞地说，明天自己还要去，因为那个地方实在是太贫穷了，去那里帮助他人实在是一件非常有意义的事情。那位美国母亲没有认为女儿是在吃大亏，而是认为她非常有爱心、有见地，而且她还为自己的女儿拥有这种富于奉献的精神而感觉到极为骄傲。

南朝梁人张率，12岁时就聪明过人。天监年间，担任司徒的职务，他喜欢喝酒。在亲安的时候，他曾派家中的仆人运3000石米回家，可是等米运回家后，发现已经耗去了大半。张率就问其原因，仆人们回答说："被老鼠和鸟雀损耗掉了。"张率笑着说："好大的鸟雀！"后来这件事情始终没有追究过。张率不把财产的损失放在心上，是他的为人有气度，同时也看出他的作风。粮食不可能被鼠雀吞食那么多，主谋只能是他家的仆人所为，但追究起来，主仆之间关系僵化，粮食还能收得回来吗？粮食已难收，又造成主仆之间关系恶化，追究倒不如不追究。同样唐朝柳公权，他家里的东西总是被奴婢们拿走。他曾经收藏了一筐银杯，虽然筐子外面的印封依然如故，可其中的杯子已被盗，那些奴婢反而说不知道。柳公权笑着说："银杯都化成仙了。"从此也没有再追究。

人与人之间的你来我往，根本无法做到绝对的公平，总是会有人需要去承受不公平的一面。倘若人们一味地强求在世界上的任何事物都达到公平合理的状态，那么必然会造成所有的生物链都无法生存，鸟儿不能吃虫子，虫子不能吃树叶。世界的合理运行本身就是一个照顾到万物各自利益的过程。

既然吃亏在有些时候是无法避免的，我们又何必要去斤斤计较、自我折磨呢？事实上，人与人之间总是有所不同的。别人的境遇如果比你好的话，无论怎样抱怨都是无济于事的。最为明智的选择便是避免提及别人，避免与他人进行攀比。你应该将注意力放在自己的身上，"他可以做到，我也一样可以做到"，只有以这种宽容的姿态去看待所谓的"不公平"，你才会有一种好的心境，而好的心境是最为有力的生产力，更是创造美好未来的最重要保证。

我们都在这个变化迅速的世界中变得激进而又匆忙，手中真真实实地抓得住才能够心安，往后退一步，为了对方一个没有任何实际作用的笑脸与一个无法看得到的明天，吃亏仿佛是最傻的行为了。事实上，如果对吃亏这个词重新进行审视的话我们便会发现，一个处处都不懂得忍让的人，一个永远都咄咄逼人的人，时间长了只会让人感觉到了无生趣。有些时候，退一步，让自己在海阔天空中放松，无论是心情还是人情，在看似吃亏的过程中，已经得到了补偿。

而且，很多时候我们过于计较，得失心过重的话，反而会舍本逐末。一旦失误摆在了面前，过多的计较便会使自己陷入过往的沮丧情绪中，这种情绪会使我们的自信受到遏止，甚至会进一步地影响到我们的判断。因此敢于去承受吃亏，反而是一种自信的表现。

我们拥有的并不多，而自身又没有一个得失的准则，帮助我们在复杂的现实中找回一些简单，如果将吃亏看成一种途径的话，的确需要付出一定的勇气。在拥有了勇气的吃亏面前，我们便会很容易获得自信，而不是患得患失的焦虑。

8. 做人要心怀感恩

在我们的身边，经常可以见到那些怨天尤人的人，"工作时间

延长了,工作劳动强度加大了","该休的假期没休成,吃亏了","今天好像人人都在和我为难,真倒霉"……对于这些人来说,工作与生活中好像时时处处都没有快乐的事情,高兴的事情他们永远看不到,而是每时每刻都将不开心的事情挂在嘴边上,使自己总是处于烦躁的状态中,同时也让别人觉得好像永远没有快乐。

其实,他们所抱怨的也只不过是鸡毛蒜皮的小事,明智的人总是会一笑了之。因为人生在世,总有一些事情是无法避免的,有些事情是无法挽回的,有些事是无法预见的,能补救的尽力去补救,无法改变的只能坦然受之,最重要的是要把目前要干的事情做好。有些人把太多的事看做是理所当然,因此心中对别人给予自己的恩情毫无感恩之念,在他们看来,既然是应该的何必感恩?好像所有的一切都是他们应该有权利得到的,其实正因为有这种思想,所以他们的生活才会不幸福。

一个出生贫苦的男孩,为了积攒学费而挨家挨户地推销商品。

一天傍晚时分,整整奔走了一整天的他又累又饿,又没有推销出去东西,身上只剩下一毛钱的他下定决心,再遇到下一户人家的时候便向对方讨一口饭吃。

但是当一个天使一样美丽的小女孩打开了大门的时候,他却有些不知所措了。他不好意思张口要饭吃,只是求女孩给他一口水喝。

女孩看出了他的疲惫和饥饿,微笑着给了他满满一大杯牛奶。男孩饥不择食地喝完牛奶,摸摸扁扁的口袋,嗫嚅地说:"我应该付您多少钱?"女孩仍旧微笑着对他说:"您不用付钱,妈妈经常教导我们:施以爱心,不图回报。"泪水涌上了男孩的眼眶:"那么,请您接受我由衷的感谢吧!"

其实此时的男孩已经抱定了退学的打算,但是如今,他仿佛看到了上帝正在朝他点头微笑着,他感觉自己全身都是一种力量,自己那小小的男子汉豪气又迸发了出来。

若干年之后,一位来自于小镇的女人得了一种极为罕见的重病。当地的医生对此束手无策,只得将这个可怜的女人送到了大城市中,请专家们进行会诊治疗。

一位极有名的医生参加了会诊,当他看到病历上所记载的家庭地址时,马上奔到了病房中,来到了病床前。只看了一眼,他立即就认出来了:这个病人正是当年送给他满满一大杯牛奶与继续上进的勇气天使。他回到办公室中,立即决定竭尽所能去回报这个"施以爱心,不图回报"的女人。

在经过了长时间的艰苦努力之后,手术终于成功了,姑娘渐渐地康复。这位医生要求医院将所有的账单都送到他的办公室中,自己付清了一切费用,并微笑着签上了自己的名字。

女人在病愈之后坚持要知道自己到底应该支付多少医疗费,但是当账单送到她手上的时候,她又不敢看,因为她确信:这笔费用将会花去自己所有的积蓄,或许还远远不够。最后,她还是鼓起勇气,颤抖着翻开了这沓厚厚的账单。末尾的签字锁定了她的目光,她不禁轻声读了出来:

"医药费——满满一大杯牛奶。爱德华·卡伦医生。"

感恩,是滴水之恩当涌泉相报的真诚;感恩,是值得我们用一生去完成的一次世纪壮举;感恩,是值得自己去用一生珍视的爱的教育。感恩是一种美德,是一种人生的境界。感恩,不是为了求得心理平衡的喧闹的片刻答谢,而是发自于内心无言的永恒回报。正是因为懂得了感恩,我们才能品味出生活中的种种乐趣,也正是因为我们知道与懂得了感恩,所以我们才能更好地体会到他人为自己

所付出的一切。

感恩是一种处世哲学,更是一种生活中的大智慧。一个智慧的人,从来不会为自己所没有的一切而斤斤计较,更不会一味地索取,使自己的私欲极度膨胀。学会感恩,为自己已经有的而感恩,感谢生活所给予你的种种赠与,这样你才会有一个积极的人生观与健康的心态。

一次,美国前总统罗斯福家中失盗,被偷去了许多的东西。一位朋友听到了这则消息之后,便写了一封信来安慰他,劝他不要太在意。罗斯福给朋友写了一封这样的回信:"亲爱的朋友,谢谢你来信安慰我,我现在很平安。感谢上帝因为:第一,贼偷去的是我的东西,而没有伤害我的生命;第二,贼只偷去我部分东西,而不是全部;第三,最值得庆幸的是,做贼的是他,而不是我。"

对于任何一个人来说,被盗都绝对是件不幸的事情。但是罗斯福却从中找到了感恩的理由,而他优秀的人格与淡定的处世哲学,正是在提醒着我们去学会感恩。人生不会永远一帆风顺,我们会遇到各种各样的挫折与失败,如果我们不敢勇敢面对、旷达处理,而是一味地埋怨生活的话,那便只会让自己变得极为消沉、萎靡不振。拥有一颗感恩的心,如同罗斯福那样去换个角度看待人生的种种失意与不幸,你便会保持健康的心态、完美的人格与进取的信念。

英国著名作家萨克雷说:"生活就是一面镜子,你笑,它也笑;你哭,它也哭。"你感恩生活的话,生活便会赐给你极为灿烂的阳光,你不感恩、只会埋怨的话,便会落得一事无成,成为时时愤世嫉俗的一员。感恩不是你一味给自己心理安慰的方式,更不是对现实生活的逃避。感恩是一种歌唱生活的方式，它本身来自于生活中的爱与希望。学会感恩，心怀感恩，我们的生活才会多出一份精彩，多出一份绚丽。

现实生活中经常有人这样说："我不喜欢现在的生活，现在的工作不适合我，我讨厌它们，我必须要有一点儿改变。"是的，有些事情是要改变，可实质上要改变的是他们不知感恩的态度。如果我们不懂得享受我们已有的，那么我们很难获得更多，即使我们得到我们想要的东西，我们也不会感到真正的快乐。

在现实的工作和生活中，我们经常对眼前的一切感到很满足，自以为这才是最好的，但也有一些人认为眼前的这些不是最好的，使他们的心不能平静。我们必须相信：目前我们所拥有的，无论顺境、逆境，都是命运对我们最好的安排。只有自己的心能做到这些，才能在顺境中感恩，在逆境中依然心存喜乐。

其实人能活在世上，能正常地工作、生活就已经是很幸福的事了。在慢慢地感受生活的乐趣时，相信你也会像我们一样觉得世界上再没有比活着更值得庆幸的事了，明白了这个道理，人生才会充满感恩，才会充满生机与快乐。

感恩是一种处世哲学，是生活中的大学问。人生在世不可能一帆风顺，面对所有的失败，无奈的我们都需要勇敢地面对、豁达地处理。这时是一味地埋怨生活，从此变得消沉？还是心存感恩之心，从跌倒处爬起来？记住"生活是一面镜子，你笑，它也笑；你哭，它也哭"。感恩不纯粹是一种心理安慰，更不是对现实的逃避。感恩是对生活的赞美，来自对生活的热爱与希望，如果在我们心中培植一湾感恩的清池，就可以沉淀浮躁与不安，消融社会当中所有的不满与不幸。

所以我们赶快学会感恩吧，感恩伤害你的人，但他却磨练了你

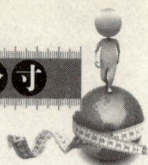

的心志;感恩欺骗你的人,但他却增进了你的见识;感恩绊倒你的人吧,但他却强化了你的能力……爱自己的敌人吧!因为感恩给了你竞争的机会与努力的方向。当然,我们更应该感恩实心实意爱着我们的人,是他们给予了我们生存的土壤与阳光,他们给予我们希望,我们回报以他们期望。只有心存感恩,我们才会更全心地工作、生活。

感恩就像心灵的泉水,源源不断,感恩滋润着我们的心田,使之免于干涸;感恩让生命充满生机,洋溢朝气,遍洒阳光,享受生活的美好和幸福;感恩来自我们的心灵,不假外求,近在咫尺,唾手可得,不需要付出代价,关键只在你我一转念间。这是你我的福利,请不要放弃。网络中有伤害,但是网络中带给人们是更多的真情和更宽的视野;选择比决定尤为重要,真正的伤痛是获知朋友选择了放弃;逝去的岁月只能在记忆中封存,偶尔会被掠过的微风翻卷起扉页而被人想起;"祝你天天快乐",有谁会知道自己的一生会说多少次呢?美好的祝福是善良的人的愿望,那么我们自己呢?自己又该如何规范自己的心思,有人曾经说过:"一个人应该时时自忖:自己何功德,而能生存于宇宙世间,接受种种供给,不虞匮乏?因此,每一个人都要抱持感恩的胸怀,感念世间种种的给予。"可见只有人的心静了心宽了,才能时时有着感恩的念头,就会觉得这个世间很可爱、很富有!即便是你没有了金钱与地位,也会感到大自然给你带来的幸福,也会令你感到心旷神怡。

比如网络的出现,它给了我们一个更加广阔的空间,网络给我们提供了相识、相知、相恋的机会。网络并不虚拟,这里同样有山有水、有鸟鸣有花香、有欢乐有沮丧、有甜蜜有苦痛、有满足有失落……这里有着社会当中所有的一切。网络就是一个社会甚至比我们所处的现实社会空间更宽更广。

在网络中更要心怀感恩，当我们与千里之遥未曾谋面的网友聚于一处，确是一种缘分。在一个论坛耕耘灌溉、争论调侃，在一个语音室里唱着同一首歌，怎样的福分。与此相比那些不和谐的东西应抛之弃之，不值得我们去计较。

俗语说："喝水不忘开井人。"乌鸦尚且知道反哺，羔羊也懂得跪乳。可是，现实生活中的人为什么却不知感恩图报呢？人要有感恩心，才懂得回报社会；有感恩心的人，才能知福、惜福，感恩是人类最珍贵的美德。我们应感谢网络，网络中我们结识了你们——我们的挚爱亲友。我们感谢朋友，朋友让我们感受到关爱——这个世界不寂寞。我们感谢家园，在网络里我们可以与不同的人在不同的时间里相聚。

现实生活中，一个人想有所作为不是那么容易的事情，而由于阅历、性格、知识、经验、环境等各方面因素的影响，使大家合在一起共同从事一番事业也很难，所以生活当中的很多人也在自我谋划，自我发展，无论发展的速度，还是质量，都不能令人满意。资金匮乏，信息渠道不畅，比如缺乏合作精神，埋没了你的知识，使能人变得不能，难道不是这样吗？

我们在做事业时，要心怀天下，心怀别人，诚信做人，踏实做事，各种理由不必细说。做事业要心怀感恩之心，感激家人给的支持，感激同学、朋友给的帮助，感激同事给的鼓励，感激合作者给的智能，感激一个个不知名的人给我们惊喜……做事即是做人，做生意更是做人，朋友之间应该相互帮助，互相扶持，共同发展一份事业，实现双赢人生。我们应该从中悟出点什么……

古往今来，所留传下来的智能和哲理告诉我们，要立足于社会现实，在人生的长途中要取得成功就必须打破传统那种"置之死地而后生"的观念，树立共存共荣的"双赢"观念，只有双赢理念，才能

走出现代社会残酷竞争而留下两败俱伤的后果，才能进入由于合作而营造的和谐社会之中。双赢，是人们智能的结晶，是对现实的理智选择，尽管有时我们吃了一点亏让出一些利益；向对方做出一点让步；多给对方一些实惠，但从全局和整体来看，这种少量的舍弃不仅给对方带来更大的利益，而且给自身也带来更大的利益，这就是"双赢"，给双方带来更大的利益是双赢理念的最好表现。双赢，是营造和谐人生和和谐社会的前提和基础，只有以双赢理念，与人合作，互惠互利，才能产生社会的和谐，人情的融合。在这样的环境和社会秩序之下，人们才能融于社会，融于生活，优势互补，社会才能更快地进步。

感恩好像是一缕绕梁三日而不绝的绵长音韵；感恩又像是一眼清澈见底的叮咚泉水；感恩更像是冬日的腊梅，十里飘香；感恩是天空中的云朵，自然卷舒……

我们之所以感恩，因为我们有健康的身体和正常的智力，使我们一直快乐而自信地活着，可以绕过所有的痛苦，冷漠和艰难。

我们之所以感恩，因为我们有父母的深爱，这么多年里义无反顾地呵护着我们，使我们体味到爱的伟大。

我们之所以感恩，因为我们有一份称心如意的工作，让我们的生活更加充实，更加精彩，可以丢掉所有不必要的思考与无奈，体验自食其力的欣慰。

我们之所以感恩，因为我们有一帮知心朋友，让我们在快乐时有人分享，在悲伤时有人分担，在迷惘时有人指点，在骄傲时有人给你提醒。

我们确实应该感恩。感谢太阳的炽热，感谢月亮的皎洁，感谢雨的温柔，感谢雪的苍茫。我们应该感恩。感谢高山的雄伟，感谢大海的壮阔，感谢树木葱茏，还有花的芬芳。

如果我们学会了感恩,学会以感恩的心情去把握生活。用感恩的心情去回报社会,我们的生活也将会显出更多的善意和爱心,我们的社会也会变得没有残忍,会多一些和谐与公正。如果我们学习了感恩,在自己的心里有一份感恩,送一点快乐给他人,多一份奉献于社会,我们就会欣喜地发现:自己的面前出现了一个赏心悦目的世界。一个人的成功并非偶然,而且取决于自身的素质和品质。但在生活中,有很多人往往看到别人的不足,总是"严以律人,宽以待己"这样往往会与成功失之交臂。只有当我们知道了自己的不足,才可以去接受别人的缺陷,用感恩的心去接受别人,去和他们合作,最终取得成功。

可见,感恩的心对于我们每个人的一生是多么重要。因此,我们要学会感恩,心怀感恩,用感恩的心态去对待自己的人生,得到真正的幸福。

9. 不要把"世故"当做"成熟"

成熟是一种丰满圆润的美好状态,世故则是一种可怕的衰老。

成熟是一种迷人的美,与世故本身格格不入。如果你还认为世故便是成熟的话,那么你一定还没有跨入成熟的行列中。

街头的一堆西瓜,不管它有多少,对于买的人来说,也只有三种:生的、熟的、过熟的。但是人们挑选的时候永远是选择那些熟的。芸芸众生中,不管性别、不分年龄,只凭着心理年龄来判断的话,也只有三种:幼稚的、成熟的、世故的。幼稚的属于生瓜,成熟的则是熟瓜,世故便是那些熟过的瓜。生瓜至少还有成熟的可能性,但是试问天下还有谁喜欢过熟的西瓜?

人们都不喜欢过熟的西瓜,因为其中已经变得极为干枯了。世人

也不会喜欢过于世故的人，因为他们已经将人情"练达"到了一种枯燥无味的状态中。一个世故的人不可能拥有真心的朋友，不可能拥有甜蜜的恋情。

世故是一种极为可怕的衰老状态，人一旦进入了这种状态之后，不管他是年轻人还是老年人，都可以说，在其心理上，他已经进入了生命的黄昏。世故的人永远只能混迹于权贵与金钱的阴影中，也只有在这些阴影中，才会滋生出世故的人。之所以有人会崇尚世故，之所以会有越来越多的人变得世故，本身就是因为那权贵与金钱所制造出来的阴影越来越大的缘故。世故是一种已经开始烂掉的成熟，是那些无力对自身的命运进行主宰的人，就近为自己所选择的一个掩体。他们在内心深处有着严重的自卑情结与弱者心态，因此，从其本质上来说，世故本身就是一种故做姿态的幼稚行为。

对于世故，鲁迅先生曾经如此说："人世间真是难处的地方，说一个人不通世故固然不是好话，但说他深于世故也不是好话。"可见，世故不可不通，亦不可全通。生活在这个复杂的社会上，我们应当通人性、懂人情、与人为善，才会有朋友，才能在社会上立足而有所作为。否则，不通人性、不懂人情、与人圆滑、过于世故，便会很难有朋友，便无法在社会上立足，而这样的事情最终会对自己不利。只有掌握了世故与成熟的分寸与区别之后，才算是明白人与聪明人。

在经典名著《红楼梦》中，薛宝钗扮演着重要的角色。她本身是深受封建礼仪约束的可怜人，深受其害。在家中，她与上上下下各种人都有着极好的关系，深受他们的喜爱。她性格中既不乏王熙凤为人的圆滑，更不少林黛玉的小心和贾宝玉完全对立的封建束缚的思想。在第四十八回中，薛姨妈道："……莺儿一个人，不够伏侍的，不要买一个丫头来你使。"宝钗道："买的不知底细，倘或走了眼,花了钱事小,没的淘气。倒是慢慢打听着,有知道来历的人买个还罢了。"这里表现出她的处事小心。又如香菱向宝钗道:"我原要和太太说的,等在爷去了,我和姑娘做伴去。我又想恐怕太太多心,说我贪着园里来玩,谁知你竟说了!"宝钗笑道:"我知道你心里羡慕这园子不是一日两日的了,只是没有空儿……所以趁着机会,越发往上一年,我也多个做伴的,也遂了你的心。"而这些都表现出了薛宝钗的世故。

但就是这样一个女孩,却在最终落得独守空房、凄凉后半生的下场。究其原因,莫不是因为她的过于世故无法令人真心赞赏的原因。芳龄十八的女儿,应该时时欢乐、处处笑语才对,但是她在做任何事情之前,都会先想一下前因后果、怎样做才会使自己远离麻烦。这样的心计难免会让人心中升起一股寒意。相比于林黛玉的时常哭泣而言,反而是黛玉的真性情更让人心生怜意。

我们反对世故,但并不是不提倡成熟。一个人不成熟,便等于是一个生瓜,其价值便要大打折扣。成熟是一种人生的最佳状态,是一个人的智慧顶峰,是一个在阅尽了人间沧桑后的一种从容与大度。它不盲从于他人,不会对世俗谄媚,总是对挫折坦然处之,在胜利之后总是会报以淡淡的微笑。成熟是生命在运作到了一定的程度之后,达到的一种相对稳定的理想境界。处在这种境界上的人,在任何时候、任何情况下都是深受人们欢迎的。

法国某个偏僻的小镇上,据说有一处极为灵验的水泉,经常会出现神迹,能够将各种疾病治愈。一天,一个拄着拐杖、少了一条腿的退伍军人,一蹅一跛地走过镇上的马路,旁边的镇民看到他之后,带着极为同情的口气说:"可怜的人啊,难道他要向上帝祈求再赐给他一条腿吗?"这句话被退伍军人听到了,他转过身去对他们

说:"我并不准备向上帝祈求有一条新的腿,而是想要祈求上帝帮助我,叫我没有一条腿后,也知道如何过日子。"

这便是成熟,懂得接受自己所失去的,感恩自己目前拥有的,同时更期盼未曾到来的。不管人生的得失,总是让自己的生命充满亮丽与光彩,不再为过去而哀叹,努力地将自己生命的精彩活出来。

成熟者一样可以看到社会与人生的阴暗面,但是他们却从来不会被阴暗面所吓倒,表面上沉静的他们往往在内心有着一腔热血。有着不平不悲观的性格。他们既坚信希望在于未来,又执著于今天的努力。世故者则无法分清主流与支流,本质与现象。他们往往会因为自己曾在事业、爱情、生活、理想等某一方面受到了打击便改为冷眼观事,认为人生残酷、社会黑暗。他们自以为看透了社会与人生,并以"众人皆醉我独醒"自居。

事实上,成熟才是人们所欣赏的生活态度。我们应当知道社会复杂,但是却永远要坚持自己做主、不盲从的做事方式,考虑问题多想几步但是却从来不失赤子之心。多听少谈,在真正地了解之后再将心扉敞开。我们应当抱着互惠互利的态度来对待他人,我们应当直面现实、认识自我,哪怕遭遇了挫折也从来不会屈服,而是重新找回信心,迎接挑战,这才是真正的成熟。

第二篇 尺子在手,成功做事

第三章 做事有计划,有选择

做事没有计划、没有选择的人,无论从事哪一行都不可能取得成绩。一位在商界中颇有名气的经纪人把"做事没有分寸"列为导致许多公司失败的一个重要原因。事实上,做事有计划、有选择对于一个人来说,不仅是一种做事的习惯,更重要的则是反映了自身的做事态度,而这种做事态度往往是日后自身能否取得成就的重要因素。

做好计划,按计划有选择的行事,不仅可以提高工做效率,而且可以体验工作的节奏感,使你不至于把工作当做是一种苦役;而是当做一种享受,让你在工作中感受生命的脉动,把握生命的韵律。

1. 成功做事,需有长远和短期的具体计划

我国有句古话:"凡事预则立,不预则废。"意思就是,不管做什么事情,如果事先有计划,往往会事半功倍,否则就有可能事倍功半。所以说,工作或学习时制定一定的计划是最佳的途径,其次是

在计划中既要有长远计划，又要有短期安排。在一个比较长的时间内，自己应干些什么，要达到什么目标，必须要有个大致计划；而每一个星期干什么要具体些，每天干什么应该更具体些。只有把一个较大的目标具体分解到各个阶段中去落实，目标才更加切实可行，才有可能使长计划中的任务逐步得到实现。"多级火箭"之所以能冲向高空就是这个道理。

但是很多人都不清楚计划是什么，其实计划就是设定目标，以及决定如何达成目标的过程。简单说便是"设定目标，指明路线的过程"，这个过程包含信息的收集、整理、分析、归纳，目标的思考与设定，执行方案的构想、比较与决策，组织内外的沟通协调，必要资源的分析、统计与组合，以及过程中所遇到问题的解决等。计划的过程本身充满挑战，对思维能力是极大的考验。

有这样一个人，他从 26 岁开始，即从 1916 年的元旦那天起，每天都会对自己所用的时间进行核算，每个月做一次小结，年终的时候做一次总结。这样的习惯他坚持了 56 年，一直到他 1972 年去世的那一天。

他所采用的方法是记日记，没有什么能将他的这一习惯打乱——休息、看报、洗漱，甚至于心爱的女儿问他问题这样的小事，他都会记在纸上，做好标记，一丝不苟地记下自己用了多少分钟。

他想方设法对自己的每一分钟进行计划：在乘电车的时候，可以将从前学习的知识进行复习；在排队的时候最适合思考问题；散步的时候可以捕捉一些昆虫；如果非要参加一些意义不大的会议的话，正好可以将习题演算一遍……对自己的读书时间他更是进行了仔细的盘算："清晨的时候，头脑是最为清醒的，我可以看一些如哲学、数学类的较为严肃的书籍；在学到一个半小时或两个小时之后,便要学习一些历史性、生物学方面的著作;脑子累了之后,可以看一些文艺书籍。"

不仅如此,他甚至推算出,自己在一个小时之内的看书进度:数学书 4～5 页,其他类书 20～30 页。而他自己最感觉满意的则是在 1937 年 7 月:"这个月我工作了 316 小时,平均每天 7 小时。如果把纯时间折算成毛时间,应该增加 25％～30％。我逐渐改进我的统计。"

他对自己在 1966 年所用的基本科研时间统计之后发现,总时间为 1906 小时,超出了原计划 6 小时,平均每天工作 5 小时 13 分;与 1965 年相比,超出了 27 小时。1967 年他 77 岁,他对这一年时间的统计是:读俄文书 50 本,用去 48 小时;法文书 3 本,用去 24 小时;德文书 2 本,用去 20 小时;游泳 43 次;娱乐 65 次;同朋友、学生交往用去 151 小时……

在他看来,时间是这个世界上最为宝贵,甚至是唯一有价值的东西。他将其视为神的赐予。于是,时间也给予了他丰厚的回报。这个将时间牢牢驾驭、时时有计划、事事有准备的人,便是当代最为杰出的昆虫学家亚历山大·亚历山德罗维奇·柳比歇夫。

其实,我们每个人的生命都是一个长期计划的运行过程。在这个过程中需要你去好好把握,把握其中的每一个细节。这些细节不但意味着你的处事方略,更重要的是会影响到你是否能够成功,因为在通往成功的路上,一个整体的职业或生活计划是必不可少的。有些人经常在人生的道路上迷失方向,因徘徊和迷途消耗了生命,究其原因莫不是因为自身缺少必要的计划。那些成功者永远都懂得如何去设计自己的未来,甚至于他们的每一步都有精密的设计,正因为如此,他们的工作才会更加顺利而高效。他们会认真地计划

自己想要成为什么人,想做些什么,最终要拥有什么,并且清晰而明确地写出。他们将每一步都分得很清楚,以此作为决策指导。这种确保自己的行为与目标保持一致的行动,会使自己坚持原来的既定方向,不受他人或者外界环境的影响。按照所制定的方向,一步步地接近目标,便可以轻松地达到成功,所以对生活与事业进行长期与短期的计划是一件极为重要的事情。

罗伯·舒乐博士在1968年的春天下定决心要用玻璃建造起一座水晶大教堂。他向著名的设计师菲力普·强生表达了自己的构想:"我要的不是一座普通的教堂,我要在人间建造一座伊甸园。"

强生问他有没有具体的预算,舒乐博士坚定而明快地说:"说实话,我现在连一分钱也没有,所以,在我的眼中,100万美元与400万美元的预算对我来说根本没有什么区别。最为重要的是,这座教堂本身就是一种极具有魅力的捐款项目。"

在强生的进一步演算之下,教堂定下了最终的预算——700万美元。而这笔数额庞大的款项对于当时的舒乐博士来说,不仅仅是一个无法企及的目标,更是一种无法理解的金钱概念:他这一辈子从来没有见过这么多钱。

当天夜里,舒乐博士拿出一张白纸,在上面写上"700万美元",然后又写下10行字:

一、寻找1笔700万美元的捐款;

二、寻找7笔100万美元的捐款;

三、寻找14笔50万美元的捐款;

四、寻找28笔25万美元的捐款;

五、寻找70笔10万美元的捐款;

六、寻找100笔7万美元的捐款;

七、寻找 140 笔 5 万美元的捐款;

八、寻找 280 笔 25 000 美元的捐款;

九、寻找 700 笔 1 万美元的捐款;

十、卖掉 10000 扇窗,每扇 700 美元。

在短短的 60 天后,舒乐博士向富商约翰·可林讲述了自己对于用水晶大教堂奇特而美妙的设计,对方被深深地打动了,而且捐出了第一笔 100 万美元。

第 65 天,一对倾听了舒乐博士演讲的农民夫妇,捐出了第一笔 1000 美元的捐款。

第 90 天,一位被舒乐坚持不懈的精神所感动的陌生人,在其生日当天,给舒乐博士寄出了一张 100 万美元的银行支票。

8 个月后,一名捐款者对舒乐博士说:"如果你的诚意与努力能筹到 600 万美元,剩下的 100 万美元由我来支付。"

第二年,舒乐博士以每扇 500 美元的价格请求美国人对水晶大教堂的窗户进行认购,分为 10 个月的分期付款,每个月付 50 美元。6 个月内,一万多扇窗户全部售出。

1980 年 9 月,历时 12 年之后,可以容纳一万多人的水晶大教堂竣工,成为了世界建筑史上的奇迹与经典,更成为了世界各地前往加州的人必去进行瞻仰的胜景。水晶大教堂在最终建筑好了之后,其花费为 2000 万美元,比最初的预算高出了 1300 万美元,而这笔巨款全部是舒乐博士一点一滴筹集来的。

不是每个人都要建立起一座惊人的水晶大教堂,也不是每个人都要将王屋与太行移走,但是每个人都有对自己的梦想进行设计的权利,坐下来好好地进行计划,便可以找到最佳的实现梦想的途径。

因此，每个人在做事情的时候，都应该像舒乐博士一样，有一个长远计划和短期计划，在这些计划中，其细节越详细越好。如果你没有了长期的目标，那么暂时的阻碍便有可能会变成无法避免的挫折。如果你没有了一个长期的目标，你便有可能会被短期的种种挫折所击倒。理由非常简单：没有人会像你一样如此关心你是否能够成功。你的每一个计划中的任何一个细节都有可能会成为阻碍你前进的最大敌人。

人生目标是人生一大志向，可能需要十年、二十年甚至终生为之奋斗。这样的目标难以精确详细地表现出来，特别是对一些成功经验不足、阅历不深的人来说更是如此。但是随着成功经验的增加、阶段性的短期目标的实现，人会站得更高，而且对人生总目标的确立会逐渐清晰明确。

查理·库冷先生曾以一种有意义的解说表示了他对于计划的创意理解，他说："成为伟大的机会并不像急流般的尼亚加拉瀑布那样倾泻而下，而是缓慢的一点一滴。"如果你本身没有一个清晰的目标，那么，你做事便没有瞄准和射击的目标，更没有更崇高的使命能给你希望。正如道格拉斯·勒顿所言："你决定人生追求什么之后，你就做出了人生最重大的选择。要能如愿，首先要弄清你的愿望是什么。"一个人有了理想，也就看清了自己想取得什么样的成就；一个人有了目标，也就有了一股无论顺境逆境都勇往直前的冲劲；而这一切，都是你制定短期目标和长期目标的结果；制定一个短期目标和长期目标，使你更有信心去超越自己，使你离成功更近一步。

2. 制定计划要考虑周全

成功的事业离不开周密的计划与行之有效的奋斗方法，所以制定一个好的计划，先要从制定有效的目标开始，"射击前先找到目标，出海前先决定目的地"，在确定了总的目标之后，便需要制定接下来的计划中的细节。对这些细节进行周全的考虑，可以使整个计划更加丰沛，同时也增加了计划的可成功性。

不同的计划会产生不同的结果，不同类型的计划步骤、具体程序与技巧的不同，效果自然也就不同。总的来说，做事的计划要考虑周全，要从不同的角度看问题，从而找出解决问题的最佳方案。只要大体方向对，目标正确，便可以将计划的目的顺利实现。

计划是实现目标的前提，没有计划，目标就成了水上浮萍，没有根基。做事没有计划，结果不是"眉毛胡子一把抓"，就是"盲人摸象"。生活对于没有计划的人来说，就是"走一步看一步，当一天和尚撞一天钟"。计划是建筑信心堡垒的基础，完整而周全的计划会使你信心百倍，即使遇到再大的挫折也能镇定自若。可见，制定一个切实可行的人生计划是决定你未来生活状态的关键所在。

一个成功者，应凡事都要认真准备、精心组织、考虑周全，本着要做就做最好的原则，准备得越充分，效果就会越好。他所做出的每一个重大决策都是由大局着眼，只有这样，才能保证决策的客观性和可行性。知己知彼，百战百胜。在制定具体的计划之前，首先要对自身与组织的优点及缺点进行详细的了解，并想办法进行弥补，接下来要了解的便是对手的优点，如果可以在制定计划中将此项考虑进去的话，那么日后取胜的机会便会大大增加。

对企业的管理是这样，生活与工作中同样如此，有些人虽然一天到晚忙得不可开交，但办事效率却依然非常低，出现这种局面的主要原因是没有在做事前做好准备工作。一个在职场打拼的成功人士说："昨晚多几分钟的准备，今天就会少几小时的麻烦。"可见事前的周密计划，对一个人办事效益的提高及一个人的成功是相

当关键的。

制定了明确的计划表还可以使你了解自己的工作或学习进度,让你清楚地知道哪些事等着做;有时间想想怎么样去做,还可以对自己先前的成绩做个评价。

美国汽车公司总裁莫端要求秘书给他的呈递文件放在各种颜色的公文夹中。红色的代表特急;绿色的要立即批阅;桔色的代表这是今天必须注意的文件;黄色的则表示必须在一周内批阅的文件;白色的表示周末时须批阅;黑色的则表示是必须他签名的文件。也正是因为拥有了这样的审阅文件计划,莫瑞的办事效率才得以大大提高。从此处我们便可以看出来,只有把你的工作分出轻重缓急,使条理更加分明,你才能在有效的时间内,创造出更大的利润,从而使你的工作变得更加游刃有余、事半功倍。

三个同一时期进公司的员工都希望自己可以得到老板的赏识,从而从人才济济的办公室中脱颖而出,使自己拥有更好的发展机会。但是如果仅仅靠着工作上的积极表现,是很难赢得老板的青睐的。于是,三人同时想到了与老板增加见面机会,使其对自己更加了解的方法。

甲打听到每天早上老板都会在 7:50 的时候准时踏入公司大门,于是,他便每天早上起大早,并在老板踏进门的那一刻开始与他一起行走。时间长了,老板便对他的脸有一些印象了,但也仅仅是有印象而已。

乙打听到了同样的事情,他的计划则更进一步:一天早上,他主动与老板搭话,使老板对他的名字、所在的部门有了一个大概的了解。老板对他的印象也只是就停留在某某部门有个精明的小伙子而已。

　　丙的做事方法则极为不同,他先是将老板的个人爱好、平日里更关注于公司的哪个方面,公司还有哪些地方需要改进等问题进行了详细的了解,并准备好了极为完善的答案;他将自身的优势在这段谈话中表现得极为突出。在某天,他终于得到了一个与老板在电梯中面对面的机会;他的侃侃而谈与极为出色的见解获得了老板的赏识。

　　此后不久,丙便升职为部门经理助理;一年后,丙顺利晋级为部门经理,而甲、乙依然在原职位上无所进展。

　　只有在事前进行周全的计划,才能使长远计划得到进一步的实现,使任务被合理的安排。幽默大师林语堂,一生应邀做过无数场演讲,但是他不喜欢别人未经事先安排,临时就要他即席演讲,他说这是强人所难。他认为一场成功的演讲,只有经过事先充分的计划、准备,内容才会充实。

　　对于林语堂这样一个演讲大师来说,计划都是如此重要,由此可见,是否有周全的计划对于事情的发展有着多大的影响。所以,日常生活中,我们的每一天都应当有详尽而周全的计划。因为你每一天做的事情都是在为将来做准备,只有当你做好了充分的计划后,才知道你要做什么,一旦机会来临你便可以很轻松地抓住;如果你没有做好准备的话,就算机遇如雨点般落下,你也无法把握。你必须做到在展开工作之前,对第二天的每项工作与可能会发生的问题、遇到的问题进行有力的防范,达到防微杜渐的目的。在计划一旦确定之后,便严格地按照计划去执行,并制定计划落实完成情况的自我检查表,对自我工作的完成情况进行监督,便可以使整个工作有序而良好地进行。

　　长远的目标是人生中必须要有的,一旦有了创业的计划,你便

可以按着"计划"逐项进行工作,在实践中调整与修订计划使其日趋完善,从而成为你整个创业过程中的"行动指南"。市场竞争是残酷的,在你看中了别人手里的面包时,你碗里的米饭极有可能已经成为另一个人的目标。所以企业的领导人在拓展自己的市场时一定要小心从事,考虑周全才能行动,如果贸然发动攻势,很可能自己的目标没达到,反而失去了已有的优势。

国内某彩电厂家就是一个很明显的例子,为了垄断市场压低彩电价格,使用了惊人计划,结果不但没有把其他的彩电厂家击垮,反而大大降低了自己的利润率,达不到配股要求,只能靠举债来增加自己的现金流动,无端增加了自己的财务压力,使之计划惨遭失败。

我们常说:"螳螂捕蝉,黄雀在后。"聪明的决策者总是会考虑周全,慎重地做攻守决定。经理人同时活在两个世界中,一个世界是由责任、承诺、道德理想编织的网,在这面网中求生存的最佳方式便是寻求美德的平衡与实践。另一个世界是激烈,甚至是残酷的竞技场,要成功就要有胆识,除此之外,还应有正确的应变突然改变计划的能力,才能使你达到成功,否则,就会使结果截然相反。

"田忌赛马"的故事大家都非常熟悉。就好马、中马和差马三个档次而言,田忌的马都不如国王的马,但田忌在连续三场比赛中,先用自己的差马迎战国王的好马,故意在第一场较量中大败,然后在第二场比赛中,田忌用自己的好马去迎战国王的中马,第三场比赛中,田忌又用自己的中马去迎战国王的差马,结果连扳两场,反败为胜。由于田忌的周全谋划,使得三匹不好的马最终赛过了三匹极为出色的好马。而这些,便是因为田忌有应变计划的能力,才使不利变为有利,并最终取胜。"田忌赛马"的故事,表明的道理便是计划外的周全应变是成功的重要因素。其实类似的例子无处不在，比如在足球场上，弱队战胜强队的例子屡见不鲜，一名优秀的教练员之所以优秀，往往是由于他对自己的队员极为了解，熟知自己球队的优缺点，因而在排兵布阵方面游刃有余。我们的工作也是一样，只有了解自己的情况，才能制定出周全的计划。

在日常工作中，每个员工都要提前做好准备工作，提前做好计划，安排好生活中的每一件小事。只有进行周密的计划，人们才能对工作中的细节有所准备，才能在碰到各种各样的细节问题时不慌不乱；只有进行周密的计划，你才能很明确自己该做什么，应该怎样去做。如果你的计划不能把每个细节进行量化，那么你的计划很可能就无法执行。

细节始于计划，计划同时也是一种细节，而且是很重要的细节。在你制定计划时，应对工作中的每一个环节做出深入细致的规划，保证每个环节都有一个目标，都有办法可依，保证整个计划是可以反复检验的。每一个流程、动作，都要进行量化，都要从细节去分析。只有计划做得越周密，细节也就做得越到位，只有工作做好了，对个人、对企业才大有裨益。

凡事预则立，只有事先做好相关的准备工作，在事情进行之时才不至于手忙脚乱，从而使整件事情趋向于圆满、完善。

3. 随时总结计划中的经验

曾有人如此评价经验的重要性："一个人要想在这个世界里生存，靠的不是知识，是经验。"不懂得及时总结前期经验的工作是不会一帆风顺的，只有对从前的工作进行了详细的回顾，并找出致使成功或者导致失败的原因之后，我们才会对后来进行的工作更有把握。相反，如果你在按计划进行工作的同时无视经验的话，你便

很难达到胜利。

1974年，以生产安全刀片而闻名于世的美国吉列公司作出了一个看上去极为荒唐的决定：推出女性专用的雏菊牌"刮毛刀"。同行们对吉列的这个举动大笑不止，他们都认吉列的高层发疯了。但是让人意外的是，"刮毛刀"却在全美国范围内一炮打响，这一小小的成功使得当时在全球范围内销售额已达20亿美元的吉列公司又小发了一笔财。

出现这种情况是偶然、是巧合、还是瞎猫撞上了死老鼠？事实上，都不是。在1973年，吉列公司按着原定的市场进发计划进行了相应的调查，结果却意外地发现，在美国，8360万50岁以下的妇女中，大约有超过6490万人为了维持自身的美好形象，不得不定期地将腿毛与腋毛刮除，而这与欧美国家的女性衣着趋向于较多的性感有着密切的关系。

在这份报告中，调查者还总结出了这样的统计数据：在这些妇女中，除了约有4000多万的女性在使用电动刮胡刀和脱毛剂之外，约有2000多万人主要是通过购买各种男用刮胡刀来美化自身形象的，其一年所支出的费用竟然高达7500万美元。这明显是一笔极大的开销，与女性在其他化妆品上的支出相比，只多不少。无疑，这是一个极富有诱惑力的潜在市场，谁能抢先开发它，谁便会大发利市。

吉列公司下定决心要生产女性"刮毛刀"绝非心血来潮、异想天开，而是基于极为周密的市场调查而作出的积极而又慎重的结论，更是他们在计划中总结销售经验而得到的商机。因此，他们的成功绝非偶然。而那些原先嘲弄吉列公司荒唐可笑的同行们眼睁睁地看着"肥肉"落入他人之口,却只有眼红的份。

由此可见,成功的因素常常存在于原定的计划中,只要你善于随时对工作中的计划进行总结,便会发现最大的机遇。在按着计划进行具体事情的办理时,我们要做到不被计划所框住,根据当时的实际情况对计划做出必要的检查和调整,以使我们的工作不断改进;每一个计划都有一个执行的过程,这就要求我们实现计划时要做到具有应变性。同时,也要注意保持计划的灵活性,当出现意外情况时,自身有能力改变"航向"而又不需要付出太大的代价。只有这样,你的成功率才会高。但需要注意的是不能以推迟决策的时间来确保计划的灵活性。因为未来的不确定性是很难预料的,如果我们一味等待收集更多的信息,将未来可能产生的问题尽可能考虑周全时,就应该当断就断,只有这样,才能避开那些风险。

所以,在执行计划的时候,应随时注意计划目标实现过程中的每一个细节,去排除,往往是浪费时间和精力是没有必要的,应集中精力找出影响目标实现的关键或主要障碍,使"短的木板条"长起来,使小"木桶"能盛更多的"水"。毛泽东同志曾在《矛盾论》中用哲学的语言说明了相同的道理。他指出:"任何过程如果有多数矛盾存在的话,其中必定有一种是主要的、起领导的、起决定的作用,其他的则处于次要的和服从的地位。因此,研究任何过程,如果是存在着两个以上矛盾的复杂过程的话,就要用全力找出它的主要矛盾。捉住了这个主要矛盾,一切问题就迎刃而解了。"工作中也是这样,有什么问题及时解决,有什么教训及时总结,以备下一次不会走同样的路。

有一个商人,在小镇上做了十几年的生意,他在经营上非常努力,但是令人沮丧的事情依然发生了:他的生意濒临破产。当一

位债主跑来向他要债的时候,这位可怜的商人正在思考他失败的原因。

商人问债主:"我为什么会失败呢?难道是我对顾客不热情、不客气吗?"

债主说:"也许事情并没有你想象得那么可怕,你不是还有许多资产吗?你完全可以再从头做起!"

"什么?再从头做起,这怎么可能?"商人有些生气。

"是的,你应该把你目前经营的情况列在一张资产负债表上,好好清算一下,然后再从头做起。"债主好意劝道。

"你的意思是要我把所有的资产和负债项目详细核算一下,列出一张表格吗?是要把门面、地板、桌椅、橱柜、窗户都重新洗刷、油漆一下,重新开张吗?"商人想了想有些纳闷。

"是的,你现在需要的就是按你的计划去办事,但是你更应该审视自己从前的经营方式,将其中的经验进行总结!"债主坚定地说道。

"事实上,这些事情我早在15年前就想做了,但是一直没有去做。也许你说的是对的。"商人喃喃自语道。他将自己每一年的经营都大致地列了出来,却发现其中存在着巨大的漏洞:自己从来没有对老客户进行过回访、对新客户又总是过于执拗,每当有新的经营方式与经营理念的时候,他却总是抱着"行不通"的态度来看待,但是事后,那些新东西在别人那里却总是能够成功……

后来,他按着这些经验进行了经营模式方面的调整,并且养成了每一阶段的工作完成之后,便立即总结经验的习惯,后来的结局大家都可以想象到,在有了勤奋与经验的帮助之下,他真的成功了。

经验,是每个人在经历过成功和失败以后的沉淀。经验,就如同在水坑前竖的一面警告牌;遭遇浅滩戈壁时,它就是一旁停搁的救生艇,似远处忽闪的灯塔。人们去医院看病,多半会选择年老的医生。原因很简单,年老的医生往往更有经验。在很多时候,经验是人们成功和前进的垫脚石。经验并不是个坏东西,它对我们的生活、工作、学习起着指导作用。在工作的过程中多下些功夫,直到自己可以将整个流程信手拈来,此时的熟悉已经转化成为了自身的经验。在下次你遇到同类型的问题和事物时,便可以用自己的经验做出评判,从而使经验的优势尽可能地发挥出来。

在商场上,经验更是显得尤为重要。在对自身计划有了大概的印象之后,再对详细过程中的经验进行概括,往往可以为接下来的工作省去无数走弯路的时间,甚至避免巨大的资产亏损。

4. 选择一个自己擅长并热爱的职业

企业在招聘员工时一般只会聘用两种人:一种是领导型的,也可称为策划型,他们在团队中的作用是将具体工作内容想到并安排给恰当的人;另一种人是服从型,又叫执行型的,他们在团队中处于把工作做好的位置。这两种人加起来才能够使整个工作进程更为良好地进行,一个成功的团队大多是如此运行的。所以在求职的时候,我们一定要进行明确的自我定位,搞清楚自己属于团队中的哪一层次,这是至关重要的。

在职业规划大师们看来,人可以按照性格和气质两个方面进行分类。不同的工作,所需要的能力也各不相同,不同能力状况的人可以选择自己擅长的工作。科学家爱因斯坦有着极强的思维能力与分析、解决问题能力,但就是这样一个智商极高的人,其情商却颇低。他的交际能力极差。甚至有人评价他说,如果爱因斯坦不

是一头钻进了科学研究中，而是转入了交际场的话，那么他肯定会是那个时代中最为蹩脚的交际家。

某知名作家应邀请去一家新开的报社主持具体的办报工作，结果没几天他便主动辞职。这并不是说他没有能力写出好的文章来吸引读者，而是他对报社管理方面丝毫不通，而且也不懂如何才能把报纸办得令读者叫好。

工作是上天所赋予给我们的最基本的生存权利与使命，如果在选择工作时候，能把自己喜欢并且乐在其中的事情当做职业的话，便可以将自己特有的能力彻底地发掘出来。决定你工作状态最重要的一点便是保持一种积极的心态，但是前提是，这份工作必须是你所擅长的，只有这样，你才能从中品尝到由于完成工作所带来的快乐。

一位外企的首席代表，晚上常常加班到十点多。他唯一的乐趣就是周末去打高尔夫球，即使没有人和他一起，他也坚持去打。做到 38 岁的时候，他终于厌倦了过度紧张的工作与生活，在第二天向公司总部提交了辞职报告。之后此人去做了一个专职的高尔夫球手。经过两年的系统训练后，他夺得了全国业余高尔夫球赛的亚军。

选择你热爱的工作，在具体的工作过程中便会更容易发挥创造力，也更容易有成绩。工作不仅仅是谋生的一个方式，它还可以把你带到人生的更高层次，使你感受到巨大的成就感。

一个孩子在学校时的功课差极了，老师说他的智力有问题。表面看上去，这个孩子的确有些沉默寡言，他可以一个人坐在屋前的花园里看着花草小虫很长时间。他那位杰出的医生父亲教训他说：

"除了打猎、养狗、捉老鼠以外，你什么都不操心，如果你再这样下去，肯定会没有出路，而你也会使整个家族蒙羞的！"

在1825年秋，父亲准备让这个一事无成的儿子继承自己的衣钵，成为一个体面的医生，并将他送进了爱丁堡医学院。可惜的是，这个孩子不仅顽劣，而且对医学毫无兴趣，更要命的是，他天性脆弱，从来不敢看手术台上的淋漓鲜血。两年之后，他只好从医学院退学了。

医生是当不成了，在父亲看来，当牧师也算是个体面的职业。男孩听从父命，进入了剑桥学神学。虽然他对神学也没有什么兴趣，花在打猎和收集甲虫标本上的时间比花在学业上的要多得多，却也终于在1831年毕业，准备当个乡间牧师了此残生。

在男孩看来，他所受的这些所谓的高等教育完全是一种浪费。他觉得正式的课程极为枯燥无味，自己也从来没有从课堂上学到什么实质性的东西。但是在这些年，他在课余结识了一批优秀的博物学家，并从他们那里接受了科学训练。他在博物学上的天赋也得到了这些博物学家的赏识。1831年，当植物学家亨斯楼被要求推荐一名年轻的博物学家参加贝格尔号的环球航行时，他推荐了自己的忘年交——这个顽劣的男孩。他的父亲竭力反对儿子参加航行，并认为这种无益的行为将会推迟儿子在神学职业上的发展。在男孩的一再恳求下，父亲终于做出让步，表示他若能找到一个可敬的人支持，他就可以去。男孩找到了自己的舅舅去说服父亲，并侥幸通过了以苛刻著称的费兹洛伊船长的面试，于1831年底随贝格尔号扬帆起航，途经大西洋、南美洲和太平洋，沿途考察地质、植物和动物。一路上男孩做了大量的观察笔记，采集了无数的标本运回英国，为他以后的研究提供了第一手的资料。五年之后，贝格尔号绕地球一圈回到了英国。

当男孩踏上了贝格尔号的时候，他是个言必称《圣经》的神学毕业生、正统的基督教徒，他的虔诚常常被海员们取笑。但是当他返回英格兰时，在他看来《旧约》"很显然是虚假的世界史"，其可靠性并不比印度教的圣书高。他完全抛弃了基督教信仰，并逐渐成为不相信上帝存在的怀疑论者或理性主义者，而其出发点，就是对"一切生物都是由上帝创造"的信条的怀疑。

正是基于此，已经成长为男人的他开始坚持自己的立场，他不顾父亲的反对，离开了神学界，并进一步地对生物的演化过程进行探求，提出了"物竞天择，适者生存"的"进化论"，这个男孩就是著名的英国生物学家达尔文。

一位哲人曾这样说过："一个人所成就的事业，必然是这个人的特长，舍长取短是天下最愚蠢的人才干的事。"每个人都有自己的长处，选择自己擅长并热爱的职位，从而使自身的长处被合理运用，这才是智者所为。人生是短暂的，世界上没有人是无所不能的，每个人总会有自己不会做或不擅长做的事情。聪明人绕开短处，经营长处，把智慧用在自己擅长的方面，从而使自己很容易在人生的赛场上领先别人，领跑大众；而愚蠢的人则总是抛弃长处，经营短处，把心思和精力用在自己不熟悉或不擅长的方面，结果是永远落在别人后面，或者永远在泥沼中跋涉，永远与成功无缘。

托马斯·沃斯一直觉得生存在父亲的阴影下很压抑，他父亲是IBM公司的常任首脑。而他自己只是名平凡的学生，甚至要在家庭教师的帮助下才勉强读完IBM的销售课程。他在《父亲、儿子和公司》一书中写道："我没有个性，从没获得过成功。"

然而，当沃斯开始上飞行课时，发生了一些奇妙的事情。"好棒的感觉！"他说，"我擅长于飞行，仿佛我天生就有这种本领。我把一切都投入到这疯狂的追求中，并由此获得了许多自信心。"谁也没想到，这个成功又引发了更大的成功。在二战中，源于他做飞行员的丰富经验，沃斯成了美国空军的一名长官。

他并不是才华横溢的人，沃斯承认。但他发现他有"一个有条理的头脑和一种不同寻常的能力，即：能抓住重要信息，并把它传递给周围的人"。沃斯后来成了IBM的总经理，并把这家公司带进了电脑时代。在15年的时间里，他差不多让IBM的收入增长了10倍。

一个人的"成就"主要来自他对自己擅长工作的专注和投入，无怨无悔地努力，才能享受甘美的果实。

如果你用心去观察那些成大事的成功者，你便会发现，在他们的身上几乎有一个共同的特征：不论才智高低与否，也不论他们从事哪一种行业、担任何种职务，他们都在做自己最擅长的事。据一份调查显示，有28%的人正是因为找到了自己最擅长的职业，才彻底地掌握了自己的命运，并把自己的优势发挥到淋漓尽致的程度，从而迈进了成功者之列；相反，有72%的人正是因为不知道自己的"对口职业"，而总是别别扭扭地做着不擅长的事，因此，不能脱颖而出，更谈不上成大事了。

生命的真正意义在于能做自己想做的事情。如果我们总是被迫去做自己不喜欢的事情，永远不能做自己想做的事情，我们就不可能拥有真正幸福的生活。

大学毕业的小顾，刚开始为找工作奔波了好长一段时间，起初他见几个跑业务的同学业绩不俗，赚了不少钱，学中文专业的他便找了家公司做业务员，然而辛辛苦苦跑了几个月，不但没赚

到钱，人倒瘦了十几斤。同学们分析说："你能力不比我们差，但你的性格内向、言语木讷、不善交际，因此不太适合跑业务……"后来小顾见一位在工厂做生产管理的朋友薪水高、待遇好，便动了心，费尽心力谋到了一份生产主管的职位，可是没做多久他就因管理不善而引咎辞职。之后，小顾又做过公司的会计、餐厅经理等职位，终因各种原因被迫离职跳槽。经过这么多挫折后，小顾痛定思痛，吸取了前几次的教训，不再盲目追逐高薪或舒适的职位，而是依据自己的爱好和特长，凭借自己的中文系本科学历和深厚的文字功底，他应聘到一家刊物做了文字编辑。这份工作相比以前的职位，虽然薪水不高，工作量也大，但小顾却做得非常开心，工作起来得心应手。几个月下来，他就以自己突出的能力和表现令领导刮目相看，器重有加。

做自己喜欢做和最想做的事，是人生的成功点所在。因为，你自己喜欢做和最想做的事，就是你的兴趣所在，这里面蕴藏着你的天赋，并且做起来也能充满信心和激情。最主要的是，你愿意去做，只要愿意去做，就有成功的可能。

汉德·泰莱是纽约曼哈顿区的一位神父。一天，教区医院里一位病人生命垂危，他被请过去主持临终忏悔。他到医院后听到了这样一段话："仁慈的上帝！我喜欢唱歌，音乐是我的生命，我的愿望是唱遍美国。作为一名黑人，我实现了这个愿望，我没有什么要忏悔的。现在我只想说，感谢您，您让我愉快地度过了一生，并让我用歌声养活了我的6个孩子。现在我的生命就要结束了，但我死而无憾。仁慈的神父，现在我只想请您转告我的孩子，让他们做自己喜欢做的事吧，他们的父亲会为他们骄傲的。"

作为一个流浪歌手,临终时能说出这样的话,让泰莱神父感到非常吃惊,因为一把吉他就是这名黑人歌手的所有家当。他工作到每一处,都要把头上的帽子放在地上,开始唱歌。40年来,他如痴如醉,用他苍凉的西部歌曲,从被他感染的听众那里来换取那份他应得的报酬。

黑人的一番话让神父又想起5年前他曾主持过的一次临终忏悔。那是一位富翁,住在里士本区,他的忏悔竟然和这位黑人流浪汉差不多。他对神父说,我喜欢赛车,我从小研究它们、改进它们、经营它们,一辈子都没离开过它们。这种爱好与工作难分、闲暇与兴趣结合的生活,让我非常满意,并且从中还赚了大笔的钱,我没有什么要忏悔的。

经过白天的经历和对那位富翁的回忆,让泰莱神父陷入了思索。当晚,他给报社去了一封信。信里写道:"人应该怎样度过自己的一生才不会留下悔恨呢?我想也许做到两条就够了:第一条,做自己喜欢做的事;第二条,想办法从中赚到钱。"

后来,泰莱神父的这两条生活信条,被许多美国人信奉——的确,人生如此,也没什么好后悔的了。

以适合自己的方式做自己擅长的事情才更容易取得成就。高居全球首富榜首多年的美国微软公司总裁比尔·盖茨先生,曾经说过一句名言:"做自己最擅长的事。"英国散文家托马斯·卡莱尔说:"世界上最不幸的人要数那些说不清自己究竟想做什么的人。他们在这个世界上找不到适合他们干的事,简直无处容身。莫里哀和伏尔泰都是失败的律师,但前者成了杰出的文学家,而后者成了伟大的启蒙思想家。"卡莱尔说:"发现自己天赋所在的人是信运的,他不再需要其他的福佑。他有了自己命定的职业,也就有了一生的归

宿;他找到自己的目标,并将执著地追寻这一目标,奋力向前。"洛威尔说:"做我们的天赋所不擅长的事情往往是徒劳无益的,在人类历史上因为做自己所不擅长的事情而导致理想破灭、一事无成的例子举不胜举。"

每个人都应该有梦想,否则就失去了奋斗的目标与方向,但成大事者的条件必须日积月累地做好准备。你可以立志做大老板,做大文学家,但绝对不要躺在那里等待。要选择好职业,首先要问问你自己的兴趣所在。我喜欢做什么?我最擅长什么?发挥自己的特长,做自己最擅长的事吧,只有这样,才更容易成功!

5. 凡事要有选择的去做事

一位老人与一个青年一起来到一个池塘边钓鱼。不一会儿,老人便钓到了好几条大鱼,而青年却一无所获。青年实在想不明白,为什么一起钓鱼,却有这么大的差别,青年来到老人的身边,向他请教钓鱼的秘诀。

老人一边将鱼饵挂在鱼钩上,一边轻声对青年说:"如果你确定要钓什么鱼,你就要准备着做一系列的选择。选择的正确与否决定你能否钓到鱼,或者更准确地说是能否钓到大鱼。"

老人将鱼钩准确而且有力地抛向水面,然后坐下来看着说:"也许,钓鱼更应该靠运气,因为其中不确定的因素太多了。当我们做出了正确的选择时,却不一定会成功。但钓鱼不是傻瓜游戏,而更像是在玩21点扑克牌。你对具体的栖息地、游戏规则、用饵诱鱼和概率、鱼的数量、鱼饵的多少好坏、天气状况等相关的情况越是了解,你钓到大鱼的机会便会越多。"

老人接着说:"选择池塘在钓鱼中极为重要,在这个池塘中钓鱼,是经过了反复地选择之后我才决定的,而你却是非常盲目地选择。虽然我们碰巧遇到了一起,但是我们之间的区别却如此明显。我永远都知道自己选择了什么,而你却是随机的,也许你会有好机会,但是机遇不可能一直停留在你的身边,真正的成功需要靠经验的积累与理智的选择。"

说着,老人的鱼又上钩了,又是一条大鱼。

老人微微一笑,说:"你知道吗?为了选择一块好的鱼塘进行钓鱼,我做了长时间的观察和分析,去了解水深情况与水中的藻类繁殖情况。也许你认为钓鱼只不过是一种娱乐,似乎应该更轻松些。但是,如果我们选错了池塘,拿着鱼竿傻傻地坐在池塘边,那还不如坐在公园的长椅上眯着眼睛晒太阳呢!我们也许没必要将钓鱼当成一种体育比赛,但是想要钓到大鱼却必须多用一些心思。这是一种人生态度,一旦你形成了这种态度,你就能从中获得某种乐趣——思考的乐趣。"

"选定了池塘,接下来你应该聘请一名教练。"老人继续说,"许多人宁愿选择做一个失败者,也不愿意选择依靠他人的帮助,无论是付费还是免费。如果你能立即接受你是无知的事实,闭上自己的嘴巴耐心学习,那你的钓鱼技术就会迅速提高。"

"最后,选择一个位置。与人有层次一样,鱼也有层次之分,当一个地方的鱼钓完了,我们就必须不断地调整我们的位置。但这种调整并不是盲目的,我们必须知道哪些位置会有鱼。鱼是游动的,机会也是在变化的。也许我们选对了一个好区域,并且选对了一个好池塘,但是我们却在一个只有小鱼的浅水区徘徊,那么我们又怎么可能钓到大鱼呢?因此,我们必须不断变换位置来寻找大鱼,并且在其饥饿的时候投下鱼饵,将其钓上来。"

老人的话让青年若有所思。

选择本身就是一种力量,事实上,我们每个人的生活都与钓鱼极为相似,我们的一生总是被各种各样的选择所充斥着:儿时,我们选择不同的玩具与游戏;上学时,我们选择接受不同的知识与爱好,不同的朋友,不同的人生理想;在踏入社会之后,我们所面临的选择更多,不同的职业、不同的人生伴侣……很多时候,我们的生活呈现为被动状,所以我们往往无法感觉到这种力量的存在。一旦我们的人生为自己所把握,我们便可以感受到这种力量的存在。大到选择为之奋斗终生的事业,小到选择下一顿饭要吃什么,不同的选择直接决定了我们的生活质量是怎样的,决定了我们的命运如何。

福布斯二世曾说:"不要做自己的奴隶,不是每件事都必须做。"

热情做事,有所作为,更要远离喧嚣,有所不为。正是因为有所为,才会更要求有所不为;有所不为,同时是为了更好地有所为。这本身就是一个合理的辩证关系。在具体工作中讲求有所不为,指的是工作要突出重点,不能眉毛胡子一把抓,不分主次,平均用力;在人际交往中讲求有所不为,指的是要耐得住寂寞,舍得去浮华,少一些应酬,不要在那些乱七八糟、子虚乌有的东西上下功夫,在一些客套场上你高我低、你强我弱的东西上作计较;在学习上讲求有所不为,指的是既要学习掌握那些对一生健康成长有益的知识,打下一个坚实的基础,又要抓紧学习一些对当前工作有帮助、成才有帮助的知识,不能好高骛远。在创造工作成绩上讲求有所不为,指的是要做那些对工作有益、对国家的长远发展有利的事情,而不是急功近利,做表面文章,片面追求眼前的虚假成绩。

一位大学教授曾经讲过他的一段故事:

在他担任一所著名大学的系主任之后,一个全国性的科学机构邀请他在他们的年度会议上发表论文。他以为这是有关政治方面的会,于是就答应下来,并花了相当多的时间准备。但发表会的结果却令人大失所望——出席会议的总共四个人。经过这次教训,他便下定决心不再轻易答应任何事情。不久之后,同一个机构又请他将当时发表的内容写成一篇论文,刊登在他们没有人看的期刊上。他拒绝了。

这个教授是对的。不值得做的事会让你误以为自己完成了某些事情,就像将没人听或读过的论文列在履历表上一样,你只是对无用功沾沾自喜罢了。不值得做的事会消耗掉你大量的时间与精力,用在一项活动上的资源无法再用在其他的活动上,不值得做的事所用的每一项资源都可以被用在其他有用的事情上,影响到你的正常工作与生活,甚至会产生危害极大的惯性。社会学家韦伯曾经说过,一项活动的单纯规律性会逐渐演变为必然性。当你做那些不值得做的事情做得太多的时候,你便会对它们产生认同感,而这种认同感却往往是错误的。

著名剧作家尼尔·西蒙每决定是否将一个构想写成剧本之前都会问自己,答案如果是:"这会是一个好剧本,但需花费一两年的时间。"西蒙就不会写,因为他觉得这种行为太过于浪费时间。遗憾的是,大多数人没有西蒙的理智,他们往往一直要到人生走了一大段路后,才开始问这样的问题。造成这种事情出现的原因也许是因为年轻时并不了解计划一旦开始,要花费多少时间才能完成,更不了解我们所拥有的时间其实是非常有限的,而那些不值得做的事会浪费掉许多有限的时间。也许你会在面临选择时极为困惑,那时请运用尼尔·西蒙的话问问自己:"如果我将这个构想的潜能发展到最好,是不是真的值得?"如果答案是"不"的话,千万别去做。

所以,珍惜现在,好好审视每一件你要做的事情,哪些必须要

做,哪些可以束之高阁,只有这样有所为,有所不为,才能把该做的事情做得更好。

6. 不要看不起你平凡的工作,做好自己的工作

在欧美国家,敬业是每一个人的人生必修课。几乎每一个年轻人在得到一份工作之后,首先要学会的就是尊重与热爱自己的职业。其理由非常简单:工作是每一个人赖以谋生的基石所在,失去了这样的基石,你的生活便会失去保障,你的人生梦想大厦便无从谈起。即使你是一个极为杰出的艺术家,有着杰出的才华,不必受雇于任何团体,但是在貌似自由的生活面前,你也一样需要工作,也得辛勤地去养活自己。做好你自己的工作,这是人类无法逃脱的职责,而这一职责从石器时代开始就被赋予了。在一个需要创造、需要行动、需要激情的年代中,毫无疑问,人们有必要为那些从来不向命运屈服的伟大敬业者而呐喊欢呼。正如同卡耐基先生所说的一样,敬业者改变的不止是个人与团队的命运,许多时候,他们改变的是我们周遭的生活和历史的进程。

在20世纪50年代初,一位叫做科林的年轻人,每天早上很早就会到卡车司机联合大会找一些零工来做。后来,一家百事可乐工厂需要人手去擦洗工厂车间的地板,其他人没有一个应征的,因为这份工作很累,而且薪水也不高,更主要的是没有什么前途,但是科林却去了。因为在他看来,不管做什么,只要你努力去做了,总会有人注意到。他下定决心,要做一名最好的抹地工人。

有一次,在车间中有人不小心将50箱汽水打碎了,弄得满地都是黏乎乎的泡沫。他非常生气,但是还是忍着性子把地板抹干净

了。恰好,他的这一举动被公司的领导看到了,第二年,他便被调往了装瓶部,第三年便升为了副工头。

许多年之后,全世界的目光都凝聚在一个叫做科林·卢瑟·鲍威尔的人身上,这个当年的擦地工人,现在已经成为了美国国务卿。他在自己的回忆录中如此写道:"一切工作都是光荣的,只要永远去尽最大的努力去做一件事情,你便一定会有所成就的。"

在这个就业机会如此难得的竞争时代中,我们没有理由不去理解什么是敬业精神、怎样去敬业的问题。懂得敬业、能够做到敬业本身就是一个人在职场中提升自己、拓展事业的前提。敬业精神所表现出来的积极主动、认真负责、一丝不苟的工作态度,本身就是每一个已经踏入社会的人所应当而且必须要具备的杰出品质,而且这种品质是获得最佳工作业绩的最有力保障。

24 岁的海军军官卡特,应召去见自己的上司海曼·李特弗将军。在谈话的过程中,将军极为特别地让卡特挑选任何他想要与之进行谈论的话题。

当他好好地发挥完之后,将军便问了他一些问题,但是每一次都将他问得直冒冷汗。年轻的卡特这才明白,自己认为已经懂得了很多的东西,事实上并不是太了解。

在谈话马上就要结束的时候,将军问起了他在海军学校里的学习成绩。卡特立即自豪地回答说:"将军,在 820 人的一个班中,我的名次排到了 59 名。"

将军对这样的回答却并不满意,他问道:"你是否对你的学业竭尽全力?"

"不,将军,"他坦率地说:"我想我并没有竭尽全力。"

"为什么不竭尽全力呢？"将军大声地质问道，瞪了他许久。

此话如同当头棒喝一般，将卡特的思想给唤醒了。此后，他事事皆要竭尽全力，最终成为了美国总统。

一个人要想在事业上获得成功，便必须要学会去将自己的工作态度进行改变，不管做什么事情，都一定要竭尽全力。因为一件事情所引发的最终意义往往不是事件的本身，它往往会决定你日后在面对更大的事业时的成败。一个人一旦领悟了全力以赴地工作可以消除工作辛劳这一秘诀之后，他便已经掌握了敬业精神的精髓所在，同时，也掌握了打开成功之门的钥匙。

重视自己的工作，做好自己份内的工作，对自己的工作认真而又负责，你便会发现，自己是整个过程中的最大赢家。在任何时候，你都应当要记住，敬业的最大受益人是你自己。但是目前，总是有许多的年轻人在频繁地更换工作，有很多时候，只是因为一时的负气便将一份来之不易的工作给放弃了。实际上，每一份工作都是有营养的，我们只有将它的营养吸收好，才能够使自己有足够的能力去迎接新的挑战。

虽然每日平凡而单调的工作也许比不上新鲜的工作所带来的刺激与吸引力，看起来极为无趣，但就是在这种无趣中，却恰恰蕴含着无数的有用之处。只有先将现有的资源利用好，使自身处于不断学习与提升的状态中，留在同一个岗位上也一样是全新的刺激。

比尔·盖茨在少年时期曾经做过一段时间的学校图书管理员。在任职期间，他总是非常负责地将份内的工作做到最好，而他的这种敬业精神一直陪伴着他成为信息时代叱咤风云的领袖级人物。我们总是过于片面地认为，想要巩固自己的位置，就要懂得人际，善于拍马。事实上，如果你在已经有的职位上全心全意、尽职尽责地去做,尽可能地使整个事情趋向于完美,并不断地精益求精;比你的同行与前辈做得更多、更好,你自然会获得更多的回报。有很多人都是面临失败的时候才想起来,在其位若是不谋其事的话,不仅仅会使公司的利益受到损失,而且还会使自己的利益受到损害。

这个世界并没有规定说,我们必须要成为科学家,也没有强求我们成为医生、商人、律师或者作家,但是它却真切而确实地要求我们精通自己所选择的行业,并在自己的位置上付出全部的精力与智慧。如果你在自己的专业干得极为完美漂亮的话,全世界都会为你的出色而鼓掌的。

7. 做事恰如其分有好处

在一个风光旖旎的海边,住着三户以鱼鹰捕鱼为生的人家。三人的家中都有一只小渔舟,各自养着数十只鱼鹰,每天早出晚归,捕鱼卖钱。

鱼鹰的喉咙下面有一个天生的皮囊,可以储存捕捉到的鱼。为了不让鱼鹰偷吃鱼,渔民通常会在鱼鹰皮囊的下端用一种比较结实的水草扎上。

第一个渔民做事总是大大咧咧,他把捆扎鱼鹰脖子的水草系得松松垮垮。结果,无论大鱼小鱼,几乎都被贪吃的鱼鹰给私吞了,能从鱼鹰嘴里抢下来的鱼少得可怜。捕不到鱼,自然卖不到钱。所以,几个月过去了,他仍是一只舟,数十只鱼鹰,贫穷依旧。

第二个渔民则精于算计,他把捆扎鱼鹰脖子的水草系得严严实实。一开始还好,无论大鱼小鱼,几乎全都颗粒归仓。但没多久,鱼鹰因为吃不饱,先后都饿死了。最后,他只剩下一只孤零零的渔舟,比第一个渔民还凄惨。

　　只有第三个渔民，他把捆扎鱼鹰脖子的水草系得不紧也不松。鱼鹰抓到小鱼，可以直接吞下，当做自己果腹的美餐；抓到大鱼，想吞也吞不下去，只好吐出，成为渔民换钱的资本。结果，这个渔民每天都有可观数量的鱼卖到集市上去，自然也就越来越富了。

　　天下万事万物皆有度在其中，第三个渔民之所以可以致富，便在于他把握好了其中的分寸。分寸的这边是克制，分寸的那边是放纵；分寸的这边是知足，分寸的那边便是贪婪。分寸是不卑不亢，分寸是不即不离。分寸是经验与智慧的结晶，是成功与失败的分水岭。

　　儒家不偏不倚的精髓，便是中庸之道了，中庸之道所讲求的是一种"过犹不及"的思维，说到底便是做事需要有分寸，需要恰如其分。分寸往往决定着尺度，尺度则决定了高度，高度决定了立场，立场则直接引导命运。从这一意义上来说，分寸等于命运。

　　人们之所以会失败，多是由于缺少了分寸所导致的，而成功的欢欣则多是由于分寸得当达成的。把握好人生的分寸，便等于掌握了自己的命运。至于每个人心中成就一番伟大事业的豪情壮志，最重要的就是要先将自己的处事能力修炼出来。只有将自己修炼好了，才有可能、有能力去帮助他人，才能为社会服务。没有了这个基本的分寸，此生便只能成为众多庸才中的一个。

　　国学大师黄侃之父黄云鹤当年的亲民行为，便有做事过火之嫌隙。

　　黄云鹤在蜀为官，为了表现出自己的亲民，便终日将署衙大门大开，以方便四方的百姓进行参观游览。后来却有小贩挑担在署衙中大声地叫卖，使得堂堂的办案衙门极不像样。为表示自己的孝心，黄云鹤在阴雨绵绵的天气里去郊外迎接自己的母亲。身穿官袍的他在经过烂泥的时候跪于其中，还叫下属同他一起跪下，结果弄得所有的人都是满身的污泥。他又亲自与壮婢抬轿，让太夫人游园。黄云鹤在去成都做官的时候，拜印之时，他忽然抱印大哭，送行的众大小官员面面相觑，不知何故，便出言询问。他解释说："上次回成都，老母还在世，这次来，母已不在。因而触景生情，就禁不住伤心泪下。"询问者摇头说："哭亡母应有时，何必在官场上号啕呢？"

很显然，黄云鹤的种种举动已经过了。想要亲民的话，只需要真心相待便可以了，敬民如父，百姓自然会心领神会，将官署弄得如同自由市场一般，大可不必。为了表达孝心，什么样的事情不能做，偏偏要雨天跪于烂泥之中、亲自抬轿，又抱印号啕于众官员面前，以表明自己是在怀念亡母。但是说白了，这一切也许其中真有真情在，然而这些举动却不得不让人怀疑，是不是黄云鹤特意做出来给别人看的。这种矫饰过火的举动，遭人非议，似也未必是众人不恭。

事实上，做事要想把握好度是一个比较难的题目。但是只要自己去努力地实现，却也未必无法做到。周恩来同志在各类外交活动中风度翩翩，说话行事皆能灵活自如却又不失其规矩，故而许多轶事皆被人们传诵。

有一次，一个外国人问周恩来："中国人为什么走路常弯着腰？"不管此事是否属实，但这样的问话方式明显透露出了对中国人的轻蔑。在场的中国人无一不极为愤怒，而周恩来却一笑说："因为我们中国人在走上坡路，故而弯腰而行；你们西方人挺直腰杆，实因在走下坡路。"一语双关，既极为得体，又不失身为国家领导人的气度。在另一次的外交活动中，周恩来同外国人握手完毕之后，那个外国人竟然掏出了手帕擦了擦手，而后将手帕装入了口袋中。

这一细小的动作未曾逃过周恩来的眼睛,他立即掏出了手帕,擦了擦手后丢入了垃圾箱中。这种行动,显然是对外国人不恭的有力回答,但由于他做得温文尔雅,在不言中显示出民族的尊严,故而令人肃然起敬。

虽然此两例为轶闻,但是其中却颇见总理风范,同时也告诉人们,恰如其分的做事方法便是有理、不卑、不亢。

在我们的日常生活中,既要做到赢得他人的尊敬,又让他人愿意与你相交相知,便必须要掌握好做事的度。既不能达不到标准,更不能超过人之常情。更不可以如同黄云鹤那般,用过火的行为来进行沽名钓誉,做出一些稀奇古怪令人哂笑的事来。而应像周恩来那样,凡事既不卑不亢,又能柔中含刚,灵活机智而不逾矩。

做事有度,把握其中的分寸,否则便有可能会使双方都受到伤害。哪怕是好事,也不可过量,否则很可能由好事变为坏事。比如,夸奖别人本身是一件好事,但是如果夸得太过于离谱的话,便会使人产生肉麻感;指出他人的不足是一件好事,但是过多的批评则会变成挑剔。

人往往会注意到不达分寸所造成的欠缺之害,但是却常常会忽视"过分"所带来的更大危害。做人做事万万不可过分。当然,一般人往往无法把做事的度把握得如同"黄金分割点"那般让人赏心悦目,但是在分寸上有所把握总归不是一件坏事。做事恰如其分,把握好其中的度便是一门艺术。

8. 万不可聪明过头

"精明过头,乃是智者大忌。"人不可太聪明,更不能聪明过头。

相反,做人应该单纯一些,做事深一些,即平日里智者所说的处世浅些,悟世深些。

唐朝女皇武则天,为了镇压反对她的人,任用了一批酷吏。其中两个最为狠毒,一个叫周兴,一个叫来俊臣。他们利用诬陷、控告和惨无人道的刑法,杀害了许多正直的文武官吏和平民百姓。

有一回,一封告密信送到武则天手里,内容竟是告发周兴与人联络谋反。武则天大怒,责令来俊臣严查此事。来俊臣心里直犯嘀咕,他想,周兴是个狡猾奸诈之徒,仅凭一封告密信,是无法让他说实话的,可万一查不出结果,女皇怪罪下来,我来俊臣也担待不起呀。这可怎么办呢? 苦苦思索半天,终于想出一条妙计。

来俊臣准备了一桌丰盛的酒席,邀请周兴来自己家里参加宴会。两个人边划拳边喝酒,很是尽兴。酒过三巡,来俊臣看时机已到,故意叹了口气,说:"唉! 老兄,我最近遇到一件棘手的事情烦死我了。"

周兴喝一口酒,问:"什么事? "

"最近我碰到一个难缠的犯人,死不认罪,不知老兄有什么高招吗? "

周兴一向对刑具很有研究,于是得意地说:"这还不好办!"来俊臣立刻装出很关切的样子说:"哦,快说出来。"周兴诡秘地说:"你找一个大瓮,四周用炭火烤热,再让犯人进到瓮里,你想想,还有什么犯人敢不招供呢?"

来俊臣连连点头称是,随即命人抬来一口大瓮,按周兴说的那样,在四周点上炭火,然后回头对周兴说:"宫里有人密告你谋反,上边命我严查。对不起,现在就请老兄自己钻进瓮里吧。"

周兴听了大惊失色,知道自己聪明反被聪明误了。

　　这就是大家所熟悉的"请君入瓮"的故事。周兴以为是为来俊臣惩办犯人出谋划策，全然不知中了来俊臣的圈套。更让他沮丧的是，他自己钻进了自己设计的大瓮里。

　　聪明与聪明过头有着极大的不同。聪明的为人之道强调要注重大节、抓大事，心胸博大，心中装的只是悠关全局的大事；而对周围的小事，尤其是涉及自身利益的小事或他人的过失，抱以"犯而不较"的态度，即别人侵犯自己而不计较，否则就会使自己成为孤家寡人。对于手中握有一定权利的领导者来说更是如此，如果事事时时都保持着过于聪明的状态，对身边的小事过于计较，而又苛刻严厉，那么轻则身边的人如履薄冰，战战兢兢，不敢说话；重则大事被没完没了的小事冲谈，或大权旁落，为别有用心的下属所利用。

　　因此，不可过于聪明是为人处世所必须的基本技巧。而有些人则恰恰不把这一技巧当回事，处处自以为是，不看局势变化的要小聪明，到头来，却落了个不幸的下场。三国时期的杨修，便是由于聪明得过了头，而被后人传为笑谈的。

　　杨修是曹操门下掌库的主簿。此人生得单眉细眼，貌白神清，博学能言，智识过人。但他自恃其才，竟小觑天下之士。因此，只是一味自以为是，把谁都不放在眼里。

　　一次，曹操令人建一座花园。快竣工了，监造花园的官员请曹操来验收察看。曹操参观完花园之后，是好是坏一句话也没有说，只是拿起笔来，在花园大门上写了一个"活"字，便扬长而去。一见这情形，大家犹如丈二和尚，摸不着头脑，怎么也猜不透曹操的意思。杨修却笑着说道："门内添'活'字，是个'阔'字，丞相是嫌园门太阔了。"官员见杨修说得有道理，立即返工重建园门，改造停当后，又请曹操来观看。曹操一见重建后的园门，不禁大喜，问道："谁知道了我的意思？"左右答道："是杨修主簿。"曹操表面上称赞杨修的聪明，其实内心已开始忌讳杨修了。

又有一回，塞北送来一盒酥孝敬曹操，曹操没有吃，只是在礼盒上亲笔写了三个字："一合酥。"放在案头上，自己径直出去了。屋里其他人有的没有理会这件事，有的不明白曹丞相的意思，不敢妄动。

这时正好杨修进来看见了，便堂而皇之地走向案头，打开礼盒。把酥饼一人一口地分吃了。曹操进来见大家正在吃他案头的酥饼，脸色慢变，问："为何吃掉了酥饼？"杨修上前答道："我们是按丞相的吩咐吃的。""此话怎讲？"曹操反问道。杨修从容地应道："丞相在酥盒上写着'一人一口酥'，分明是赏给大家吃的，难道我们敢违背丞相的命令吗？"曹操见又是这个杨修识破了他的心意，表面上乐哈哈地说："讲得好，吃得对，吃得对！"其实内心已对杨修产生厌恶之情了。可杨修还以为曹操真的欣赏他，所以非但没有丝毫的收敛，反而把心智用在捉摸曹操的言行上，并不分场合地卖弄自己的小聪明，从而也在不断地给自己埋下祸根。

杨修最后一次聪明的表露是在曹操自封为魏王之后。曹操亲自引兵与蜀军作战，战事失利，进退不能。曹操数次进攻蜀军总不能奏效，长期拖下去，不仅耗费钱粮且会挫伤士气，真的撤兵无功而归，又会遭人笑话。是进是退，当时曹操心中犹豫不决。此时厨子呈进鸡汤，曹操看见碗中有鸡肋，因而有感于怀，觉得眼下的战事，有如碗中之鸡肋："食之无肉，弃之可惜。"他正沉吟间，夏侯惇入帐内禀请夜间号令。曹操随口说："鸡肋！鸡肋！"夏侯惇传令众官，都称"鸡肋"。

杨修见传"鸡肋"二字便教随行军士，各自收拾行装，准备归程。有人报知夏侯惇。夏侯惇大惊失色，立即请杨修到帐中问他："为什么叫人收拾行装？"杨修说："从今夜的号令，便知道魏王很

快就要退兵回去了。""你怎么知道？"夏侯惇又问。杨修笑道："鸡肋者，吃着没有肉，丢了又觉得它味道不错。魏王的意思是现在进不能胜，退又害怕人笑话，在此没有好处，不如早归，明天魏王一定会下令班师回转的。所以先收拾行装免得临行慌乱。"夏侯惇说："您可算魏王肚里的蛔虫，知道魏王的心思啊！"他不但没有责怪杨修，反而也命令军士收拾行装。于是寨中各位将领，无不准备归计。

当夜曹操心乱，不能入睡，就手按宝剑，绕着军寨独自行走。只见夏侯惇寨内军士，各自准备行装。曹操大惊，我没有下达撤军命令，谁竟敢如此大胆，作撤军的准备？他急忙回帐召夏侯惇入帐，夏侯惇说："主簿杨修已经知道大王想归回的意思。"曹操叫来杨修问他怎么知道，杨修就以鸡肋的含意对答。曹操一听大怒，说："你怎敢造谣乱我军心！"不由分说，叫来刀斧手将杨修推出去斩了，把首级悬在辕门外。曹操终于寻得机会，除掉了杨修，杨修也终于结束了他聪明的一生。

杨修确实够聪明，但聪明得又太傻，聪明得能看透别人看不到的很多东西，能猜透别人猜不透的许多事情。然而，他又太愚蠢了，愚蠢得不知如何保护自己。

终于，表面上的聪明使他不可避免地走上了绝路。他到死都不明白，正是他的过分外露的聪明使他成了刀下鬼。他的聪明使他招人喜欢，招人赞赏，但他太滥用自己的小聪明，而最糟糕的是，他又特别自恃聪明，动不动就表现出来，终究是会被人嫉妒的。在明争暗斗的官场，他注定成不了大气候，注定被人抛弃在权力的道路上，成为一个冤死鬼。这样的结果完全由于他聪明过头所导致的。

俗话说："是金子总会发光。"如果你是真正的聪明，就不要总是在别人面前随便地"卖弄"。那样,不但使你的聪明变得"廉价",有时还会给你惹来不必要的麻烦。耍小聪明的人头上都悬着一把"达摩克利斯剑",这把剑随时会落到聪明者的头上,斩下他的头颅。那是一种极其危险的游戏。所以聪明应该放到大事上,能显示你才华的地方,只是一味的耍小聪明则会恰恰相反。

说起来道理就是这么简单,但却又无比深奥。一个不知道"激流勇退"的人实在是一个傻瓜,一个机关算尽的人最终会算到自己头上。俗语云:"搬起石头砸自己的脚。"正好是"聪明反被聪明误"的绝妙写照。所以说,无论是安于命运还是抗争命运,都要以承认个人机智局限为前提。知其可为而为之,是聪明的;知其不可为而为之,则是愚蠢的。

有一匹马凭着主人对它有几分的宠爱,就得意忘形了。

一天,主人听说省城有一批很便宜的盐,于是就想贩运回村里去卖,他装好了几袋盐让马儿驮回来。那时火热的太阳正炽着大地,马儿口干舌燥,实在不想受这等苦,于是跑到河里去泡水,不想再继续赶路了。也不知泡了多久才上来,当它上岸时发现身上驮的东西轻了许多,因为盐遇水都融化了。主人看到盐都没了,还是不怎样跟它计较,只好又转回省城去运盐,可是一连几次都是这样,一到河边那匹马就故意跑到河里去浸水。

几次之后,主人实在忍无可忍了,于是想出了一条妙计,在马背上装上高高的棉花。马儿想:这次倒是没什么重了,可是这高高的东西伏在我的背上,走起路来多不方便呀,一摇一摆的。于是它又旧戏重演,跑到河里去浸水。这次"聪明"的马发现自己起不来了,身上驮的东西不但没有轻,反而变得更重了!幸亏主人把它及时救出来,要不然,后果不堪设想。

西方有这样一种说法:法兰西人的聪明藏在内,西班牙人的聪明露在外。前者是真聪明,后者则是假聪明。培根先生认为,不论这两国人是否真的如此,但这两种情况是值得深思的。他指出:生活中有许多人徒然具有一副聪明的外貌,却并没有聪明的实质——"小聪明"。冷眼看看这种人怎样机关算尽,办出一件件蠢事,简直是令人好笑。因此,聪明不可过火,不要"聪明反被聪明误"。自恃聪明卖弄智慧、执迷不悟的人总是会成为现实生活中典型的失败者。所以,聪明也要讲究方法,过犹不及,聪明过头了未必是件好事。

9. 万事不可强求,学会放弃

人的一生既短暂又漫长,需要我们放弃的东西有很多。古人云,鱼与熊掌不可兼得。如果不是我们应该拥有的,我们便要学会放弃。几十年的人生旅途中,美丽的风景无数,山山水水、风风雨雨间,有所得必然也会有所失去。只有学会了放弃,我们才会拥有一份详和的心态去接受新的未来。

人活着,会有许多责任、欲望,如果将这些东西全部拿掉的话,人生便会变得轻飘飘、毫无意义,但是如果总是背着这些东西的话,则最终有可能会被累死在路上。电影《卧虎藏龙》里就有一句台词:"当你紧握双手,里面什么也没有,当你打开双手,世界就在你手中。"人生一世,紧握拳头而来,平摊双手而去,有多少东西永远也不可能属于你。紧握双手,肯定是什么也没有,打开双手,至少还有希望,每一次放弃是为了下一次得到更多的回报。也只有放弃才有下一次的机会。

有着"经济沙皇"、"美元总统"称号的格林斯潘,从小受母亲的熏陶迷上了音乐，年轻时的他是一名出色的萨克斯乐手，但是他却认识到："音乐才能是天生的，如果我达不到职业音乐家的水平，我就是入错了行。"而身为股票经纪人的父亲曾送给他一本赞美罗斯福总统的新经济政策的书《希望就在前方》，这在小格林斯潘的心中种下了经济的种子。

格林斯潘毅然放弃自己的音乐，并先后进入纽约大学商学院和哥伦比亚大学深造。与前任美联储主席亚瑟·伯恩斯教授的友谊成为他后来进入美联储的入场券，他们之间经常性的交流对其后来把握制定美国货币政策打下了得天独厚的基础。

一个成功的人应该在人生中学会坚持也必须学会放弃，因为人生在世总有得有失，塞翁失马焉知祸福。学会放弃就是学会选择适合自己的生活方式和处事方式，退一步海阔天空，有舍必有得。当面临困境不得解脱时学会放弃，转过身来或许发现"风景这边独好"。所以，人不仅要学会放弃，更要懂得享受放弃。学会放弃可能包含着无奈、失望与妥协，享受放弃则是一种智慧，一种彻悟。人生如旅途，沿途风景如何在乎你的心境。如果满是抱怨，心生疲惫怨恨，即使风景如画也无暇顾及，更无法领略生命的无限风光。

人生是复杂的，但是有时候人生却又非常简单，有时候甚至简单到了只有坚持与放弃的权利。在坚持的时候，我们应当理直气壮，不该坚持的时候则应该毅然放弃。坚持之心往往很容易坦然处之，但是放弃却需要巨大的勇气。

在俄国作家托尔斯泰的一篇短篇小说中，他描述了这样一个情景：一个农夫，每天早出晚归以一片极为贫瘠的土地为生。一位天使可怜农夫的处境，便好心地对农夫说，只要他可以不断地往前跑，他所跑过的地方，不管有多大，那些土地全部归他。

　　于是,农夫兴奋地开始了致富的奔跑。当他跑累了,想要停下来休息的时候,一转念却想到了家中的妻子与儿女,他便立即认为,自己需要更大的土地来耕作、来赚钱。所以他继续拼命地往前跑,直到自己真的无法再坚持下去。

　　但是想要停下来的农夫又想到,如果自己将来年纪大了,可能身边没有人照顾,自己需要更多的土地作为养老的资本。于是他再度打起精神来,不顾气喘吁吁的身体,奋力地向前跑去。

　　最后,这个由于过度奔跑而体力不支的农夫,"咚"的一声倒在地上,死了。

　　农夫的致富奔跑成为了致命奔跑。不错,我们活在世界上,需要不断地努力与奋斗。我们需要为了自己、为了子女、为了未来更好的生活而不断地往前奔跑,但是我们更应该知道什么时候该停下来,甚至往回跑了。因为妻子、儿女正在眼巴巴地等待着你回来呢。学会放弃,有时候也是另一种意味的坚持。

　　放弃是一种升华,是一种境界。倘若蝌蚪总是炫耀自己的尾巴而舍不得放弃,那它将始终长不成自由跳跃的青蛙。因而,我们要在人生旅程上时刻保持一颗简单平和的心,就应该学会放弃,放弃失落带来的痛楚,放弃失恋带来的痛苦,放弃屈辱留下的仇恨,放弃耗费精力的争吵,放弃没完没了的解释,放弃对权力的角逐,放弃贪欲虚名,放弃烦恼,摆脱纠缠。只有果断放弃自己不特别需要、对人生益处不大的东西,才能使整个身心沉浸到轻松、宁静中去,在静心中拥有一份成熟,使自己活得更加充实、坦然和轻松,让自己活得更容易。有更多的精力去享受你所应有的快乐。

　　的确,放弃是一种超脱,是一种气度。"鸟在深林筑巢,所栖不过一枝。"人生在世,犹如过眼云烟,诸如钱财名利之类的身外之物,生不带来,死不带去,要那么多又有什么用呢?为人处世,潇洒人生,无处无地,无时无刻都需要学会放弃。帮人解难,助人为乐,需要学会放弃;面对成功与喜悦,需要学会放弃;面对困难与挫折,也需要学会放弃;面对物欲与名利,更需要学会放弃。只有放弃了脆弱、负重、虚荣、奢望,才能够风和日丽、海阔天空,一生过得快乐而充实,过得不平凡而有价值。一个人能在生命中得到快乐,才是人生中最重要的东西。就如同围棋中的博弈一般,虽然小的利益我们不得不放弃,但是得到的却是更大的利益。如果想要达到"鱼与熊掌"兼得的效果,可能连鱼也会丢失了。

在著名的"滑铁卢之战"中,大雨所造成的泥泞道路使炮兵的行进极为不便。拿破仑不甘心将最为有利的炮兵放弃,而如果推迟时间的话,对方的增援部队便极有可能会先于自己的援军到达,那样的话后果将会不堪设想。然而,在踌躇之间,数小时过去了,对方的援军果然先一步赶到。此时战场的形势迅速地扭转,拿破仑遭到了惨痛的失败。

拿破仑的失败足以证明:在人生最为紧要之处,在决定前途与命运的关键时刻,我们万万不可犹豫不决,徘徊彷徨,而是必须要明于决断,敢于放弃。一个卓越的军事家总是在最为主要的主战场上集中优势的兵力,全力以赴去争取胜利,而甘愿在不重要的战场上做出让步与牺牲,坦然接受次要战场的损失与耻辱。同样,在人生的战场上,我们也要学会善于放弃,将自己主要的时间与精神放在主战场上,不去计较次要战场上的得失与荣辱。

我们应当学会放弃,并且应该敢于放弃,而不应为了一点利益而斤斤计较,不要怕选择错误,因为错误往往是正确的先导,它教会我们逐渐地学会放弃。只有懂得放弃的人,才会静下心来给自己

当一回医生,为自己把脉,重新点燃自信的火把,照亮人生中不如意的症结,然后分析与之失去交臂的差距,根据自己自身的特点选定一个目标,努力寻找自己应努力的方向。懂得放弃的人,不会对任何事太过苛求,竭力用温情、柔情、大度营造一个更有利的发展环境。而人生也正是在这种放弃中得到了进一步的升华。

第四章 审时度势，进退有道

人生如棋局，棋局中自有其法，进退各有其道。天下各种各样的棋谱有千千万万，成为高手的重点并不在于精通所有，而是在于审时度势，找出最为适合自己的棋谱，然后在此基础上不断地发展变化，学会进退有道。生活中的每一个成功者都是进退自如的高手，要想掌握好进退的方法与时机，便首先要从"败退胜进"的误区中走出来，进不见得就并非不强，退也不一定就代表弱。那些懂得忍让退却的人背后往往蕴藏着更为惊人的力量。所以，进不一定轰轰烈烈，退也不一定显山露水，进退之形决定于局势的变幻，而非一时的自我感觉。如此行事，才有可能达到胜利的彼岸。

1. 放弃与对手拼搏

在如何应对对手挑战一事上，有些人总是坚持着中国的一句古话："狭路相逢勇者胜。"的确，有胆识与对手一决高低固然是一种英雄气概，但是更多的时候，这种态度却反映出了一种不理智的心态：你怎知那个勇者便一定是你？话说回来，如果这条狭路正好在悬崖边上，那么便极有可能两人一起变为崖底冤魂，哪里还有什么勇者之说？

从前有一武功高强的武士精通禅道，虽然他年纪很大了，但在和人交手时，仍然每次都能获胜。一天晚上，一位年轻力壮的武士前来拜访。年轻武士不但武功高强，而且胆大妄为，横行乡里。他和人比赛的时候，经常用各种方法将对方激怒，逼得对方在无可耐何

的情况下先出手，然后，自己抓住这个时机，平静而仔细地观察对方的弱点，一旦抓住对方的弱点，就以迅雷不及掩耳的速度进行反击。用这样卑鄙的方法，再加上自己的超群武功，年轻武士在和人交手时，往往会获得胜利。

　　年轻武士很早就听说了老武士的声名，但因为年轻气盛，他从来不把老武士放在眼里。这次之所以前来拜访，其主要目的就是挑战对方并打败对方，从而使自己的名声更加响亮。弟子们担心师傅的年龄太大，不是年轻武士的对手，都纷纷劝他不要接受挑战，或者挑选自己的年轻弟子迎战。可是，老武士已经接下了对方的战帖，而且打定主意要亲自与年轻武士进行比赛。两大高手比赛的消息不胫而走，人们纷纷来到空旷的田野上，观看这场激烈的比赛。

　　在比赛开始的时候，年轻武士像以前一样，开始侮辱老武士，想要使其发怒。他向老武士不断地扔石头、香蕉皮，还往他脸上吐口水，甚至用脏话侮辱他，想以此来激怒他，但老武士根本不为他的行为所动。这样折腾了好几个小时，老武士始终一动不动，既不生气，也不抢先出手。这是年轻武士从来没有遇到过的情况，他骂得嗓子都哑了，并且精疲力竭，已经没有力气和勇气向老武士进攻了。最后，血气方刚的武士自知不是老武士的对手不战而退，灰溜溜地逃跑了。

　　回来后，老武士的弟子们都非常的生气，他们很不理解的问老武士："师傅，您为什么不好好教训一下那个狂妄自大的家伙呢？""就是！那小子太过分，师父您怎么能忍受？再说，这样也有损师傅您的声名。"面对弟子们的质问，老武士没有做解释，反而问自己的弟子道："假如有人带着礼物来见你，你不接下礼物的话，礼物归谁？"弟子齐声回答道："当然是归送礼的人。"老武士微微一笑，说到："妒嫉、愤怒和侮辱难道不是同样的道理吗？如果这些东西你都拒收，它们还是归对方所有。"老武士最后说："从对招的角度来说，他是有，我是无，无招胜有招。"弟子们听了老武士的解释，才明白了师傅的用意，从而也学到了其中的道理。

如果老武士与年轻武士进行了交手，结局会怎样？或者，老武士在出招之初会占有到一定的优势，但是待到时间长了，年轻武士自然会找到他的弱点，或是防备不足，或是年老体力不支。到那时，一世英名便毁于一旦，而年轻武士却可以载誉而归。与对手硬拼，往往结果不会如想象中那般圆满。但是放弃与对手的拼搏，你或许会获得更多。不跟对方硬拼，学会放弃，你往往会成为博弈中的冠军。

一位搏击高手参加锦标赛，自以为稳操胜券，一定可以夺得冠军。出乎意料之外，在最后的决赛中，他遇到一个实力相当的对手，双方竭尽全力出招攻击。当双方打到了中途，搏击高手意识到，自己竟然找不到对方招式中的破绽，而对方的攻击却往往能够突破自己防守中的漏洞，有选择地打中自己。

结果，搏击高手败在对方的手下，也没能拿到冠军的奖杯。

他愤愤不平地找到自己的师父，一招一式地将对方和他搏击的过程再次演练给师父看，并请求师父帮他找出对方招式中的破绽。他决心根据这些破绽，苦练出足以攻克对方的新招，在下次比赛时，打倒对方，夺取冠军的奖杯。

师父笑而不语，在地上画了一道线，要他在不能擦掉这道线的情况下，设法让这条线变短。这位搏击高手百思不得其解，怎么会有像师父所说的办法，能使地上的线变短呢？最后，他无可奈何地

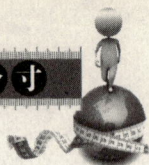

放弃了思考,转向师父请教。

这时,师父在原先那道线的旁边,又画了一道更长的线。两者相比较,原先的那道线,看来变得短了许多。师父开口道:"夺得冠军的关键,不仅仅在于如何攻击对方的弱点,正如地上的长短线一样,如果你不能在要求的情况下使这条线变短,你就要懂得放弃从这条线上做文章,寻找另一条更长的线。那就是只有你自己变得更强,对方就如原先的那道线一样,也就在相比之下变得较短了。如何使自己更强,才是你需要苦练的根本。"

这时,搏击高手才恍然大悟。师父笑道:搏击要用脑,要学会选择,攻击其弱点,同时要懂得放弃,不跟对方硬拼,以自己之强攻其弱,你就能夺取冠军。

在取得成功的道路上,会有无数的坎坷与障碍,这时就需要我们去跨越、去征服。人们通常走的路有两条:一条路是学会选择攻击对手的薄弱环节。正如故事中的那位搏击高手,可找出对方的破绽,给予其致命的一击,用最直接、最锐利的技术或技巧,快速解决问题。另一条路是懂得放弃,不跟对方硬拼,全面增强自身实力,在人格上、在知识上、在智慧上、在实力上使自己加倍地成长,变得更加成熟,更加强大,以己之强攻敌之弱,由此很多问题便会迎刃而解。

2. 做事要学会忍让

忍让不是无能的表现,而是一种美德。俗话说得好,"小不忍则乱大谋"。学会忍让,你永远是人生的大赢家。

在欧洲医学界,居尔斯特兰德的名字如雷贯耳。他是一位极高明的眼科医生，而且凭借着自己对眼部的研究获得了诺贝尔医学奖。居尔·斯特兰德的父亲也是一位眼科医生，而且很有名气，他家在瑞典的朗茨克鲁纳，这里最有钱的富豪是玛尔盖勋爵。朗茨克鲁纳海滨的面粉厂、化工厂、造船厂等，都是玛尔盖的资产。

玛尔盖曾在贫困地区创建了一所医院。贫困区以前有个小诊所，就是老文诺的眼科诊所。不但瑞典国内的患者，连国外的患者也常慕名而来找文诺就医，由此可见其名气之大。但是玛尔盖对此并不感到高兴，因为这样一来玛尔盖医院的名气就不大了。更何况老文诺以医济世，不以术致富。有人建议请文诺来玛尔盖医院主持眼科，玛尔盖以文诺没有文凭而不能做，这使得老文诺感到非常的生气。

后来，玛尔盖出于好心让文诺的三儿子居尔·斯特兰德去医院当实习医生。居尔·斯特兰德心里并不顺畅，下决心要干出个样子来，以报复玛尔盖，给父亲出出气。果然18岁时，居尔·斯特兰德以优异成绩考入医学院；5年毕业后回到父亲的小诊所，他接替了父亲和玛尔盖医院争着干。就在这所小诊所里，斯特兰德28岁获得博士学位，他的博士论文轰动了瑞典首都斯德哥尔摩，30岁时他被任命为斯德歌尔摩眼科诊所所长。这样一来，玛尔盖开始后悔当初没有留后路，不应该把事情做得太绝，以致使两家的关系不好。

正在这时，玛尔盖家的四小姐芬妮得了严重的眼病，他家医院里的眼科医生都不知所措，眼睁睁看着她一天天走向黑暗。玛尔盖不怕花费用，把北欧各国的著名的眼科专家都请来了，然而还是没能治好。两块黑色的云翳盖在四小姐芬妮的瞳孔上，一动手术就可能失明，不动手术等于有眼无珠，玛尔盖真的绝望了。最后还是芬妮自己提出，要去请斯特兰德，或许他能治好。

斯特兰德来了，他好像已经忘记了以前玛尔盖歧视、冷遇他父

亲的前嫌。就像对一般的病人一样,为芬妮做手术,结果成功了!重见光明的芬妮爱上了斯特兰德,要将自己的终身许给他,以报答他的恩情。但是,斯特兰德没有答应。他既没有因前嫌对芬妮坐视不理,也没有因治疗的成功而接受她的爱情,他离开家乡到乌普萨拉大学就任眼科教授。

老子曾经说过,水的一个特点是"事善能",也就是说,水可以根据环境的差异从而有效地发挥功能。的确,水在行进的过程中,我们看到更多的是水的忍让与融通。忍让并非软弱,融通也不是圆,这是一种智者之勇,这种勇气因为融通而变得顺达。水的忍让与融通,往往是一个蓄势保全的过程,同时也是一个寻找趋势、顺应调整的过程。这个限度,不仅是一个人的忍让程度,同时也是他所做成的成就的程度、福分的程度。

唐代的娄师德"唾面自干"的故事或许会给我们带来一些启示:娄师德的弟弟被朝廷任命为代州刺史。弟弟临上任之前,向兄长辞别。娄师德对弟弟说:"我没有什么才能,侥幸位居于宰相,你如今又成为了刺史,这本身是一件让人极为眼红的事情,你必须要学会保护自己。"弟弟说:"如果有人向我的脸上吐了口水,我什么也不说,自己擦干就是。"娄师德正色道:"我担心的正是这一点,有人向你的脸上吐口水,说明他恨你,你为什么要把它擦干?你可以根本不擦,而是让它自己干!"

其实,本身娄师德弟弟的修养已经是一般人无法达到的了,而娄师德本身的忍让之功则更让人惊叹了。"唾面自干"的故事不仅仅是为了劝诫人们去坦然地面对他人的唾液,更是教导我们,在现实生活与工作中,无时无刻都要学会拥有大肚能忍、大肚能容的气量。面对想要发作的脾气,我们需要忍;面对不耐烦的性子,我们需要忍；面对困难不顺，我们需要忍；面对顺境时的欲望膨胀，我们更需要忍。事实上，能够做到处处皆忍让，才是人生的大勇。

蒙牛乳业创始人牛根生的"忍让"则到了让人叹服的地步，他的忍让之功与"唾面自干"有过之而无不及。

在创建蒙牛之前，牛根生在一家大企业做副总，虽然事事皆尽心尽力，而且业绩卓著，但是由于他做事冲劲十足，为企业的一把手所不容，处处受到排挤。此时的牛根生没有火冒三丈，而是选择了忍让——他向总部递交了辞呈。

在辞职后，他一手创建起了蒙牛，但是蒙牛与原来供职的那家企业在同一城市中，经营的又是同一类产品，时间久了必然会生起事端。那家企业财大气粗，总是处处对当时还非常弱小的蒙牛进行强烈的抵制，要求自己所经销的产品经销商绝对不能经销蒙牛的产品，否则就取消其经销权。牛根生此时又选择了忍让，然后万分艰难地建立与完善了自己的新经销网络。

在 1999 年的 5 月，蒙牛在呼和浩特市的 40 多块广告牌在一夜之间全部被砸毁了。这一暴行在当时遭到了所有媒体的一致谴责，蒙牛在最初也曾经悬赏缉拿凶手。后来，一个认识的同行给牛根生打电话说："是我砸的，没有办法，我要是不砸的话，就会被开除回家。"这时候，牛根生依然选择了忍，不再追究此事，更没有去争辩是非，而是将全部的精力放在了自己产品的开发与销售上。

结果牛根生的忍让与克制，竟然给蒙牛的人气与销量带来了极大的增长，因为经销商对他的心量极为佩服，所以都愿意倾力和他合作，媒体与消费者也对蒙牛的品质极为认同，而牛根生的成功自然也就水到渠成了。

受中国传统文化影响颇深的日本企业，经常会在儒家与道家中汲取经营方面的智慧。日本的松下幸之助所创造出来的"水库哲

学"(即企业需要蓄势,只有蓄势才会有冲击力)便源于老子的水哲学。而众多成功人士的成功过程也表明,忍耐的过程,就是"积水"的过程,当然也是蓄势的过程。当你的势达到了一定的程度时,一切难题都可迎刃而解。

忍,是将刀刃架于心头的考验;让,是为人处世的润滑剂。忍让是交际应酬的诀窍所在,更是修身自省的德行陶冶,只有懂得了忍让的益处,才有可能会获得良好的心态与人际关系,才会有助于你人生理想与价值目标的实现。学会忍让,做事才会更加靠近成功;学会忍让,我们的人生才会更加趋向于圆满。

3. 拿得起,更要放得下

生活中,很多人拿得起,放不下,这是一种视野狭隘的表现,这种狭隘不但使他们享受不到放下之后得到的幸福与快乐,反而会给他们招来杀身之祸。秦朝的李斯曾经位居丞相之职,一人之下,万人之上,荣耀一时,权倾朝野,虽然当他达到权力地位顶峰之时,曾多次想起恩师"物忌太盛"的话,并希望回家乡过那种悠闲自得、无忧无虑的生活,但由于他自己贪恋权力和富贵,所以一直没有离开官场,最终被奸臣陷害,不但身首异处,还殃及三族。李斯在临死之时才幡然醒悟,他在临刑前,拉着二儿子的手说:"真想带着你哥和你,回一趟上蔡老家,再出城东门,牵着黄犬,逐猎狡兔,可惜,现在太晚了!"

人不但拿得起,更要放得下,放得下职务,放得下金钱,放得下荣誉,放得下"曾经",才能豁达超脱,体验多彩的人生,丰富精神的世界,这是人生的至极。

有一位老和尚携小和尚游玩,当他们到河边的时候,见一女子正想过河，却又不敢过。老和尚便主动背该女子过了河，然后放下女子，与小和尚继续赶路。小和尚心里很纳闷嘀咕："师父怎么了？竟敢背一女子过河？"一路走，一路想，最后终于忍不住了，说："师父，你犯戒了？怎么背了女人？"老和尚叹道："我早已放下，你却还放不下！"

拿得起，放得下，反映的是一个人生命的品质和品位，这是不容质疑的事实。想要最终达到成功的巅峰，便需要不断积蓄能量，惟有拿得起放得下，才能厚积薄发，举重若轻，处事从容。"拿得起"不仅指人在踌躇满志时，"放得下"也绝非仅指遭受挫折或者遇到困难或者办事不顺畅以及无奈之时。在人生的每时每刻，我们都应把它们看做一个整体。拿得起，放得下并不意味着凡事淡漠，像一只静卧海底等待腐烂的沉船，而是要像一艘静浮在月光下等待远航的希望之舟。

有一年，渤海国宰相去世，国王想从两个同样优秀的年轻大臣中选一人做新宰相。国王把他们俩留在官中，分别让人告诉他们："祝贺你，我明天将宣布你做宰相！"

然后，国王让人领他们回到各自的房间睡觉，然后在隔壁仔细观察两人的动静。其中一位，内心过于激动，一夜未眠。而另一个人走进卧室不久，便静静地睡去，不时有鼾声传出，直到第二天仆人把他叫醒。

第二位大臣当了宰相，而一夜未眠的那位落选了。

国王说："一听说要当宰相就激动得睡不着觉，可见第一个人心里放不下事。当宰相，就要有腹中能撑船的度量。你看第二个人，拿得起放得下，这才是真正的宰相之器啊！"

　　拿得起是一种功力,放得下是一种修养。拿起与放下是生命中最重要的修养之一,我们只有果断清醒地放下应该放下的,随和且随缘地看待人生旅途中遇到的利害得失、祸福变故,接纳和融合所遇到的一切,才能腾出生命的空间,享有所拥有的一切。

　　选择与放弃是人生大智慧,它需要很大的勇气,需要拿得起放得下。

　　从前有一种蜘蛛猴,天性胆小,又聪明多疑,所以,捕捉这种蜘蛛猴很不容易。可是蜘蛛猴有个天生的弱点,那就是,它抓到手的东西就舍不得放下。当地的土著居民根据蜘蛛猴的这个弱点,把一粒花生米放在一个与蜘蛛猴手掌大小差不多的玻璃瓶中,当蜘蛛猴看见了瓶子中的花生米,便伸手进去把花生米抓住,攥成拳头的蜘蛛猴手掌却怎么也拿不出那个瓶子,但贪吃的蜘蛛猴,也不愿松开手。这样失去了一只手掌攀援的蜘蛛猴就很容易被捉住了。

　　这个故事告诫我们,生活中不应把有些东西抓得太紧,要拿得起,更要放得下。懂得这个道理并不难,难的是我们的行为为什么总是像蜘蛛猴那样,一旦有了抓住的机会,便紧紧地抓住,不舍得放下。

　　人生最大的幸福是放得下。一个人在处世中,拿得起是一种勇气,放得下是一种肚量。既来之,则安之,便是一种超脱。拿得起,实为可贵;放得下,才是人生处世之真谛。只有放得下,才能将该拿得起的东西更好地把握住,从而抓住最重要的东西。宠辱不惊,看庭前花开花落去留无意,望天上云卷云舒。学会拿得起,更懂放得下,只有这样,我们的人生才会更加趋向于圆满。

4. 进退须有度，才能避祸端

一位哲人曾说，世上有两种人，一种是刺猬型，一种是狐狸型。刺猬遇事只有竖起刺一招，而狐狸却可随机应变。其实，进退之间，又何尝不是如此？"刺猬"只是一味进，或一味退，最终走极端。而"狐狸"却总是会依实际情况采取不同措施，进退有度，从而达到避祸的目的。

风平浪静时刻里的奋进当然无可厚非，但是人生中往往不总是只有一帆风顺的坦途，只是一味地向前进是走不通的。人生之路崎岖坎坷，高耸入云，有寒不可御的雪山，也有深不见底，让人望而却步的悬崖。面对这些阻碍，你会如何做？"勇敢"地攀上雪峰？历史上多少骄子死在"高寒"之处；"无畏"地跳下悬崖？那只能粉身碎骨，永远无法达到幸福的彼岸。这时候，我们只能进，只有越过高山与悬崖，才能最终到达成功的远方。

元朝末年，豪杰四起，夺天下者比比皆是。比朱元璋早揭竿而起的人有，比朱元璋势力强大的人有，比朱元璋粮多地广的人也有，但天下却成了朱元璋的。这是为什么？"广积粮，高筑墙，缓称王"的"缓"，就是正确的答案。缓称王的朱元璋以暂时的退让避其锋芒、养精蓄锐，在退一步中苦心经营着：粮更多了，墙更高了，兵更强了，马更壮了，从而百战百胜，攻无不克，横扫天下，成为了得天下的王者。

逆水行舟，不进则退。人生是一个奋斗的过程，我们的理想在远方闪耀，希望在彼岸召唤。我们当然要向着它前行。一味地退，我们只能站在原点，像一个懦夫在别人成功的欢笑声中碌碌无为。在实际的生活当中，进退体现在更微小的事物上。工作、学习中，当然要进，但也不能一味进，谁也不是永动机，长时间的努力之后适当的休息，往往会取得事半功倍的效果。

进退须有度，才能避事端。做人既要意气风发也要平实厚重，不要在不应进的时候进，过于激进的态度会让自己看不到暗处的危险；也不要过于怕事，有些东西不能逃避，只有勇敢面对才能顺利解决；有些东西则要睁眼闭眼，不斤斤计较，落得宽大为怀。做人做事的进退之间要有度，一旦超过了度，你所有的理想都会落空。

海里有一种叫马嘉的鱼，其肉质鲜美，甚为渔人所爱。马嘉常潜藏于深海之中，不易捕捉，但是当春夏两季产半子鱼时，会随着潮水浮现水面，这就是渔人的大机会。马嘉行动敏捷，聪明异常，若有一点风吹草动，它就会立刻逃之夭夭。

但马嘉有个致命弱点，便是生性倔强，不知进退。渔人深知马嘉的弱点，就将马嘉赶往一面网中。马嘉游过来，一旦碰到网，就愈朝着网往前行；愈陷愈深，就愈恼怒，于是鳃也张开了，鳍也展开了。就这样，它被挂在网的眼孔上，无法挣脱，只得束手就擒。

其实，在马嘉触网时，若不逞强就不会一头栽进网里；进了网里，若不生气动怒，鳃鳍齐张，也不会挂在网上，束手无策了。

进退有度，就是要清醒地认识自己。有自知之明，实事求是，不奢望成就自己能力范围之外的事，不强行去穿越本不属于自己的突破口，这样不但能把自己能力范围内的事做得更好，而且还能保护自己。

一个初次步入社会的年轻人，在一家广告公司任职。自恃有几分才气，十分冲动，轻易便把经理得罪了。渐渐觉得自己在公司的日子不好过了。因为在以后的日子里，几乎每次会议上他都会挨到批评。当他挨批成为会议中的保留节目时,他十分苦闷,由此生起了一走了之的想法。

在和朋友倾诉了自己的烦恼之后,朋友问他:"公司里业务的每一个环节你都学会了吗?"他回答说:"没有。""你愿意背着那些洗不清的罪名离开吗?""不愿意,可是我在那里也一样说不清啊!""那不一样。君子报仇,十年不晚,你何不学会了所有的业务之后再离开呢?"他仔细考虑了朋友的话,认为很有道理,于是他坚持了下来,收拾好心情,低头实干,在公司源源不断地"充电"。一段时间之后,他兢兢业业的工作为他赢得了实实在在的业绩。一笔又一笔的业务,也增长了他的信心和经验。而这时候他发现,那些中伤他的谎言也已不攻自破,他不想再离开了。

航行中的船只,在预见到大风浪的来临时,并不是要迎头冲上去,而是要暂避到无风的港湾处去。在自己实力强大时,迎头痛击对手是谋略,而在明知不敌之时,暂避锋芒更是智慧。知道进退的人,才能利用时机成就自己。只退不进,是懦夫;只进不退,是莽夫。进退得当,才能从容面对成败,潇洒成就人生。

有句广告语说得好:"进,固然需要努力;退,更需要智慧用心。"

进,单就前进而言,容易。别人进,我也进,同进同乐,岂不快哉!不用自己的思考,不用独特的视角,不用出众的智慧,顺着大流走,那样就万事俱佳了。

但退,却不像世俗所见尽然。在茫茫人潮趋之若鹜争抢前方金苹果的时候,旁若无人地从容而退,才是一种昭然、一种风度。

进退应依据形势具体而论,进中有退,退中有进。进与退乃是紧密结合的一体,是缺一不可的组合。唯有进退有度,才能使自己远离祸端,从而为自己的前行建立起更为安全的保障。

5. 留退路，才有出路

现代社会中，最大的危机是没有危机感，最大的陷阱是满足。人要学会用望远镜看世界，而不是用近视眼看世界。在环境好的情况下要想着为自己找个退路，在困难的环境下要懂为自己找出路。

有一位著名企业家在做报告时，听众咨询他最成功的做事方法时，他拿起粉笔在黑板上画了一个圈，只是并没有画圆满，留下一个缺口。他反而问听众道："这是什么？""零"、"圈"、"未完成的事业"、"成功"，台下的听众七嘴八舌地答道。他对这些回答并没有说对与错，"其实，这只是一个未画完整的句号。你们问我为什么会取得辉煌的业绩，道理很简单：我不会把事情做得很圆满，就像画个句号，一定要留个缺口，为自己留下退路，日后遭遇危机之时，才会有出路可言。"

事间万事皆相生相伴、相互联系，但是人的认识能力却受着外界条件方方面面的约束。这造成了我们对身边的事物认识有限，也就使我们在考虑问题的时候难免会考虑不周。并且在很多时候，因为人在社会中的地位和处境是不断变化的，在这些变化中，有些是可以预期的，有些却是不能预期的。因此，人在考虑问题的时候就应该多做一些准备，为保全自己留一条退路。

公元228年，为了能让蜀国一统大业，诸葛亮发动了一场北伐曹魏的战争。他命令赵云、邓芝为疑军，占据箕谷，自己亲率10万大军，突袭魏军据守的祁山，并命令参军马谡为前锋，镇守战略要地街亭。在马谡临行前，诸葛亮再三地叮嘱，街亭地方虽然不大，却有着很重要的地位,是通往汉中的咽喉,如果失掉街亭,这场战争就必败。并且,安营扎寨最好在靠近水源的地方,谨慎小心,不能有任何的失误。

马谡到达街亭之后,并没有按照诸葛亮的命令来部署兵力,而是刚愎自用,骄傲轻敌,擅自将大军调到街亭山上去安营,副将王平指出了将兵营安置在山上的坏处:一无水源,二无粮道。如果魏军将他们围困到山上,并切断水源,断绝粮道,那么,蜀军将不战而败。要求马谡按照诸葛亮所说行事。马谡却认为自己通晓兵法,有时候诸葛亮还要请教他关于兵法的问题,你王平连字都不会写,知道什么兵法。并且认为居高临下,置之死地而后生,是兵家常识,将大军部署在山上,就会让大军义无反顾,这是致胜的秘诀。

王平再次劝诫这样布兵是很危险的。马谡见王平仍旧对他的部署不满意,非常生气,认为丞相既然将主将的位子给了他,部队的指挥就是他全权负责,如果这次失败了,他甘愿斩首示众,绝对不会连累王平。王平再次表明自己正是因为对主将负责,对丞相负责,对后主负责,对蜀国的百姓负责,才请求马谡遵循诸葛亮的指令。马谡最后仍旧没有听从王平的劝告,固执己见的将大军安置在了街亭山上。

魏明帝曹睿知道马谡将大军安置在街亭之后,立刻派骁勇善战,曾多次与蜀军交锋的张颌领兵抗击。张颌在到达街亭后,侦察到蜀军安置在山上,大喜,立刻命令军队切断山上的水源,断绝山上的粮草,将马谡及大军围困在山上,然后放火烧山。蜀军又饥又渴,导致军心涣散,还没有开始打仗,就自乱了阵脚。这时候张颌再趁势攻击,蜀军在这场战争中大败。

因为这场战争,导致街亭失守,使得诸葛亮的整体布局被打乱,结局是迫使诸葛亮退回汉中。

而马谡因为在这场战争中背水一战获得胜利,没有想到却导致

痛失街亭。诸葛亮为了严肃军纪，只有将爱将马谡革职入狱，斩首示众。

马谡在街亭的战争中，就是因为没有想到给自己留有后路，他认为将后路切断之后，可以激发将士们的战斗力，却没有想到，在切断退路之后，给予魏军的是一个绝佳的机会。

留得青山在，不怕没柴烧，"不留退路"可以给人以极大的力量，甚至改变整个战争的局面，但是"不留退路"就一定是正确的吗？当年毛泽东高瞻远瞩，不与敌人硬拼，退守农村，大打游击战，不也一样可以大败敌人吗？退往往是一种随局势调整计划的智慧，而一味的死守，不留退路看似英勇，实则有勇无谋。当年，希德勒电令保卢斯元帅死攻斯大林格勒，而不让其抓住有利战机，先行撤退，结果遭到红军合围，从而将30万大军送进了战俘营。所以不留退路并不是最佳的策略，学会变通，依据形势来调整自己的计划，该退则退，这才是人生的大智慧。

很多时候，我们总是只看到自己前面的路而往往忽略自己的退路。其实换一个角度来看，退路往往是另外一条进路。一个善于给自己留有退路的人，往往更容易获得成功。留有退路，可以使我们不至于一败涂地。退路很可能在你绝望的时候给你带来希望。退路并不是转身离开，而是在转身之后为自己选择另外一条属于自己的道路。无论是做事还是经商，都应学会掌握与运用机变与权变之理，在任何情况下都要注意给自己留好退路。

生活中总有些人坚持着要全力以赴、背水一战，不留余地。但是这种做事方法却往往无法使整件事情趋向于圆满。如果我们在日常工作和生活中，时刻想到给自己留条退路，那么说话和做事就能做到不疾不徐，不愠不火，恰到好处。

"狭路相逢勇者胜"，背水一战，破釜沉舟，这些不给自己留一点退路的做事方法，如果是针对自己的，有些时候是激励潜能的一种有效方法。但是如果在与他人打交道的时候，话说得过绝、事做得太过分，没有给自己留出一点退路、一点回旋余地的话，便很容易会把事情弄僵，使自己处于被动的状态，说不定还会造成人际关系紧张，影响工作的正常开展。

如果说话做事能够考虑到退路，便可以有效地避免这样的尴尬与难堪出现。所以，在现实生活和工作中，在与人们打交道的过程中，我们要切记不可把话说得过绝，不可把事做得过分。否则便很可能在人际关系网上留下缺憾，而这种缺憾是最容易引发祸端的。

记住做事留出退路，遇事才会有出路。

6. 远离小人，也不得罪小人

远离小人，也不得罪小人，是为了避免自己被小人所害。在为人处世、工作生活中，我们必须要学会将小人从众多人中识别出来，并学会透过对方的各种表现，来准确地辨别出他的真实意图，从而让自己处处设防，避而远之，尽可能地使自己不为小人所伤。

平定"安史之乱"后，主要的功臣郭子仪却依然保持着极为谨慎的态度，从来不居功自傲，为了防止受到小人的嫉妒，他极为小心谨慎地做事。一次，郭子仪生病，他手下有一名叫卢杞的官员前来探望。此人乃是历史上声名极为狼藉的奸诈小人，而且相貌奇丑无比，看到他的人都会将他误认为是鬼。也正是因为如此，一般的妇女在看到他的样子之后都会掩口失笑。郭子仪听到下人回报之后，立即让所有的家人都避在一边，不准露面，他独自一人硬是起床在客厅中待客。待卢杞离去，家人问郭子仪："许多朝廷中重要的

官员前来探视您，您都从来不会让我们躲避，但是为何偏偏官职如此之小的人前来，你反而让我们都躲起来呢？"郭子仪笑答："你们有所不知，此人不仅相貌丑陋，而且内心极为阴险，且善于钻人情空隙。如果你们看到他，肯定会忍不住发笑，他自然会心存嫉恨。一旦此人日后当权，我们家族必会受其暗算。"后来，卢杞当了宰相后，极尽报复能事，将所有从前得罪过他的人都统统除掉，唯独对郭子仪还算比较尊重。

做事 要有分寸

一个人生性极为狡猾，为了证明德尔斐的神示是假的，他与另一个人打赌。到了约定的日期，他在手中拿着一只小麻雀，并将麻雀藏在了外衣的下面。他走进庙中，要求神说出他手中的东西是活的还是死的。小人暗想，如果神说他手中的东西是死的，他便拿出活的麻雀给神看。如果神说是活的，他便悄悄地将麻雀捏死，然后再拿出来给神看。德尔斐神识破了他卑鄙的诡计，对他说："小子！你不要自作聪明了！东西在你的手中，是死是活当然是你说了算！"

小人便是如此，你轻轻地惹到他，他便狠狠地报复你；你若说正，他便说反。生活中我们宁愿得罪君子，万万不可得罪于小人。小人是万万得罪不起的，他们善于琢磨他人，并敢于为极小的恩怨付出代价。一旦被小人盯上，将会是极为麻烦的事情。

小人无德、无信，他们从来不会按着游戏规则出牌。为了实现自己的目的，他们会不惜采用各种下三滥的流氓手段。正人君子往往不是按着同一个游戏规则来斗法的，所以往往无法斗过小人。

事实上，在现实生活中，小人经常会为自己披上伪装的外表，装做好人甚至是弱者，使人们更容易上当受骗。一般来说，小人对个人利益更加敏感，心理上也更为自卑。所以我们万万不能在言语上对他们进行刺激与伤害，更不能在利益上得罪他们，否则在我们不注意的时候，小人很可能会狠狠地暗捅一刀，令我们防不胜防。自古以来，君子往往无法斗过小人，南宋抗金名将岳飞是何等的英雄，但是却依然被秦桧套上了一个"莫须有"的罪名，冤死于风波亭中。因此，如果小人在你的企业中为恶的话，你如果无法确定自己可以一招之内将其置之于死地，那么便和气地将其辞退，让更有力量的人去处理吧。

与小人交往是危险的，与小人相处，无异登舟过海，不知不觉就会浪起舟覆，无以为救。然而，岂不知君子有君子的思维，小人有小人的逻辑，与小人交往，必须加倍小心，能躲避就躲避。什么是流氓，什么是强盗，大家对于这些人心里都很清楚，可给小人下定义却不容易。小人，毕竟是小人，一两句话怎能说得清？但只要大家仔细揣摩揣摩这个"小"字，也就知道他们的作风了。

在翰林院任低级职务的严嵩，是个锐意仕途、一心削尖脑袋往上爬的超级小人。他在经过一番苦心钻营后，终于打听到时任礼部尚书的夏言是他的江西同乡。虽是同乡，但两人并不相识。严嵩几次前往夏府求见，都被仆人轰了出来。严嵩却不死心，又设宴请夏言到家中做客，再遭拒绝。严嵩苦苦哀求半天，夏言就是不答应。严嵩竟然双腿一弯，跪在夏言的府门前，展开请柬和声朗诵，情真意切催人泪下。夏言在屋里终于被感动了，开门将严嵩扶起，慨然赴宴。宴席上，严嵩特别珍惜这次来之不易的机会，使出浑身解数取悦夏言，给夏言留下极好的印象。夏言从此把他视为知己，极力为他引荐，使严嵩步步高升，官至礼部左侍郎，获得了可以直接为皇帝办事的机会。几年后，已任内阁首辅的夏言又推荐严嵩接任了礼部尚书，位达六卿之列。但欲海无边的严嵩并未就此住手，他要把朝中

所有的大权都夺到自己手中。这时,取代夏言,已成为严嵩的新目标。

严嵩知道,夏言很有才干,又没有什么过错,而且正被世宗信任重用,自己一下是扳不倒他的。于是他采用极其隐忍、周密、慢慢渗透的办法。夏言性情刚烈,他就阴柔谄媚;夏言在世宗面前不卑不亢、态度疏慢,他则在世宗面前装出一副俯首低眉、诚惶诚恐的样子。这样世宗看着严嵩越来越舒服,而对夏言越来越不满。一天,当严嵩单独自去见世宗时,世宗与他谈及夏言,并对他们之间的不和略有询问。世宗的话,似乎勾起了严嵩的什么难言之隐,只见严嵩全身颤抖,匍伏在地,痛哭不已。世宗见一个60多岁的老头子竟然哭得如此伤心,猜想他一定是受了很大的冤屈,怜念之情骤生,连连催问。看见世宗怜悯,痛哭的严嵩反而变得嚎啕恸天了。弄得世宗在一边既动情又义愤地安慰他:"你不要有什么顾虑,有朕为你做主,有话尽管说,不要害怕。"这下严嵩才装出深受鼓励后已无顾虑一般,将平时所搜集到的所谓夏言的种种罪状,添枝加叶、无中生有地一一哭诉出来。世宗听了,便对夏言由不满变得恼怒起来,致使夏言一次又一次被罢除官职,赶回江西老家。但严嵩还要赶尽杀绝,使人在官中散布谣言,说夏言在离京时辱骂世宗,惹得世宗龙颜震怒,终杀夏言。

古人曾经说过,人不可有害人之心,但不可无防人之心。此话不仅仅是在教导人们要为人从善,更是提醒人们,时时刻刻都要提防恶人伤害自己。在现实生活中,存在着眼中容不得沙子的君子,更有总想背地里暗算的小人。君子都是坦荡荡的,而小人则不同了。不管是为人处世,还是做官经商,都绝对不能不防小人,切不可总是"以君子之心度小人之腹"。现实生活中,涉世老手也会经常提醒我们,宁愿得罪君子,万万不能得罪小人。得罪了君子,君子一般都会极为大度地原谅你;得罪了小人,便很可能会遭到他们无耻而又阴险的打击与报复,从而为自己树立起一个防不胜防的敌人。因此,我们最好谨记老祖宗的教训:"待小人要宽,防小人要严。"远离小人,也不得罪小人,这样才能让自己在复杂的人际社会中平安立身。

7. 勤奋工作,但不锋芒毕露

木秀于林,风必摧之,堆高于岸,流必湍之。枪打出头鸟,嫉妒乃是人性中的劣点,一旦过于出色,便很容易会引发他人的嫉妒。为人处事切不可过之,天道忌盈,人事惧满,月盈则亏,花开则谢,这些都是极为自然的天理循环规律,同时也是处事的盈亏之道。《列子·仲尼》中有段极为精辟的比喻,列子中有语:"眼睛马上就要失明的人,先会看到位置极小、极为微小的细毛;耳朵将要聋的人,先会听到极为细弱的蚊子飞鸣声;将到失掉自身味觉的人,先可以辨别出淄渑雨水滋味的差别;鼻子将要失掉嗅觉的人,先可以嗅到极为微小的气味;身体将要僵硬的人,首先会急于奔跑;心将糊涂的人,先会对是非开始明辨。所以事物不到极点,不会回到它的反面。"

在现实生活中,一些看似不合理的伦理往往是长期发展而来的,之所以存在,完全是有着它自身的道理。"一将功成万骨枯",将军手下的小兵可以说:"白刀子进,红刀子出的仗是我们在打,为什么成名的都是将军?"其实小兵忽视了两点:第一,哪一个将军不是由枪林弹雨中升上去的? 第二,一旦打了败仗,如同二战一样,上了绞刑台的都是将军,为什么杀人的小兵反而可以生存下来? 社会就如同一个果园一般,我们可以尝试着去种植自己喜欢的东西,但是不要忘记,这片土地是谁的,我们种植的经验又是谁教会的。在自鸣得意的时候,千万不能忘本,更不能过于锋芒毕露。

　　刘秘书是一个才华横溢的年轻人，在给李经理做秘书的时候，他几乎可以将经理所有的事情都一手包办了，根本不用经理操任何心，而李经理也经常夸他是自己的左右手。

　　一次，李经理受约到下属单位去举行一场业务指导会，人们在那里等了很长时间，却只见到了刘秘书。他说李经理有点事，过一会儿才能来。于是下属单位的人们就说，反正你的能力也不差，要不你来为我们开指导会吧！反正教授知道的你也一定知道！刘秘书一想，也是，那就我来做这个指导吧！于是，他就上台了。指导会非常成功，在大家热烈的掌声中，李经理气喘吁吁地跑来了。大家都向他夸奖说，刘秘书讲得如何如何好，李经理也喘着气跟着说："讲得好，讲得好！"

　　而另一家工厂的员工丽丽，今天一回到家，脸色就非常差，她把皮包狠狠地摔到了沙发上，坐在那里不断地生着闷气。

　　"亲爱的，怎么了？"小赵体贴地问道。

　　"怎么了？你还好意思问怎么了！"丽丽一开口，眼泪都掉了下来。"今天你真是让我丢大了人！在那么多同事的面前，我真是希望自己能钻到地缝里去！"

　　"咦，我和我们的处长到你们公司参观，怎么可能会丢你的脸？"小赵一头雾水，"正是因为我们处长重视我，他才会带我去的，而且你想想，像我们这样的大公司为什么不去别的厂子参观，却专找你们厂？还不是因为我介绍的？"小赵越说越气："你想想，要是能做成这笔生意，你们工厂上上下下几百口人两年多的福利都有了，你应该感激我，怎么反而说我让你丢脸了呢？"

　　"当然丢脸！"丽丽哭着说："你没去的时候，我就告诉我们老板和同事，说你是我们学校专业最优秀的毕业生，也是这方面的专家……"

"谢谢你这么捧我,但是你说的好像都没有错啊?"

"错大了!"丽丽哭得更狠了,"你像个白痴一样跟在你们处长身边,一副一问三不知的样子,明明是你最懂机器了,根本就可以由你来介绍,为什么你不说话,反而不断地请教你们处长?他懂个屁!"

"他懂个屁?"小赵听了妻子的话之后笑了起来,"他本身也是学这个出身的,虽然技术过时了,知识落伍了,但他总是我的处长啊!"

刘秘书的确聪明,但我们却可以从故事推测出,他不会在原单位待得太久了,因为没有一个上司能够容忍自己的部下如此超越自己的。相反,那个以幕僚姿态出现于处长身后、不故意显摆才华的小赵,却在退让间为自己赢得了充足的发展空间。这便是生存的智慧,更是赢得未来、赢得成功的关键,人不能时时都当红花,偶尔间,你也要学着让自己去做一下陪衬的绿叶,让自己将芳香与美丽掩饰起来,为他人留出展示自己的空间。

无论做什么工作都要勤奋,勤奋是所有工作的前提。"勤奋"二字是一种做事的原则,也是一种工作的态度。工作的目的在于发挥自己能力,在工作中锻炼自己,获得经验。一个人在工作时一定要先端正自己的工作态度,正确对待付出和回报的关系,因为你工作的质量直接决定了你的生活状态。薪水报酬、晋升提拔这一类的事情总是偏爱于那些工作中尽职尽责、坚持不懈的人,而这也往往是成功者建功立业的重要原因所在。但是如若你事事皆想当出头鸟,处处都想要表现自己,则很容易会落得众口铄金的下场。

《菜根潭》中有语曰:"花看半开,酒饮微醉,此中大有佳趣。若至烂漫,便成恶境矣。履盈满者,宜思之。"赏花以含苞待放时为最美,喝酒以喝到略带醉意为适宜。这种花半开与酒半醉中有着极高、极微妙的境界。反之的话,花开极至、酒至烂醉,不仅大煞风景

而且也会使自己活受罪。所以一心想要让自己的人生与事业达到巅峰阶段的人，都应该对这两句话的真义进行一下深思。

把工作当成人生的乐趣，人可以通过各方面获取经验、知识和信心。你对工作投入的热情越多，决心越大，工作效率就越高。即便是工作再平凡，保持热忱勤奋的工作态度，兢兢业业，扎实苦干，摆脱所有的坏习惯，就不会感到劳累和乏味，就会取得显著的成绩。但勤于工作也要注意一定的度，不要去当那个"出头鸟"。我们都知道，鸟出头而被枪打，木出林而被风摧，人出众则被人"灭"，危险就在"出"上。你我本一般，为何独露脸？纵有千般术，难躲暗中剑。可见，勤在工作，但没有必要出头。

第五章　做事有禁忌，三思而后行

世界上的事情大部分都有禁忌，在做之前好好地思考一番，事中才能畅通无阻，事后才能倍感欣慰。一步走错，或许就是终生的遗憾；一念之差，或许就是整局的失败；一个失误，或许就是整个团队的失败。所以在行事之前，最好要三思而后行。三思而后行，可以避免冒失做事；三思而后行，可以给事情一个缓冲的机会；三思而后行，可以使问题找到最佳的解决方案；三思而后行，会尽量避免冒失所造成的遗憾。做事知禁忌，三思而后行，才是最佳的解决问题方案。

1. 做事切忌半途而废

中国有句老话：有志之人立常志，无志之人常立志。如果一个人，能够坚定地向目标迈进、做事专注的话，便会不因任何困难而退缩，更不会懂得什么叫"半途而废"，而这样的人，整个世界都会为他让路。

许多人之所以无法取得成功，并不是因为他们的能力不够、热情不足，而是缺乏一种坚持不懈的精神。他们在工作的时候往往虎头蛇尾、有始无终，做事总是东拼西凑、草草了事。这一类最容易对自己的目标产生怀疑，行动也总是处于犹豫不决中。他们在看准了一份工作后，总是会充满了热情地开始去做，但常常在刚刚做到了一半的时候又感觉另一份工作更加有前途。他们时而信心百倍，时而又低落沮丧。可以说，这种人也许能在短时间内取得一些成就，但是，从长远来看，此类人最终一定会是失败者。因为在这个世界

上，没有一个做事虎头蛇尾、迟疑不决、优柔寡断的人能够获得真正的成功。因此，做事切忌半途而废，如果你已经认定了一件事情，就要把这件事做好，就应该不管付出多大的代价，也绝不会轻言放弃，这是成功做事的基本原则。

美国一位成功学家曾向他的听众讲过一个叫贾金斯的男人的故事，并且告诉听众：如果你想在 35 岁之前成功，一定要吸取别人的教训，要以贾金斯为鉴。

在好多年前，当时有人正要将一块木板钉在树上当搁板，贾金斯便走过去管闲事，说要帮他一把。他说："你应该先把木板头子锯掉再钉上去。"于是，他找来锯子之后，还没有锯到两三下又撒手了，说要把锯子磨快些。

于是他又去找锉刀。接着又发现必须先在锉刀上安一个顺手的手柄。于是，他又去灌木丛中寻找小树，可砍树又得先磨快斧头。

磨快斧头需将磨石固定好，这又免不了要制作支撑磨石的木条。制作木条少不了木匠用的长凳，可这没有一套齐全的工具是不行的。于是，贾金斯到村里去找他所需要的工具，然而这一走，就再也不见回来了。

贾金斯无论学什么都是半途而废。他曾经废寝忘食地攻读法语，但要真正掌握法语，必须首先对古法语有透彻的了解，而没有对拉丁语的全面掌握和理解，要想学好古法语是绝不可能的。贾金斯进而发现，掌握拉丁语的唯一途径是学习梵文，因此便一头扑进梵文的学习之中，可这就更加旷日废时了。

贾金斯从未获得过什么学位，他所受过的教育也始终没有用武之地。但他的先辈为他留下了一些本钱。他拿出十万美元投资办一家煤气厂，可是煤气所需的煤炭价钱昂贵，这使他大为亏本。于是，他以九万美元的售价把煤气厂转让出去，开办起煤矿来。可这又不走运，因为采矿机械的耗资大得吓人。因此，贾金斯把在矿里拥有的股份变卖成八万美元，转入了煤矿机器制造业。从那以后，他便像一个内行的滑冰者，在有关的各种工业部门中滑进滑出，没完没了。

他恋爱过好几次，可每一次都毫无结果。他对一位姑娘一见钟情，十分坦率地向她表露了心迹。为使自己配得上她，他开始在精神品德方面陶冶自己。他去一所学校上了一个半月的课，但不久便自动逃掉了。两年后，当他认为问心无愧，可以求婚时，那位姑娘早已嫁给了一个愚蠢的家伙。

不久他又如痴如醉地爱上了一位迷人的、有五个妹妹的姑娘。可是，当他上姑娘家时，却喜欢上了二妹。不久又迷上了更小的妹妹。到最后一个也没谈成功。来回摇摆的人永远都不可能成功，贾金斯的情形每况愈下，越来越穷。他卖掉了最后一项营生的最后一份股份后，便用这笔钱买了一份逐年支取的终生年金，可是这样一来，支取的金额将会逐年减少，因此他如果活的时间长了，早晚得挨饿。

在这个世界上，有许许多多的人想改变自己的处境和地位，但是很少有人将这种改变处境的欲望具体化为一个个清晰明确的目标，并为之奋斗。结果，这些人的欲望也仅仅是欲望而已，永远不可能实现。

现实生活中，有许多人如同故事中的贾金斯一般，做事总是虎头蛇尾、半途而废。而这样做所造成的损失不仅仅是工作没有完成，更重要的是它有可能给当事人带来心理上的挫折感，甚至可能使其养成虎头蛇尾的工作习惯，而这种工作习惯的养成将是个人

职业生涯中最为巨大的损失。

对于一个时刻保持着积极进取心态的员工来说，有始无终的工作恶习是最具有破坏性的，也是最具有危险性的。它会对你的进取之心形成吞噬之势，使你与成功失之交臂，使你永远无法出色地完成任何任务。古人云："行百里者，半于九十。"就是这个道理。

我们在做事时，应该本着力求使事情圆满结束的态度来进行。

从前有一位以卖地毯为生的商人，他在查看店铺的时候，发现一块最为美丽的地毯中央竟然隆起了一大块，看上去极为难看，于是便上前去把它弄平了。但是不一会儿，在一个新的地方竟然又再次隆起了一块，如此一而再、再而三地重复，他试图将地毯弄平，直到最后他拉起地毯的一个角，看到有一条蛇溜出去为止。

很多人在解决问题的时候，总是想着将问题从系统的一个部分转移到另一部分，或者只是完成一个大问题中的一个小部分，这种看上去容易、有始无终的做事方法永远无法从实质上将问题解决。

一位名人曾经说过："容易走的都是下坡路。"人生之路并非一马平川，并非无须费劲就能轻松前行。许多时候，成功本来已经接近我们了，正是由于我们放弃了努力，便白白地错失了成功的良机。结果半途而废，无功而返，慢慢地对自己失去了信心。

因此，成就一个事业是需要长期的执着与努力。因为建立一番事业是一个长期的工作，必须经过一个极其漫长的过程，就像是果树一样，必须经过一个漫长的过程，由小慢慢地长大，然后才能结出成熟甜美的果实。所以，当你决定在这个生意里成功时，你是在为自己和家人建立一个未来的保证和稳定的收入来源，此时我这个生意便已经具备了强大的自动生命力。它会如同人们发现一种新的物质一样，虽然初期的工作是艰难的，但当你获取成功时你不仅可以改善经济状况而且会获得尊重与自由，从而赢得世人的认同。为了取得成功一定要有长远的观念，绝不能"两天打鱼，三天晒网"、半途而废，只有持续匀速发展才能使梦想最终变为现实。

在东京国际马拉松邀请赛中，名不见经传的日本选手山田本一出人意料地夺得了世界冠军。当记者问他凭什么取得如此惊人的成绩时，他说："凭智慧战胜了对手。"

山田本一在他的自传中这么解释他的"智慧"："每次比赛之前，我都要乘车把比赛的线路仔细看一遍，并把沿途比较醒目的标志画下来，比如第一个标志是银行；第二个标志是一棵大树；第三个标志是一座红房子，这样一直画到赛程的终点。比赛开始后，我就百米的速度奋力地向第一个目标冲去，等到达第一个目标后，我又以同样的速度向第二个目标冲去。四十里的赛程，就被我分解成这么几个小目标轻松地跑完了。起初，我并不懂这样的道理，我把我和目标定在四十公里外的终点线上的那面旗帜，结果我跑到十几公里的时就疲惫不堪了，我被前面的那段遥远的路程吓倒了。"

我们在现实生活中，自己做过的很多事情之所以半途而废，往往不是因为难度较大，而是觉得成功离我们太遥远。确切地说，我们不是因为失败而放弃，而是因为倦怠而失败。

做事不求彻底，有始无终，半途而废，不能善始善终地做完一件事的人，最易失去信任。他们的工作最不可靠，一定是拖泥带水，纠缠不清，许多企业对这种人是非常不感冒的。因此，无论做任何事情，都要力求完善，力求彻底。心理学家的研究结果表明，失败者的大多有着上述的缺点。

　　不管我们做的是什么职业，我们能在这个位置上做多久，我们都应该以一种善始善终的专注心态来面对我们应该做的事情。这不仅仅是我们的职业道德所要求的，同时也是个人魅力的一种体现。许多人总是习惯于将工作做了一会儿之后，便放置一边，而且他们极为充分地相信，他们似乎已经完成了什么。但事实上，这样的做事方式会如同足球运动员在临门一脚的一刹那间收回了脚，前功尽弃，使力气白白浪费。善始善终的工作，这不仅是一种责任，更是一种良好的品德。只有这样，我们才能获得他人的认同与赞赏，才能受到成功的青睐。

2. 成功是从失败走来的

　　公司里的年轻人多，时不时哼上几句流行歌曲是一帮男同事的最爱。青青也是个追星族，对各种流行歌曲爱得欲罢不能。但是她天生属于那种五音不全的女孩子，只能在独处的时候将已经变调的歌儿唱给自己听。

　　最近，公司里接待一位台湾来的客户。为了表示对这位重量级的客户的热烈欢迎，老总决定让公司人员倾巢而出，在市内最高级的歌厅给客户接风。在出发之前，公司的那些男同事们已经纷纷开始选择当晚的演唱曲了，大有"歌不惊人誓不休"的架势。当他们问道青青准备了什么的时候，她的脑子里一片空白，因为她根本没有想到自己还要上去"献丑一番"。台湾客户是一位年轻有为的男士，对公司请他去唱卡拉 OK 的安排极为满意。客户的嗓音非常棒，简直可以与歌坛上一线的男星相媲美。听到了我的夸奖之后，客户对着旁边的青青说道："那青青小姐的歌喉一定也如同歌坛一线女星一样出色了。"青青当时只是非常礼貌地说自己并不善于唱歌，还是听男同事们唱吧。

一群男同事开开心心地大声唱着自己最拿手的歌曲，连年过四旬的老总都上去小显了一把。这时，所有人都将期待的眼光转移到全场唯一的女孩子——青青的身上。青青知道，再拒绝的话，显然是极为不合适的。于是，她在申明了自己五音不全、制造噪音的"危险"之后，选中了一首普通的歌曲。

当青青放开嗓音去唱的时候，她偷偷地环顾了一下四周，却发现老总与台湾客户的眉头都不经意地皱了一下。由于过度紧张，青青这次的发音要比从前的任何一次都更加差劲。刚刚还沉浸于美好音乐中的那些男同事们立即闹开了锅："求求你了，青青，你不要唱了，搞不好一会儿有人来敲包房的门，还以为我们在虐待你呢。"满堂的哄笑声充斥着青青的耳膜，就连老总也做出了一个阻止的手势。

但是伴奏还在继续，青青并不准备就此停下自己的歌声。"请听我唱完这首歌。"在被奚落后，青青却变得更加坚定了。唱到最后，只有台湾来的客户给了青青最为热烈的掌声。

在台湾客户准备离开的时候，他留给了老总一句话："贵公司的青青小姐为人不卑不亢，最为重要的是，她能够在众人的反对声中坚持着自己所追求的东西。所以，我希望她能成为我们双方合作项目中的负责人，希望老总成全。"

出人意料的事情发生了，唱歌最差的青青反而得到了重用，而这一切只是因为她在唱得最烂的歌唱中成功地表现出了那个他人无法打败的自我。

"失败是成功之母"，这句话早已经成为了老生常谈。但是行动与言语有很多时候是无法保持一致的。当你的工作遇到了问题的时候，当你的生活出现了挫折的时候，你的心中是否除了沮丧的情绪

之外一无所有？你是否意识到，这失败之中往往正在孕育着成功呢？

世界上有一帆风顺的事情，但是失败的事情却总是随时会出现。纵观历史，我们便会发现，那些出类拔萃的伟人之所以会取得成功，正是因为他们能正确对待失败，从失败中获取教训，从而才能将失败这块绊脚石踢开，并踏上了成功之道的。正如伟大的发明家爱迪生一般，他曾经为了一项发明经历了8000次失败的实验，但是最终却从失败中汲取了教训，并获得了成果。失败固然会给人带来痛苦，但是也可以令人有所收获，它既向我们指出工作中的错误缺点，又启发我们逐步走向成功。失败既是针对成功的否定，又是成功的基础，也就是说，成功往往是从失败里走出来的。

当年，他如同许多的年轻人一样，带着美丽的梦想前往美国西部追逐那股淘金的热潮。

一天，他突然发现，一条大河出现在自己西去的路上。在苦等了数日之后，被阻隔在那里的人越来越多，而且大家都无法过河。他来到了河边，发现了其中的商机，趁机搞起了摆渡。淘金者大多不吝惜那一点点小钱，大家都坐他的渡船过了河。很快，他便因为这条阻隔了自己去路的大河而获得了人生的第一笔财富。

一段时间之后，摆渡的生意便开始越来越清淡了。他决定放弃，并继续西行淘金。来到西部后，到处都是人，他刚刚找到一块合适的地，并买好了工具准备开始淘金。但是却有几个恶汉围住了他，叫他马上滚开，不要在他们的土地上混生活。他刚刚理论了几句，那伙人便失去了耐心，对他一顿拳打脚踢。无奈之下，他不得不灰溜溜地离开。而这样的事情在他到了西部之后发生了好几次。

终于，在最后一次挨打后，看着那些人扬长而去的背影，他开始试着去调整自己的关注点。他发现，在西部淘金的人衣服都极容易磨破,同时又发现西部被人废弃的帐篷极多。于是,他又想起了一个绝妙的主意——把那些废弃的帐篷收起来,洗干净,并缝制成裤子。就这样,世界上第一条牛仔裤便如此产生了。从此后,他一发不可收拾,并最终成为了举世闻名的"牛仔大王"。这个年轻人的名字叫做李维斯,以他的名字所命名的牛仔裤至今依然深受全球各个年龄层人群的喜爱。

在现实生活中,成功并不是由失败积累而成的,而是在对失败进行了总结与超越之后,才被人们所发现的。李维斯的成功便是如此。在失败之后,他不断地调整自我关注的焦点,从而发现了新的成功点。年轻人在工作中最容易遭遇失败,同时也更容易灰心。因此,我们只有牢记"失败是成功之母"这一名言,树立起坚定的自信心,才能从失望中看到希望,从失败中走向成功。

成功是从失败中走出来的。"宝剑锋从磨砺出,梅花香自苦寒来",从失败中获益,从勤奋中崛起,这才是有志青年的成才道路。

3. 做事不可过于直线思维

日本兵库县的丹波村,是一个极为落后的贫穷村落。当全日本都已经逐渐地富裕起来时,这里依然是贫瘠的所在,而且此地的交通极为不便,没有公路,也不通铁路。村子里的人不甘于贫穷,但是却无计可施。后来,他们去东京请了一位叫做井坂弘毅的专家。井坂弘毅在对这个村子的大致情况了解之后,也感觉到了问题的棘手:想要富起来,总得有东西去卖才行,卖得多才会赚得多,但是此地只有贫穷,拿什么来卖?井坂弘毅按照这样的思路一直想,却一个办法也想不出来。后来,他突然意识到,贫穷落后也是可以出售的。

　　井坂弘毅向村民们提出了自己的想法:那你们就来出售贫穷落后吧!井坂将自己的设想进一步解释了出来:想要出售贫穷落后,你们还不够穷。从现在开始,你们不要住在房子里了,住到树上去;不要再穿布做的衣服了,披树叶、兽皮。要如同我们的祖先那样生活,这样城里的人会来到这里参观,那时你们便可以富裕起来了。

　　村民们照办后,消息开始在日本传开。早已全面迈入现代化的日本人惊奇地发现,国内竟然还有这样的原始人部落,于是大批的观光客到来了。这些观光客住在大树上,披树叶、穿兽皮、吃野菜、喝泉水、在小溪边洗脸洗脚,不但晚上可以听到风声与雨声,而且还能听到各种各样的野兽叫声。旅游者们感到太新奇了,太有趣了,来这里旅游的人越来越多。随着收入的不断增多,这个村子很快就富裕起来了。

　　为了适应事物发展有直也有曲、有进也有退的客观规律,当我们思考某个问题面临了障碍,特别是那种难以克服的巨大障碍时,往往有两种不同的态度与做法可供选择:

　　一种是不思前因后果,一味的直线前进,尽全力将阻碍前行的障碍消除。这是人们对待障碍经常会采用的办法。但这种方法并非对一切障碍都适宜。因为这样做必须要具备足够的力量与必要的条件。力量不足的情况下要先积蓄力量。条件不够时便要先将条件创造好。否则,一旦贸然地向障碍发起进攻,往往会付出巨大的努力与代价,最终却会落得个徒劳无功,惨败而归。

　　另一种则是迂回前进,将障碍避开。这种方法反而会使一些看起来无法完成的工作与难以解决的问题得以意外顺利地解决。

　　直线思维看起来往往是更为有效的解决问题方法,因此很多人往往在面临问题的时候首先考虑的便是如何将事情直截了当地一击即中,但是其最终的结果却常常是事与愿违。

著名的女高音歌唱家玛·迪梅普莱在她的家乡有一个极为出色的私人园林。每到周末的时候，便会有不少人来到这里摘鲜花，拾蘑菇，捉蜗牛；有些人甚至还会就地搭起帐篷，燃起篝火，在草地上野营野餐，经常会把整个园林弄得一片狼藉，每一次的清扫工作都极为费时费力。负责管理园林的管家，根据主人迪梅普莱的指示，叫人在园林的四周围上篱笆，竖起"私人园林禁止入内"的木牌，并派了人在园林的大门看守，但还是无济于事，许多人依然通过各种隐蔽的方式进入园内。

这一事情便是最为典型的直线思维习惯方式，但是其结果我们也看到了，事实并没有达到预期的目的。反而更加刺激了人们想要进去一探究竟的心理。那么此事的最后解决方法是什么呢？迪梅普莱叫人做了一些大大的木牌子立在通往园林的各个路口，上面醒目地写明："请注意！你如果在林中被毒蛇咬伤，最近的医院离此15公里，驾车半小时可到。"以后，有胆到她的园林中进行各种私人活动的人便寥寥无几了。

身为维新运动领导人之一的梁启超曾经说过："变则通，通则久。"知变与应变能力的高低是一个人的素质问题，同时也是在现代社会中判断对方办事能力高下的一个极为重要的考察标准。在办事中学会变通，放弃一些毫无意义的固执，这样才能更好地将事情办圆满。坚持是一种良好的品性，但在有些事情上，过度的坚持往往会导致最大程度上的浪费。

在面对一些简单的问题时，我们可以直接去寻找答案，这样往往可以将做事的效率大大提高。但是对于一些极为复杂，而且明显不可能一挥而就的事情，我们便需要耐下心来寻找更为值得依靠的办法，而不能直扑结果。

图德拉是委内瑞拉经营海上石油运输的著名企业家，他本来是一位自学成才的工程师，没有多少资产与积蓄，在石油界也没有可以提携他、帮助他的人，但是他却一心想要成为石油运输界的龙头老大。如何实现自己的这一愿望成为了困扰图德拉的一大问题。他知道，凭借着自己目前的条件，是不可能直接达成这一愿望的，因为自己的资金与渠道等都不够成熟。

为了达到目的，图德拉随时留心有关于石油的消息，并多方打听，先后获得了许多重要经济信息。在对这些信息进行了精心过滤与重新组配编排之后，他很快便形成了一整套的行动方案。他所筛选出来的、与实现他愿望有着密切相关的信息有以下几点：阿根廷需要购买价值2000万美元的丁烷，同时这个国家存着大量的过剩牛肉；西班牙国内的牛肉紧缺；西班牙各大船厂正在为订货不足而发愁。

图德拉飞往西班牙，对那里的造船厂厂主说："如果你们肯向我购买2000万美元的牛肉的话，我便在你们厂中订购一艘总造价为2000万美元的超级油轮。"造船厂的人欣然同意了这样的条件。他将牛肉转卖给了西班牙后，又去找了一家石油公司，以购买对方2000万美元的丁烷为交换条件，使得这家公司同意租用他在西班牙所建造的超级油轮。

就这样，图德拉通过对自己所面临的复杂问题的仔细分析，制定出了切实可行的方案，从而从侧面达到了自己的目的。

一个机智的人可以灵活运用一切自己所知道的事物，从而巧妙地达到自己的目的。在恰当的时间将应做的事情处理好，这不仅仅是机智，同时也可以称之为艺术。

有许多满怀着雄心壮志的人有极为坚强的毅力，但是由于不会进行新的尝试，因此总是无法成功。所以在坚持自己目标的同时，万万不可过于生硬，不知变通。一旦你感觉到其中的一条道路无法行通，便去大胆地尝试另一种方式吧。

如果你本身是一个不畏惧困难、敢于勇往直前、善于牢牢掌握机会的人，那么你已经具备了成功的要素。如果你可以做到以下两点的话，那么你的成功便会更早一些到来。

第一，告诉自己，总是会有别的方法可以解决。如果你认为自己眼前的困难是自己无法解决的，那么你很可能是真的无法找到出路。因此我们一定拒绝那些"无能为力"的想法。

第二，先停下来，然后再重新开始。我们经常会钻入牛角尖中无法自拔，因而也看不出新的解决方法。成功办事的秘诀往往是随时检查自己的选择是否存在偏差，合理地调整自身的目标，放弃无谓的固执放弃，才能轻松地走向成功。

学会变通，不要总是认为"两点间的直线距离一定最短"，学会让自己接受从侧面达到目的，你会发现，有些时候绕些弯路反而会更加快捷地到达成功。

4. 做事不可过于苛求

茶师千利休让自己的儿子少庵对整个庭园进行打扫。少庵在打扫完之后，茶师却并不满意，并让儿子重新做一遍。这次少庵下了很大的功夫，不但把台阶、石灯笼洗刷了很多遍，而且还将整个地面打扫得找不出一枝一叶。正当他将自己的劳动成果告诉了父亲的时候，父亲却并不满意，并认为儿子的这种表现只是洁癖的外在表现。茶师来到庭园中，轻轻晃动了院中的树木，摇落了一地金色、红色的树叶。

其实，茶师千利休只是想告诉儿子，想要将庭园打扫干净的话，要将清洁与自然美结合起来，任何求全责备、片面追求绝对完美的做法，都只会让自己的整个身心陷入完全的疲惫中，而且与完美愈行愈远。

做事不要过于苛求，否则会对我们保持健康的心态极为不利。在日常生活中，有些人心无旁骛，时时严以律己，全神贯注地干工作，认认真真地抓学习，偶尔间出现了失误之后，往往会自责好久。

其实，不要过于苛求自己，人无完人，谁都会有犯下错误的时候，学会保持一种中庸与平常的心态，容忍一定量的错误和残缺，做事便可以达到游刃有余的地步，而这才是客观而公正的做事态度。对自己做事时有着极高的标准并不是一种错误，但是倘若事事时时皆要求十全十美，便会使整件事情变成苛求，无法享受到奋斗过程的乐趣。而这样的做事方法往往会使人极度疲惫，即使最后的目标实现了，也很难体会到成功的喜悦。

做事也要讲究艺术，在办事的过程中，如果你发现对方的做法与自己的行事方法与要求有所背离，你可以通过巧妙的暗示来告诉对方自己的意见，而这样的方式要比使对方感觉到恼怒的指责要高明出许多。如果对方的办事方法不符合你的要求，当面的指责往往只会造成对方的反抗，而这样的反抗很容易会把事情搞砸。"水至清则无鱼，人至察则无徒。"人太精明、太过于苛求别人，便会没有伙伴，没有朋友，用人识才也是如此。经营者如果能以欣赏的眼光来观察部属的优点，那么部属就会因受人尊重而倍感振奋，对领导交付的工作，也能愉快地完成，而且效率极高。如此不仅能用到更多的人，甚至还能挖掘出优秀的人才。如果，只是一味挑剔部属的毛病，认为他们这也不行，那也不好，下属和员工也会对他们不服或者是有所不满，从而影响到公司整体的运转。

　　人生其实宛若一场足球比赛，哪怕是最为优秀的球队也有可能会在比赛中失足，也会丢分；最为差劲的球队也会拥有灿烂的时光，有辉煌的时刻。而我们的终极目标是使自身与团队的所得大于所失，将遗憾降到最小，将眼前的事情尽量做到圆满。

　　"人生必有追求，但追求不等同于苛求。"然而我们有时总是在歪曲这种美好向往所具有的真实意义。虽然追求完美会让我们的生活更加精彩，更加富有挑战性，但是一旦去对整件事情过于苛求的话，我们便会在负担累累的生活中无法脱身。雨果有句名言："苛求等于断送。"过分的苛求往往意味着失去。

　　某家著名的企业需要面向社会招聘一名总经理助理，其要求是大专以上学历，拥有三年以上工作经验，其待遇是年薪十万元。在招聘启事登出后，应聘者络绎不绝，其中不乏名牌大学毕业的高才生，更有身手不凡的"跳槽英雄"。但是在复试之后，结果竟然出人意料：毕业于一所普通大学中文专业，且仅在一家小企业干过办公室主任的刘放被录用了。

　　众多的应聘者皆不服，于是找到公司老总进行质问。面对大家的疑惑，公司老总笑笑："在你们众人的简历中，你们把自己包装得过于完美，但没有一个人提到自己的任何缺点。一个在简历上如此苛求的人，在现实生活中也会如此完美吗？刘放的简历上将自己的缺点列举了出来，并且也写出了自己的真实的工作过程。"

　　说到这里，公司老总拿出刘放的简历，大家看到，其中有一段是这样的："本人是一个从农村贫困家庭走出来的学生。在校读书期间，为了积累社会经验和提高自身能力，承揽了一家奶业经销商为学校家属区分送牛奶的业务。但是在一个月的经营中，由于管理不善，亏损了上千元，从此后，我时时注意自己保持清醒的头脑……"

有些时候,缺点也是通往成功的阶梯所在,做事时时都苛求自己成为最为完美的那一个,往往会使自己如同故事中众多的优秀者那般,失去更多。维纳斯之所以闻名于世,完全是由于它自身的残缺美丽。设想一下,如果当时它的创造者米开朗基罗修补了她的臂膀,那么今天的她还会有如此的影响力吗?

做事不必苛求,苛求者的心中永远都存在着一个更高、更远的标准,而这样的标准却往往会使他人远离自己。生活中所需要的是美丽与残缺并存,而非无可挑剔的完美。追求完美往往可以让人感觉到淡泊,使人平静,令人向往。而过于苛求的生活状态却总是会使人感觉到疲惫与压抑,而这样的生活结果最终只能是空虚与无所适从。

5. 做事目光不可过于短浅

凡是看不长远的人,只会看到眼前的一点利益,这样的人往往只考虑眼前,而不顾虑将来,我们将这类人称之为鼠目寸光。而懂得为长久考虑的人,我们则称之为深谋远虑。其中的道理极为简单:眼光放得长远,自然是以长远的发展为前提的。

鲁比和比尔差不多同时受顾于本市规模最大的一家超级市场,在最开始的时候,两个人都是超市中的最底层。但是不久之后,鲁比便受到了总经理的青睐,一再被提升,从领班直到部门经理。比尔却如同被人遗忘了一般,至今依然在最底层混生活。终于有一天,比尔对此忍无可忍,向总经理提出辞呈,并痛斥总经理狗眼看人,辛勤工作的人不提拔,倒提那些吹牛拍马的人。

总经理耐心地听着,他对这个小伙子非常了解,工作肯吃苦,但似乎缺了点儿什么,缺什么呢?三言两语说不清楚,但是不说服他也不行,看来……突然间,他有个主意。

"比尔先生,"总经理说:"麻烦您马上到集市上去,看看今天有什么卖的。"

比尔很快从集市上回来说,刚才集市上只有一个农民拉了车土豆在卖。

"一车大约有多少袋,多少斤?"总经理问。

比尔又跑去,回来后说有40袋。

"价格是多少?"比尔再次跑到集上。

总经理望着跑得气喘吁吁的他说:"请休息一会儿吧,看看鲁比是怎么做的。"说完叫来鲁比对他说:"鲁比先生,您马上到集市上去,看看今天有什么卖的。"

鲁比很快从集市上回来了,汇报说到现在为止只有一个农民在卖土豆,有40袋,价格适中,质量很好,为了证明自己的话,他还带回来了几个样品让总经理看,并说道:"这个农民一会还将弄几箱西红柿上市,据他看价格还公道,可以进一些货。"而且鲁比进一步地解释道,自己想到这种价格的西红柿总经理大约会要,所以他不仅带回来几个西红柿作样品,而且把那个农民也带来了,他现在正在外面等话呢。

总经理看了一眼红了脸的比尔,说:"请他进来。"

这便是做事目光过于短浅者与目光长远者的差别。目光长远者总是会看到与事情有关的所有相关事宜,而目光过于短浅的人却总是会关注于眼前的一些小事,从而将整个局势的变化忽略掉。在这种差别面前,那些目光长远者总是会成功,而那些目光短浅者则总是徘徊于失败的边缘,无法得到救赎。

　　环境改变命运,眼光决定财富。你的眼光有多远,你的世界便有多大。如果说在整个社会经济活动中,机会带来了财富的话,那么决定了机会的便一定是眼光。你可以看到什么,将会决定着你未来得到了什么。人类历史发展了几千年,每个时代中都有无数的财富英雄,而这些英雄的境遇都表明了一点:唯有那些目光长远的人才看到了机遇的存在,才获得了财富。

　　判断一个人是否会成功,主要关注点便在于看他的眼光。眼光,便是一个人用自身的人生经验、学识、胆识和智慧来观察世界、观察社会、观察他人的一种标准和思维。特别是当今这个时代中,全球化的趋势更是需要有全球性的眼光来进行具体事物的判断与分析,否则便会做出错误的判断。眼光是决策的前提,看一个人的眼光,其实便是看对方的选择。同时,看一个人的选择又可以判断出对方的眼光与心胸。

　　盛大网络公司在纳斯达克上市之后,陈天桥凭借着自己占有了65%的公司股份坐拥高达88亿人民币的财富。"三十而立"的陈天桥完成这些只用了5年的时间,并登上了2004胡润IT富豪榜的榜首。他最重要的不是才华、勇气、毅力、机遇……这些老生常谈的东西已没有讨论的必要,对于他的成功来说,最为重要的事情是眼光。是网络游戏成就了陈天桥,就算当初他没有迷上游戏,他一定也能找到其他创业的好点子,因为他有那样的长远眼光。

　　目光长远的人,才会拥有更为广阔的天地,去拼搏,去奋斗。按着清代最为杰出的红顶商人胡雪岩的话来说,经营眼光往往决定着他的生意能够做多大,以及他用怎样的方式来赚钱;如果拥有"一县"的眼光,那么就可以做"一县"的生意;如果你有"一省"的眼光,那么你就可以做"一省"的生意;如果你拥有"天下"的眼光,那么你就可以做"天下"的生意!人的眼光往往会决定人生的高度和广度,以及以怎样的方式成就自我。

李东生曾喊出"做中国的世界级企业"这样一句话。在他说出这句话6年后,这位被媒体称为"最富国际想象力的中国企业家",正在着手收购跨国电信巨头阿尔卡特的手机业务部门,并和法国的汤姆逊一起重组全球最大的彩电企业。

一个人在成功的道路上要想要走得远,首先要看他是否站得够高、看得够远,只有看得长远,他才可以做到对自己日后要做的事情心底有数,才知道具体的前进方向,以及需要为这一目标采取什么样的行动。如果你只见树木而不见森林,心中总是想着眼下有多少利益可以赚的话,你便会损失掉自己长远的利益。因为生活中往往有很多事情现在看来是有利可图的,但是从长远来看,却是损失极为惨重的。所以,切不可只顾眼前的利益,因小而失大。

成大事者一定要有长远的眼光。只有学会将自己置身于一种高度,以第一流人物的标准来要求自己,才有机会成为傲视众生的人物。如果你站的高度够高,你的目光够长远的话,那么你只需要再努力一点点,你便可以超越很多人。

6. 做事不可自视清高

人不怕被别人看低,怕的恰恰是他人将你看得过高。看低的话,你可以寻找机会全面地展示自己的才华,使别人一次又一次地对你"刮目相看";但是看得过高,你便很难有机会再去周旋,甚至还极有可能由于自己的不出色而让他人感觉到一次又一次的失望。

人有理想、有抱负是一件好事,但是希望自己可以一鸣惊人的想法却是万万要不得的。生活中最为落魄的人往往是那些自命清

高、从来不屑于从底层做起的人，他们不屑于从底层做起，因而永远都无法完成自己的原始积累。这类人永远都是等到突然有一天，看到比自己起步晚、比自己天资差的人都已经拥有了可观的收入时，他才惊觉自己的生活中还是一无所有。此时的他才会明白，并不是上天没有给他理想或者志愿，而是他一心只等待丰收，但是却往往忘记了播种。

如果你还是年少轻狂，但还默默无闻，不被人重视，不妨试着将自己的物质目标、经济利益与在事业上的那些雄心壮志降低一下，先脚踏实地地做好一个普通人应该做的普通事，这样你的视野才会更加广阔，或许你还会从中发现许多意想不到的机会。

维斯卡亚公司是 20 世纪 80 年代美国最为著名的机械制造公司，许多大学生在毕业之后到该公司求职，却均遭到了拒绝。原来，该公司的高技术人才已经爆满，早就不再需要了。但是令人垂涎的待遇和足以使人自豪、炫耀的地位，仍然向求职者闪烁着诱人的光环。

卡尔是哈佛大学机械制造专业的高才生。和许多人的命运一样，他在该公司每年一次的用人测试会上被拒绝申请，但是卡尔却并没有死心，他发誓一定要进入维斯卡亚重型机械制造公司。于是，他采取了一个特殊的策略——假装自己一无所长。

他先是找到了公司的人事部，提出自己愿意为该公司提供无偿的劳动力，并请求公司分派给他任何工作，他都不计任何报酬来完成。公司起初感觉到这简直是不可思议的事情，但是考虑到不用花费任何费用，也用不着操心，于是便分派他去打扫车间里的废铁屑。

在这一年中，卡尔时时都勤勤恳恳地重复着这种简单但是劳累的工作。为了糊口，下班后他还要去酒吧打工。虽然他这样辛苦，而且得到了老板与工人们的好感，但是依然没有一个人提到录用他的问题。

在 20 世纪 90 年代初,维斯卡公司的许多订单纷纷被退回,理由均是产品质量出现了问题,为此公司将会蒙受巨大的损失。为了挽救颓势,公司召开紧急会议商讨相应的对策,当会议进行到一半、未见丝毫眉目的时候,卡尔闯入了会议室,提出要直接面见总经理。

在会议上,卡尔对这一问题的出现原因作出了令人信服的解释,并且就工程技术上的相关问题提出了自己的看法,随后拿出了自己对公司产品的改造设计图。这一设计极为先进,而且恰到好处地将原来机械的优点表现了出来,更将已经出现的那些弊病克服了。

总经理及董事会的董事们看到这个编外清洁工竟然如此精明,便对他的背景与现状进行了询问。在了解了他竟然是哈佛大学的高才生后,卡尔当即被聘为公司负责生产技术问题的副总经理。

原来,卡尔在做清扫工的时候,利用清扫工可以到处走动的特点,对整个公司各个部门生产情况都进行了一一的详细记录,同时发现了所存在的技术性问题,并提出了相关的解决方法。他花了近一年的时间搞设计,获得了大量的统计数据,为最后自己一展才干奠定了坚实的基础。

如果我们都有卡尔这种放下清高、脚踏实地的实干精神,有在平凡中求伟大的品性,那么我们便会离成功不远了。要知道,在整个社会中,除了一些特殊的人可以从事特定的工作之外,一般人的工作都是极为平凡的。虽然是平凡的工作,但是只要我们努力去做,与周围的人配合好,依然可以做出极为不平凡的成绩。

如果你想要在社会上走出一条属于自己的路,那么你便要放下清高,也就是放下你的学历,放下你的家庭背景,放下你的身份,

使自己回归于"普通人"中，走自己认为值得的路，这样你便可以做出不平凡的成绩。

空想本身是没有多大价值的，世界上不存在不劳而获的事情，成功的人无一不是按部就班、脚踏实地。他们总是将清高从自己的生活中撇开，因为他们非常明白，想要成功，那种华而不实的东西是没有任何价值的。

杨钊，1947年出生于广东惠州，家中有10个兄弟姐妹的他，从小就没有受到过良好的教育，而且整个生存环境极为艰难。求生与奋发向上的本能驱使着他离开了家乡，孤身一人到香港寻找出人头地的机会。

在到了香港一个多月之后，杨钊一直在四处寻觅工作机会。踏破铁鞋无觅处，后来的他终于在一位老乡的介绍之下，找到了一份制衣厂当杂工的工作。

杨钊将自己的打工生涯视做奠定创业根基的开始，为此他既努力工作，又时刻注重学习，从中不断提高自己的技术本领。

在经过了将近5年的制衣厂打工生涯之后，杨钊不仅将制衣的技术掌握了，而且也对工厂的管理之道有了初步的了解，并且摸清了服装的销售渠道。在1971年，杨钊开始了自己的创业生涯，他为自己的小厂起名叫做"旭日制衣厂"，由小本买卖入手，逐渐地将生意做大。

在经过了20年的勤奋拼搏后，当年的那个小"旭日制衣厂"早已经变身成为了如日中天的"旭日集团"。目前的旭日集团业务包括了制衣、销售贸易、地产投资及物业管理等。他的集团拥有年产2000万条裤子的生产线，有超过16000名的雇员。他通过自己的努力，在香港赢得了"裤王"的称誉。

如果你希望自己可以成就一番伟业的话，在你确立了远大的目标之后，先静下心来，认认真真、脚踏实地开始你的行程吧，在通往成功的道路上，你不要梦想自己可以一步登天，如果你的根基不扎实的话，那么你的成功也会如同"空中楼阁"一般摇摇欲坠。所以，真正聪明者，请一步一个脚印地走好！

总有一些年轻人，自认为才高八斗、学富五车，是从一流的学府中走出来的天之骄子，无论是找工作还是做其他事，总是带着一副极为清高的模样。他们完全没有意识到，现实需要脚踏实地，来不得半点的投机取巧。在激烈的竞争面前，这些自命清高的人才会品尝到清高给他们所带来的苦果。

任何好高骛远的人，如果不肯脚踏实地从身边小事做起的话，其结果只能是离目标越来越远。上帝对任何人都是公平的，当你感慨人生之路坎坷难行的时候，最好仔细地想一下自己到底有什么过失，这才是最佳的成功之道。

九层之台，起于垒土。不集小流，无以成江河。不管做什么事，都需要由点点滴滴的经验、点点滴滴的努力开始。一个真正懂得成功内涵的人，往往都是脚踏实地，他们从来不会放弃这种积累的过程。做人总是自命清高，思想浮于行动，做事就必然会失败，这样浅显的道理，明智者早已熟记于心了。

7. 做事切忌朝三暮四

富兰克林说："有耐心的人，无往而不利。"耐心需要特别的勇气，对于认定的理想和目标要用全部的精力，全然地投入，在这一过程中，坚韧不拔的耐心会带领你战胜任何的困难。那些做事三心二意、朝三暮四、缺乏韧性和耐心的人，没有人会愿意信任和支

持他，因为大家都知道他做事不可靠，失败随时都可能降临在他的头上。

　　现实生活中的许多人之所以没有成功，并不是因为他们不够聪明、能力不佳、诚心不足，或者自身对成功的欲望不够强烈，而是他们缺乏了足够的耐心，做起事情来总是朝三暮四。他们在面对问题时往往虎头蛇尾、不能善始善终，即使是坚持做下去，做起事来也是东拼西凑、草草了事。他们总是对自己目前的行为产生怀疑，每一天都在犹豫不决之中度过。有时候，当他们认准了一个职业，但刚做到一半就又会觉得这个职业不行，不适合自己，还是另一个职业更为妥当，更加适合自己。他们时而信心百倍，时而又垂头丧气。这种人可能短时间能取得一些成就，但是，从长远的人生来看，最终失败者的"帽子"还是会扣在他的头上。因为，世界上没有一个做事拿不定主意、朝三暮四的人能够真正走向成功的。

　　在日本东京郊外的荒山上有一座永平寺，寺里住着一位老禅师叫北野一郎，他是寺里的住持，在这里禅定多年，可谓得道高僧。他从小就对佛教和中国文化十分感兴趣，经常云游四方，搜罗这些素材。

　　这一年秋天他来到南方，在行途中突然天降大雨，他急急忙忙寻找避雨之处，一番周折后终于看到一座破庙。他急不可耐，推门而入，却见到一位老者坐在墙角大口大口地抽烟。

　　老者见有人来，便停下来答话，他见北野被大雨淋得直打哆嗦，于是便向北野供上一袋烟，北野当时饥寒交迫，所以也就接受了。抽过之后北野赞不绝口，感觉非常舒服，一袋烟早已抽完，他仍然陶醉其中，闭眼细细品味。老者见状，又送他一根烟管和一些烟草。雨过天晴，两人分道扬镳。北野望着手中的烟管想到："这东西真是不可思议，令人感觉像在梦游仙境，东西是好，可就是怕它会影响禅定。"他左思右想，最后还是扔掉了烟草和烟管继续云游。

　　一年过去了，他又开始迷上了易经，准备潜心研究。眼看冬天就要到了，他需要一些衣服避寒，但身在异乡，身上又没有多少盘缠，只好修书一封，托人带给百里外的一位朋友。他焦急地等待着，但左等右等就是不见衣服的影子，也没有其他音信。已经下了好几场雪了，眼看冬天都要过去了，还是毫无消息。思来想去，他认为不能再这样等下去了。

　　"对了，自己不是在研究易经吗，听说用易经来占卜是很灵的！"这天他忽然想到这一点。于是他利用易经之理开始占卜此事，如此这般了一番，最后得出了结果，可是结果却显示让人带出的信并未到达朋友手中。时隔不久，他的朋友来信了，信里果然没有提到衣服的事。"这易经确实有些玄妙，竟然如此准确，那我就好好研究研究易经吧！但是这样一来不就影响了我静心修禅了吗？"北野前思后想，最终还是打消了这个念头。

　　又过了两年，北野又爱上了书法和汉诗，整日沉醉其中，不亦乐乎。由于他学习认真，功夫也日渐增长，居然也能舞文弄墨做诗赋词了。但是他想："如果我整日这样下去，恐怕就要成为书法家和诗人了，哪还能修习禅定呢？这不违背了我的初衷吗？"于是他不再热衷于此，而是潜心修行，专心禅定。

　　在多年的坚持之后，北野终于领悟佛理，成为了日本著名禅师之一。

　　由此可见，做事要想成功，切不可朝三暮四、三心二意，今天做这，明天做那，一定要分清主次，抓住重点，不能眉毛胡子一把抓。只有专心致志，从一而终，同时抵抗住纷繁世事的诱惑，坚定自己

的目标，这样才能成就大事。

在面对生活中需要做出抉择的种种事情时，固然要慎重，慎重，再慎重，但是自身的心态首先要放端正，人生需要长远规划，每走一步都要脚踏实地。倘若已经把今后的方向拟定好了，也知道今后应该朝着哪个目标前进时，那所有的生活计划都应该是围绕着自己的目标和方向进行，而且决定了就应该坚持下去，而不是朝三暮四、三心二意、朝令夕改，倘若这样只能说明自己心态浮躁，做事没头脑。

文宗初即大宝，深知上两朝之弊，颇有些励精图治的意思。他一改宪、穆、敬时期的奢华风气，出宫女3000余人，放五坊鹰犬，省冗食1200余人。同时勤于政事，每逢单日一定上朝和群臣议政，对于臣下的意见也能接纳，政号清明，这一点就比宪宗晚期以及穆、敬两朝大不相同，当时的朝政有了一些新气象，朝野对他都有些期冀，希望能在他的治理下使当时历经祸乱颓败不堪的朝政重兴起来。《资治通鉴》中说："文宗年才十七，颇知孝谨，尊生母萧氏为皇太后，奉居大内，太皇太后郭氏居兴庆宫，称王太后为宝历太后，居义安殿，当时号为三宫太后。文宗每五日问安，凡馐果鲜珍，及四方供奉，必先荐宗庙，次奉三宫，然后进御。就是敬宗妃郭氏，已封贵妃，敬宗子普，已封晋王，文宗一体优待，礼嫂抚侄，始终不衰。并且去佞幸，出宫人，放鹰犬，裁冗官，省教坊乐工，停贡纂组雕镂，及金筐宝床等类，去奢从俭，励精图治，擢韦处厚为同平章事，每遇奇日视朝。奇读如期。对宰相群臣，延访政事，历久方罢。待制官旧虽设置，未尝召对，文宗独屡加延问，中外想望太平，翕然称庆。"

虽然文宗有心振作成为李唐一代名主，但有心未必能成事。他在性格上有一个很大的缺点：优柔寡断，不能长期信任他人，而自己也缺少果断，不能择善固执，往往一件事和臣下们商议已定，不久他自己却突然改变主意，朝令夕改，朝三暮四，弄得宰相也无所适从，"军国重事，不能果决，往往与宰相等已经定议，后辄中变，所以宽柔有余，明强不足。众善不胜一弊"。这导致臣下无法正确了解他的意图，做事束手束脚，同时也使文宗不但不能成为明主贤君，反而变成任权宦欺凌摆布的懦弱君主。以至当政仅数年，便因宦官挠权，朝臣勾心斗角，奢侈浪费，腐败回潮，朝政再度败坏。而文宗又仁弱少断，欲制却不得其术，所用非人，所借非力，遂成甘露之变，酿晚唐未有之惨祸，致政局尽入阉宦所控，颓败日渐，终无起处，庶几及亡。

世界上大多数的人之所以失败，最大的原因并不因为他们没有能力或者目标，而是自身无法集中精神做一件事，常常三心二意、朝令夕改，现在决定这样做，下一秒又改变了注意。或者是缺少定力，一遇困难和挫折，立刻开始质疑自己；或是一有新发现就将自己的兴趣转移，心猿意马，朝三暮四、缺乏持之以恒的精神。这样的人不仅自己无法获得成功，而且很容易会使下属如同"身在虚无缥缈中"一般。

当你下定决心准备做一件事情的时候，特别是当你身为一个管理者的时候，在管理方面一定要稳重，既然已经拟定方案或者计划，最好不要轻易对之发生变动，对于已经下达下属的决策更应如此。因为管理者的每一个决策、每一个命令都与企业的生死存亡有着极为密切的关系。如果管理者把这个决策一改再改的话，下面的人便很容易无法投入做事，从而导致企业的失败。

8. 做事切忌轻言放弃

如果你拥有 99% 想要成功的欲望，但是却为自己偷偷留下了 1% 想要放弃的念头，便很容易与成功无缘。很多时候，成功与成功

之间的区别仅仅在于你是否能够做到不轻言放弃。

著名的电台广播员莎莉·拉斐尔在她30年职业生涯中，曾经遭到了18次无情的辞退，但是她却从来没有因此而沮丧不已，更没有另谋它职，而是一直在这个职业中坚持着自己的理想。

每一次被辞退之后，她都会放眼更高处，为自己确立更为远大的目标。现在的莎莉·拉斐尔早已经成为了自办电视节目的主持人，她曾经两度获得广播界的大奖，在美国、加拿大和英国，每天有超过800万的观众在收看她的节目。

她这样描述自己的过去："我曾经遭人辞退了18次，本来我很可能会被这些遭遇所吓倒，从而做不成我想做的事情，但是我绝不会轻易地放弃自己的希望，而是一直坚持到了最后。所以，今天的我才能够幸运地成为一名主持人。"

但是，现实生活中往往很多人都可以在事业初期充满了奋斗的热情，保持着极为旺盛的斗志，在这个阶段，普通人与杰出人士的差别并不大。但是在最后那一刻，顽强者与懈怠者之间的不同便凸显了出来：前者往往可以克服困难坚持到最后，而后者却总是丧失信心，放弃了努力，于是便有了截然不同的结局。

一位年轻人在大学毕业之后，来到一个海上油田钻井队进行应聘。在海上工作的第一天，带班的班长要求他在限定的时间内登上几十米高的钻井架，将一个包装好的漂亮盒子送到最顶层的主管那里。

虽然年轻人不知道这是为了什么，但他还是拿着盒子快步地登上了又高又窄的舷梯。当他气喘吁吁、满头大汗地登上顶层，把盒子交给主管后，主管却只是在上面签下了自己的名字，让他再次送回去。他又快步跑下了舷梯，将盒子交给了班长，班长也同样在上面签下了自己的名字,让他再送给主管。

年轻人看了看班长,犹豫了许久后,狠下心转身登上了舷梯。当他被要求再重复这样的动作时,他已经开始愤怒了。在第三次将盒子交给主管时,他的全身上下已经被汗水湿透了。主管看着他,傲慢地说:"将盒子打开。"他将盒子打开后,却发现里面只是两个玻璃杯,一罐咖啡,一罐咖啡伴侣。

他极为愤怒地抬起头,盯着主管。主管却只是冰冷冷地告诉他:"把咖啡冲上!"

年轻人再也无法忍受这样的轻视了,他将手中的盒子狠狠地摔在地上:"我不干了!"说完后,他感觉自己的心里痛快了许多。

这时那位主管却站了起来,对着他说:"年轻人,我刚刚让你做的这些,叫做承受极限训练。海上作业随时都有可能会遇到危险,这便要求每一个队员都有极强的承受能力,只有承受得住各种危险的考验,你才能顺利地完成海上作业任务。可惜的是,你前面的三次都通过了,只差最后一点点。你没有喝上自己亲手冲的咖啡。现在你可以离开了。"

许多的失败者之所以会失败,完全是因为自己被眼前的障碍所吓倒。他们不明白,也许只要再坚持一下,只要将眼前的障碍排除掉,自己便有机会走出逆境。结果在成功到来的那一刻,自己被自己所打败,从而失去了应有的荣誉,失去了成功的机会。

人的一生中,失败与挫折乃是常有之事,有些人可以扛下来,有些人却总是会受不了,在遇到了困难与挫折之后,他们往往会被暂时的局势所影响,使自己陷在失望中无法自拔,使自己活在痛苦的失败中无法逃离。事实上,人生就是爬坡,放弃往往意味着你将会落下更多。

邹韬奋有句名言：一个人做事，在动手之前，当然要详慎考虑；但是计划或方针已定之后，就要认定目标前进，不可再有迟疑不决的态度，这就是坚定的做事态度。坚定的信念是成功的源泉，如果做起事情来如同"墙上草，随风倒"那般，那么你必将一事无成，事事皆失败。

一个人做事能否成功，主要取决于他改变命运的"主意"和决断力。美国第三任总统杰斐逊说过："当你有一个伟大的主意时，就赶快决断吧！"只要认准了一件事，便赶快付诸行动，努力探索，坚持到底，这样成功的希望至少有 50%，但如果你的好主意只停留在嘴上，那么你连 1% 的成功机会都没有。成功只属于那些认准目标，有着明确前进方向，并积极行动的人，只有这样的人才会改变自己的命运，也只有这样的人才能远离失败、亲近成功。

巴恩斯便是这样一位意志坚定，但却没有任何起家资本的人。他决定要和当代最伟大的发明家爱迪生进行合作。但是当他来到爱迪生的办公室时，他不修边幅的仪表，惹得职员们一阵嘲笑，尤其当他表明自己希望成为爱迪生的合伙人后，大家笑得更厉害了。爱迪生从来就没有什么合伙人，但巴恩斯的坚持为他赢得了面试的机会，并在爱迪生那儿得到一份打杂的工作。

爱迪生对他的坚毅精神有着深刻的印象，但这还不足以使爱迪生接受他作为合伙人。巴恩斯在爱迪生那儿做了数年的设备清洁和修理工，直到有一天他听到爱迪生的销售人员在嘲笑一件最新的发明品——口授留声机。

他们认为这个东西一定卖不出去，为什么不用秘书而要用机器？

这时巴恩斯却站出来说道："我可以把它卖出去！"从此他便得到这份销售的工作。

巴恩斯以他杂工的薪水，花了一个月时间跑遍了整个纽约城。一个月之后他卖了 7 部机器。当他抱着满腹的全美销售计划回到爱迪生的办公室时，爱迪生便接受他成为口授留声机销售者，这也是爱迪生唯一的合伙人。

巴恩斯依靠自己坚韧不拔的毅力与永不言弃的精神达到了自己的目的，成为了爱迪生的合伙人，实现了自己的梦想和价值。

当你还没有任何资本的时候，便只剩下你的信念可以依赖，而你的信念是否坚定直接决定了你是否能够成功。如果你拥有一定的资本，坚定的信念则可以为你带来更多的机会和财富。

骆驼在垂暮之年，又一次穿越了号称"死亡之海"的千里沙漠，凯旋归来。

马和驴请老英雄去介绍经验。

"其实没有什么好说的，"老骆驼说，"认准目标，耐住性子，一步一步往前走，就到达了目的地。"

"就这些？没有了？"马和驴问。

"没有了，就这些。"

"唉……"马说，"我以为它能说出些惊人的话来，谁知简简单单三言两语就完了。"

"一点也不精彩，令人失望！"驴也深有同感。

对于一心想要成功的人而言，不论前面是多大的困境、多大的失败，在到达目标之前，他从来不会让自己产生放弃的念头。如果非要将成功者和失败者进行比较的话，我们便可以发现，很多时候，两者各方面的才能相差并不是太大，但他们对挫折所持的态度

却有所不同。当失败者遇到困难的时候,他们便会随着失败的"风向"倒下来,但成功者跌倒后,他们会很快地爬起来,与失败的风向继续抗争到底,并不断地吸取经验和教训,朝自己的目标努力,直到成功。这样的成功来之不易,它见证了最为艰苦的付出与最为坚定的人生信念。

曾两度获得诺贝尔奖的居里夫人说:"我们的生活都不容易,但那有什么关系呢?我们有必要的恒心,尤其要有自信力!我们必须相信我们的天赋是用来做某种事情的,无论代价多么大,这种事情必须做到。"的确,只要心中始终存有坚定的信念,我们便有能力去渡过难关,并经受住所有的考验,从而使自己更加靠近梦想。

通向成功的路从来都不是一路坦荡的,在遇到了挫折的时候万万不可随风倒下。世上成大事者遭遇了挫折之后依然坚定地"逆风站立",始终对成功抱有坚定的信念,一路勇敢地朝自己的目标奋斗下去,最终品尝到成功的甜美的。

9. 做事切忌怨天尤人

在非洲中部的乌干达,有一位名叫做拉玛森的著名盲人拳击手。拉玛森本身就是科班出生,但是在 1996 年,一连串的不幸突然降临在了他的身上:他的眼睛瞎了,照料他的祖母去世了,妻子离异,兄弟姐妹对他不理不睬……当时的他只能靠着当地清真寺给予的一点点善款来维持生活,一些孤儿院的好心孩子会帮助他煮粥充饥。遭到了亲人遗弃、朋友冷落的拉玛森并没有如人们想象中那般恼怒憎恨。他极为宽容地说,他们都有自己的难处,我需要学会走自己的路。接着,他又告诉别人:"我最不擅长的就是怨天尤人。"

在经历过了数年的苦练之后，拉玛森终于重新返回了自己所深爱的拳击场——他靠着耳朵、鼻子来对对手的声音与气味，比如对手的脚步声、运动鞋擦过地面的"咯吱"声、鼻息声的大小，来判断对方的方位。尽管刚刚开始的时候困难重重，但是他的拳击却依然鲜有对手。

如今的拉玛森早已成为了乌干达民众眼中最为耀眼的偶像，盲人体协主席佛朗西斯·基努比曾经对他给予了高度的赞扬："他向人们证明，失明并非世界末日。"

拉玛森可以创造下拳坛奇迹，他的不屈不挠、顽强毅力与过人天赋固然都非常重要；但是他的乐观与宽容却同样不可或缺，正如他自己所归纳的那样："我最不擅长怨天尤人。"

人类的一切缺点中，"怨天尤人"可以说是最没有意义、最没有用处、也最没有出息的一种，这种情绪既败坏了自己的情绪，同时也影响到了他人的心情，而这偏偏又是很多人最为常见的一种毛病。特别是在生活中遇到了不幸，事业遭遇了挫折，遇到了极为不公正的待遇时，这往往是人们最为直接、最为常见的反应。但是这却往往于事无补，只会让自己在痛苦与怨恨的情绪中越陷越深，并一点点地蚕食着自己的意志与希望。

强者寻找机遇，弱者等待机遇，智者创造机遇，怨天尤人实在于事无补。因此与其整日里毫无价值、毫无意义地怨天尤人、满腹牢骚，还不如及时地调整自己的心态，使自己可以振作起来，与命运进行抗争，自强不息、发愤图强，努力使现状发生改变。"自知者，不怨人，知命者，不怨天，怨人者穷，怨天者无志。"古人这么简单的几句话已经把道理说得很明白了。

身为美国前总统的克林顿，在他的回忆录《我的生活》中写到

了他年轻时竞选国会议员失败一事。克林顿说："幸好这次竞选失败，它使我继续留在阿肯色州，苦干了十八年，取得了一个又一个让人瞩目的成绩，为后来竞选总统奠定了扎实的基础；如果当初顺利地当上国会议员，我可能就会在国会干一辈子，这就意味着永远也没有机会当上美国总统。"

被失败之神选中当了伴侣，被幸运女神抛弃了，被人扫地出门，这些都不能称之为可怕，可怕的是丧失了继续敲门的勇气。成功者总是在一扇门关上时，迅速去敲开另外一扇门。有着"股神"美誉的美国投资家巴菲特，少年时代就表现出过人的商业才华，当他报考哈佛商学院时，因为身材瘦小而被该学院拒绝。失望的巴菲特很快振作起来，考入哥伦比亚大学。后来的事实证明，他更适合在哥伦比亚大学中学习和生活，因为当时商业课的权威教授大多在哥伦比亚大学任教。机遇不等人，当我们像彭博那样被人扫地出门时，请记住比尔·盖茨的忠告：这个世界不会在乎你的自尊，而是期望你先做出成绩，再去强调自己的感觉。

因此，不要怨天尤人，摔倒了再爬起来，只有最为懦弱的人才会为自己的失败到处寻找借口。要想成功，便需要直面挫折，而不是哭天抹泪，垂头丧气。那种一蹶不振，面对失败呜咽叹气、怨天尤人，甚至于自卑自暴自弃的态度只会使你离成功的距离越来越远。你必须放下自尊，勇敢地撕破伤口给人看，摔倒了，拍拍身上的尘土，以严峻、冷漠、骠悍、豪放的姿势爬起来，继续向前。遇到了任何艰难险阻都要装着熟视无睹，把骨头里的那点儿钙质拿出来作为赌注，让自己在事业上大干一场，在某一行业中抢得一席之地。

司马迁是这样做的。他由于仗义执言，惨遭宫刑，落得生不如死。虽然遭受了天大的委屈，但是这一铮铮铁汉从来不会将自己的不幸归于上天的不公、他人的疏忽，而是将全部的怨恨与委屈都化成了著书立说的动力，含垢忍辱，穷一生之力，最终写出了传世之作《史记》，被后人誉为"史家之绝唱，无韵之《离骚》"。

一代音乐天才贝多芬，在自己的创作进入高峰年期的时候，却遭遇了上天对一个音乐家最为残酷的打击：他的耳朵聋了，堕入了无声的世界中。对于一个以追求天籁的音乐家来说，这几乎要比打击他的性命还大。但是他同样没有怨天尤人，而是勇敢站起来，"扼住命运的喉咙"。贝多芬一生中最为杰出的那些作品，几乎都是在他后半生三十年生涯的耳聋状态中创作出来的。

霍金也许是这个世界上最有资格去怨天尤人的人之一了，但是他却明显不擅长于此道。虽然他患有非常严重的肌萎缩性脊髓侧索硬化症，并且已经在轮椅上艰辛地生活了40多年，只能靠着眼皮的活动来表达自己想要说的话。但是他却被整个世界公认为是"继爱因斯坦之后最伟大的理论物理学家"，他的《时间简史》也卖出了创纪录的2500万册。

人生在世，既然有顺境，便必然会有逆境，有高峰也会有低谷。得意而不忘形，不趾高气扬；失意而不失志，不怨天尤人，这本身就是人生的一大智慧，同时也是一种极高的精神境界。反之，一遇到不幸便去抱怨上天不公、父母无能、上级偏心、亲友势利、社会冷漠，那不仅没有用处，更没有意义。看看那些现实生活中的成功者，他们一点也不比我们所经历的苦难少。他们之所以可以站在权力的巅峰傲视众生，最为重要的差别便是在这里：当我们坐在这里哭天抹泪、怨天尤人的时候，他们早就收起了痛苦、埋头苦干、奋力前行，因为他们明白，与其怨天尤人，还不如奋起直追。

第三篇 巧在分寸,成事不难

第六章 人际交往,保持适度的弹性

一个篱笆三个桩,一个好汉三个帮。孤掌难鸣,一个人出入社会,必须要学会寻求他人的帮助,借他人之力来使自己更为强大,借助他人之力来成就美好人生。这就注定了我们要不断地在人际网中活动,保持适度的弹性。学会了弹性做人、做事的话,往往会让你的人际关系层层是金。

1. 保持平衡的人际关系

著名的社会心理学家霍曼斯曾经提出过这样一种交往原则:人际交往在本质上是一个社会交换的过程,相互给予彼此所需要的东西。有些人将这种交换称为人际交往的互惠原则,有些人则将其称之为"跷跷板原理"。不管怎样,我们可以从这一交往理念中了解到一点:保持平衡的人际关系是人际交往的重点所在。

现实生活中,很多人都会树立起以自我为中心的交往原则,他们往往会要求他人做什么事情都要围着自己转,其他人有什么好的事情都要考虑到自己,自己遇到了困难之后,他人都应该理所应当、义不容辞地对自己出手相助。但是这些人却往往会很少考虑这样两个问题:为什么别人要对你好? 别人凭什么要帮助你?

事实上，这种以自我为中心的思想是人际交往中最为重要的障碍,它会使你的人际关系向着极坏的方向发展。因为以自我为中心的人,总是会以自己的需要与兴趣为中心,他们只关心自己的利益与得失,从来不会考虑他人的感受与利益;在很多事情上,他们都会站在自己的角度去看待,盲目地坚持自己的意见与态度。因此,这样的人总是会缺少朋友。

其实我们每个人所做的每一件事情,都是为了自身利益最大化而进行的,人际关系也是一样。没有谁愿意对他人无偿地付出,也没有人会永远得到他人的无偿付出。一段稳定的人际关系,必须要保持相互交换关系中的平衡。

其实,人与人之间的关系就如同两个人在玩跷跷板一样,想要和谐相处便需要双方去尽量保持支出与收入的平衡与对等。一旦彼此之间的交换不对等,人际关系便会如同跷跷板一样失衡。

赵洋是一个性格极为开朗的男孩子,他在平日里处事大大咧咧,但是他的人缘却并不怎么好,而这一切都是他过于自信造成的。赵洋毕业于国内一所知名大学,学的专业与专业对口,而且专业成绩非常优异,在学校的时候是老师眼中的红人。本科毕业后,父母又出钱让他到美国一所大学进行了深造,拿到了研究生文凭。而这一切都使他有一种莫名的优越感。

同事们对他的评价并不是太高,大家经常会在背后议论他:"他以为自己是老板吗? 动不动就让我帮他干这干那,我也是来打工挣钱的,他凭什么比我们高一级?""平日里他总是找我借东西,我唯一一次找他借,却被他拒绝了!"……其实,赵洋的同事们也都

是学校的佼佼者，否则是很难进入这样一家出名的企业工作的。但是赵洋却总是认为自己才是众人中最为出色的那个，从而忽视了大家的感受。

很多同事都对赵洋有着非常大的意见，平日里连个招呼也不打，生怕他会黏上自己，造成自己的负担。有些时候，同事们在一起谈论一些比较热门的话题时，都会当赵洋是透明人，像是有意要将他和自己分清界限一样。慢慢地，赵洋也感觉到大家对自己的态度不是太好，但是他并不知道自己到底错在了哪里。

自私的人总是无法意识到自己的行为会对他人造成困扰，他们总是如同坐在了一个静止的跷跷板顶端一样，虽然时时都维持着自己高高在上的优势位置，但是整个人际交往却失去了互动的乐趣，从而变得索然无味。对于有些人来说，自私是一种有意识的存在；但是对于某些人来说，自私却是一种下意识的行为。有意识的自私是个性问题，比如那些天生爱占小便宜、处处与他人斤斤计较的人；而无意识的自私则是不懂得社交技巧而造成的，就如同故事中的赵洋一样。

不论是个性使然，还是本身对社会交往中的技巧不太熟悉，年轻人都应该有意识地认识到人际交往中彼此付出的对等问题。学会保持利益的互惠性，学会去注意人与人之间的相互平等关系。天下没有白吃的午餐，更没有任何一个人会平白无故地为你付出。所以，在日常的交往中一定要注意这一点，在他人有困难的时候自己主动伸手相助，给予自己所能给予的帮助，对此自己并没有失去什么。很可能你还会获得一份意外的收获，在你给予他人帮助的同时，他人也对你多了一份信任的基础，何乐而不为呢？

在卡耐基的成功人际交往思想中，其中有很重要的一条就是要遵循心理交往中的功利原则——这一原则是建立在人的各种需求的基础上的,即人际交往是满足人们需要的重要活动。在很久之前,心理学家便曾经提出过人与人之间的交往本质实际上是一种社会交换,而这种交往同市场上的商品交换所遵循的原则是一样的,即人们都希望自己在交往中所得到的不少于自己所付出的。其实有些是得到的不能少于付出的,如果得到的大于付出的,便会使人们的心理失去平衡。

人际交往要学会有所保留,在初入社交圈的人中,经常犯的一个错误便是"好事做到底",以为自己若是全心全意地为对方做事便会使关系更加融洽与密切。而事实上却并非如此。因为人不能一味地接受他人的付出,否则个人的心理便会产生极度的不平衡。从这一意义上来说,"滴水之恩,涌泉相报"也是为了使这种关系尽量趋向于平衡所导致的。

如果好事一次做尽、使人感觉到无法回报或者是没有机会回报的话,愧疚感便会让受惠的一方选择疏远。留有余地,好事不应该一次做尽,而这也是平衡人际关系的最为重要法则。

保持平衡的人际关系,适当地保持一定的距离,使彼此的心灵都保持一定的空间。如果你想要帮助他人,而且希望自己与他人保持一种长久而又平等的关系,那么便不妨适当地给对方一个机会,让别人有所回报,不至于因为内心的压力从而疏远了双方的关系。而过度的感情投资、不给对方喘息的机会,也会使对方的心灵窒息。留有余地,彼此之间才可以自由而又畅快地呼吸。

2. 多方努力,树立好人缘

中国是一个极为注重人情的国家,中国人办事喜欢讲人缘,成

功总是靠着好的人缘建成的。没有好的人缘,我们便会失去许多的成功机会。中国的历史传统造就了讲人情、重关系的习性,以至于社会上流行着这样一条成事规矩:某些事该不该为你办,首要的依据不是法律、制度与规则,而是看你与对方的关系如何。也许这样的断言有些过于武断,但是在同等条件下,关系更为亲近的人之间更容易成事却是有目共睹的现象。不管这样的现象是不是正确的,这样的事实客观存在着却是无法忽视的。我们不能不去正视它、研究它,或者说我们不得不以正确而健康的方法去营造它。有了好的人缘,我们才会拥有成功的阶梯,这已经成中国社会上公认的成事法则之一了。

人是感情动物。交流感情最为有用的工具是缘分,缘分如同一根无形的磁力线一般,彼此的情全赖着缘分才得以相通。连结人缘,其中必有主动的一方,在你取得了主动的地位之后,你便会成为此关系中的主要掌控者。别人的情便会向你播撒,建立起了大家对你的人缘,人人都愿意为你所用,你才会成为无往不利、所向披靡的办事高手。

路遥知马力,日久见人心。建立起好人缘并不是一日之功,想要赢得好人缘,便需要有长远的眼光,在他人遇到了困难的时候主动帮助,在他人有事的时候不计回报,该出手时就出手,日积月累之下得到的都是好人缘。

20 世纪 30 年代,一位犹太传教士在每天的早晨,都会按时到一条乡间的小路上散步。不管他在路上遇到了什么人,他总是会非常热情地向前打一声招呼:"早安。"

其中,有一位名叫米勒的年轻农民,虽然他每天都会遇到这位传教士,但是对这样的问候他却极为冷漠。在当地,居民对于传教士与犹太人的态度并不是非常友好。然而,年轻人长时间的冷漠却并没有影响到传教士的热情。每天早上他依然极为热心地向这个一脸冷漠的年轻人问好。终于有一天,这个骄傲的年轻人脱下了自己的帽子,向传教士道了一声:"早安。"

几年之后,罪恶的纳粹党上台执政。

这一天,传教士与村中的所有人都被纳粹党集中了起来,送往集中营。在下火车列队前行的时候,一个手中拿着指挥棒的指挥官,在前面挥动着棒子,大声地叫道:"左,右。"左边通往的是刑场,被指向右边的人还有一线生存的希望。

传教士的名字不久后便被这位指挥官点到了,他浑身颤抖地走上前去。当他极为无望地抬起头来的时候,眼睛一下子与指挥官的眼睛相遇了。

传教士习惯性地脱口而出:"早安,米勒先生。"

米勒先生虽然面部并没有多过的表情变化,但是依然轻轻地还了一句问候:"早安。"声音低得只有他们两个人才能够听到。最后的结果是,传教士被指向了右边——他是几个城市中唯一一个生还的犹太传教士。

人是很容易被他人感动的,很多时候,感动一个人未必都是靠着慷慨的施舍、巨大的投入才能获得。往往一个热情的问候、温馨的微笑,便足以在人们的心灵中洒下一片阳光了。

千万不要低估了一句话、一个微笑的作用,它很可能会使一个不相识的人走近你,甚至成为你生命中的贵人,成为开启你幸福之门的一把钥匙,成为你走向柳暗花明之境的一盏明灯。很多时候,"好人缘"的获得就是这样"廉价"而简单。

生活在社会的人们都有着自己的人际关系网。人际交往实际

上便是一张无形的网。当你的人际交流网络可以达到最为畅通的状态时，你离成功便不远了。百万富翁的共同特点是什么？《行销致富》的作者史坦利对此进行研究之后说："答案是一本厚厚的名片簿。更重要的是他们广结人际网络的能力，这便是他们成功的原因。"百万富翁们不仅知道自己厚厚的名片簿中有哪些资源，而且也很乐意将这些资源与其他的百万富翁分享。

树立起好人缘，并不仅仅是在他人一帆风顺的时候自己顺水推舟，更是让自己在他人落难的时候伸出手，去拉别人一把。世界一流的人缘资源专家哈维·麦凯便是利用了父亲建立起来的好人缘，从而成功地推销了自己，找到了一份好的工作。

在哈维·麦凯大学毕业之后，美国当时正值全国经济萧条时期，工作极为难找，所以他一毕业便进入了失业大军。好在他的父亲是一位非常有名的记者，认识一些当时政商两界中极为重要的人物。

父亲的朋友中有一位名叫查理·沃德的人，他是全世界最大的月历卡制造公司——布朗·比格罗公司的董事长。在四年前，沃德被人发现税务上存在问题，从而入狱服刑。当时，哈维·麦凯的父亲却意外地发现，他人对沃德逃税案件的控诉明显有些失实，于是便赴监狱对沃德进行了采访，写出了一些较为公正的报道。这一事情使沃德的案件受到了重新审理，从而使法院对他的处罚大大减轻，由此他对麦凯的父亲极为感激。

在沃德出狱之后，他告诉哈维·麦凯的父亲，如果孩子毕业后想找个好工作，他可以帮忙。

父亲抱着试试看的想法让哈维·麦凯给沃德的公司打了个电话。谁知，电话那头的沃德却极为干脆地答应了这件事，并且将时间约到了第二天早上的 10 点钟。

次日,哈维·麦凯如约而至。为了得到沃德的赞赏,哈维·麦凯准备了很多的东西。谁知道,整个见面过程成为了一场十分愉快的聊天。沃德兴致勃勃地谈到哈维·麦凯的父亲对自己在狱中采访的那一段历史,并且表达了自己的深深谢意。

聊了一会儿之后,沃德说:"我想派你到我们的直属公司工作,就在对街——'品园信封公司'。"这意味着,哈维·麦凯不但在顷刻间有了一份工作,而且拥有了这个公司中最好的薪水与福利。

那不仅仅是一份工作,更是一份事业。在 42 年后,哈维·麦凯早已经成为了全美国最为著名的信封公司——麦凯信封公司的老板。他之所以走到这一步,完全是由于他在品园信封公司工作期间,对经营信封业的流程进行了透彻的了解,并懂得了相应的操作模式,学会了推销的技巧,而其中最大的收获便是他为自己积累了大量的人脉资源。而这些人脉成为了日后哈维·麦凯成就自己的事业的关键所在。

哈维·麦凯经常会对别人谈起自己的成功经历,他说:"感谢沃德,是他给我的工作,是他创造了我的事业。"

一个曾经身陷牢狱的犯人,都有可能会成为成就他人事业的贵人。由此可见,与周围的人树立起好的人缘是一件多么重要的事情。因为你不知道你所认识的哪一个人会成为你生命中的贵人,成为你事业中的重要客户。

好人缘的建立需要自己的努力与用心,哪怕对方现在只是一个落魄的人,你送的人情他也自然会记得。当他有还情的能力时,你不去要求,他也会自动还你。即使他依然在坎坷中,你求他办事,他也一定会尽力去完成,甚至于不惜乞援于他人,以助你成功,实

现还人情账的心愿。

人情投资最忌讳的便是急功近利。急功，便会使人厌恶，这样的帮助是为了日后有所得；讲近利，便如同人情买卖一般，成为一种变相的贿赂。对于这种情形，凡是有些骨气的人，都会感觉到不高兴，即使是勉强地接受，他的心中也是极其不以为然的；即使他想要回报于你，也不过是半斤八两，没有多少情分在其中。你想要在人情上多占一些便宜，便要多下功夫，多用心去对待对方。若是在用到他人时才想起，哪怕是最为落魄的人，也是不屑于你此时的热情。

靠个人的力量发展，则发展空间终是有限，多与各方朋友结缘，则发展的后劲没有止境。对于人缘的投资是买忠心，学会购买他人的忠心，便是在为自己的人生增添无形的资产。而这样的资产会在你最需要帮助的时候起到大作用。

3. 学会恰当与他人沟通

世事洞明皆学问，人情练达即文章。较强的沟通能力是拓展社会关系不可缺少的一环，一个人沟通能力的强弱，不仅从侧面说明了此人的人际关系圈子是否足够大，同时也说明了这个人是否能够将事情办得圆满。

生活中的沟通可以分为：与朋友之间的沟通，与同事之间的沟通，还有与那些与自己有利益关系的人的沟通。

上班一族生活中最让人困惑的事情是，在工作岗位上无法与上司、同事与部属好好地相处。例如，上司唯独对自己极为苛刻，老员工暗地里总是扯自己的后腿，同事们由于嫉妒自己的成就而到处散布坏话，下属心存抗拒，总是不按命令行事等。

很多时候,大部分的人都无法突破这种人际关系的障碍,从而时常有逃避放弃甚至辞职离开的想法。一部分人虽然没有走到这种极端到这种地步,但是也往往无法再全身心地投入工作,而是过着趣味索然无趣的朝九晚五生活。

某国企的员工 A,由于其同事 B 比自己早入公司几年,便对 B 方极为尊敬,视为前辈。所以两人的关系在起初非常好,但是后来的事情却开始有些变味了,有人告诉 A 说,B 在上司面前说了许多对他极为不利的事情。

原来,A 与 B 的关系比较近,在处理完公事之后,两人总是会在旁边的小酒店中小喝几杯,当时 B 向 A 倾诉了上司对自己的不公正待遇与自己对工作的不满,而 A 也放松了警惕,对 B 讲述了自己对公司的许多不满。据说,这便是 B 向上司打小报告的原材料。

此事后,A 与 B 的关系开始急转直下,两人由从前的极为亲密转变为了公开的敌对。A 原来对工作极为热爱,并认为公司是自己最为值得依赖的地方之一,但是由于与 B 发生了这样的事情,便由此开始感觉公司是一个痛苦的所在,从而大大影响了自身的积极性。

这种事情在现代职场上经常会出现,一旦同事或者上下级的交往出现了问题之后,很多的人都会认为自己是正确的,错误的应该是对方,从而仅仅看到了对方的缺点,但是这样的沟通方法明显是错误的。这其中涉及相互协调的问题,而下面则是有着美国"最佳雇员"之称的洛斯特是如何协调自己与上司的事例:

洛斯特是美国宾州人,他的工作是为一家百货公司处理文件,

在他当选为美国"最佳雇员"后,他曾经告诉过记者自己的秘诀:"我只是尽量地干。"而他的上司、百货公司的总经理则对此回应说:"洛斯特并不是个唯唯诺诺的人,你要他办事,他总是答以'很好,我尽量做',但一小时后,他会告诉上司,说他办了一个钟头,但还没有做好十分之一,看来当天很难完成了,如果有误公事,我再去想想办法吧。"

这证明了一点,在职场上,拥有良好沟通的基础是:你做事正当,而且拥有极为敬业的工作态度,同时也懂得在正确的基础上坚持自己的做事原则,并知道什么时候该给对方面子。

另外,沟通也要看准对象之后再选择正确的沟通方式。人是被情感化了的动物,各人的思维方式、文化修养、生活境遇都不尽相同,再加上性格上的千差万别,便构成了当今社会上的形形色色。

而进行沟通的目的只有一个,那便是改善现状,使自己与他人的交流更为顺畅。世界上的人几乎每天都进行着各式各样的沟通,只不过有些人成功了,而有些人却在不断地重复着失败的过程。究其原因,当然也有千千万万,但是其中的沟通方式肯定也有失误的地方。人有千千万万,性别、年龄各有不同,我们进行沟通的方式也应该呈现为千变万化的模样,因人而异地进行交往。那种独守其中、千篇一律的沟通方式是不可能成功的。

卡耐基曾经说过一件这样的事情:他租用一家旅馆的大礼堂讲课,刚要开课的时候,对方通知他要付比原来多出三倍的租金。卡耐基去找旅馆经理进行交涉,他说:"我刚刚接到了你们的通知,有些震惊,但我知道这并不怪你,假如我处在你的位子上,或许我也会写出同样的通知。你是这家旅馆的经理,你的责任便是使这家旅馆尽可能多的赢利。你如果不这么做的话,你的经理职位便难以保住。"

但是假如你坚持增加租金的话,让我们来合计一下,这样做对你到底是利多还是弊多。先看有利的一面,如果大礼堂不是出租给讲课者,而是出租给办舞会、晚会的人,那么你便获得大利了。因为举行这类活动所需要的时间很长,他们可以一次性地付给你很高的租金,而且他们的租金肯定要高出我许多。租给我,显然你吃了大亏。但是,让我们来考虑一下不利的一面。

首先,你想要增加我的租金,这样反而会将收入降低,因为你实际上把我撵走了。因为我无法担负起你所开的租金,我势必会再找别的地方举行训练班。还有一件对你极为不利的事实,而这个训练班将会吸引成千上万有文化、受过教育的中层管理人员到你的旅馆中听课,对你来说,难道这不是最为有效而且不用花钱的活广告吗?

"事实上,就算你花 5000 元在报纸上去刊登广告,你也无法邀请到这么多的人亲自到你的旅馆中来参观,但是我的讲座却将他们邀请过来了。难道这样不划算吗?请你进行仔细考虑之后再给我回复好吗?"最后,经理让步了。

卡耐基这次的成功经验是:"我会站在他的角度去想问题。"假如他气势汹汹地去责备经理的话,其后果肯定是不欢而散的。

卡耐基的经验告诉我们,如果想要同他人进行交谈的话,便要站在别人的立场上想问题,也就是要注意交谈与研究的具体对象,这样做,更容易说服对方,从而取得良好的沟通成果。

首先,我们在进行沟通之前,要先对对方的一些经历情况与生活状况有一个大致的了解。在沟通当中,各人的思维方式都有所不同,他有他的生活愿望,你有你的生活观点,交谈是否可以在融洽的气氛中进行、沟通是否可以顺畅,就在于交谈者是否懂得双向的

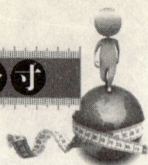

协调与沟通。

对此，美国著名心理学家马斯洛有着自己的观点：人有生理、安全、群属、尊重与自我实现五个层次的需求。假如你不了解对方的情况，而是在那里大吹特吹自己的做事兴趣，他肯定会提不起兴趣与你继续交谈下去的。但是，如果你告诉他一条快速致富的门路的话，不用你说，他肯定也会提问的。因为这正是他所关心的问题。

其次，必须要注意对方的心境特征是怎样的。如果在交谈中，你不顾及到对方的心理变化，而是一味地将自己的想法统统搬出来的话，那么你将无法得到对方的认同，而这种一厢情愿的沟通方式只会让对方感觉到厌倦。

孔子在《论语》中提到了自己的沟通技巧："言未及之而言谓之躁，言及之而不言谓之隐，不见颜色而言谓之瞽。"其意为，不该说话的时候，是犯下了过于急躁的毛病；该说话的时候没有说，从而失掉了说话的时机；不看对方的态度便贸然开口，叫做闭着眼睛瞎说。

在交谈的过程中，双方的心理活动总是呈现为渐变状态的，这便要求我们在与他人进行交谈的过程中要学会兼顾对方的心理活动，从而使谈话内容与听者的心境变化相适应并同步进行，这样才能使交谈的意图达到明朗化，引起共鸣。

汽车大王福特曾经对他人说过这样一句话："假如有什么成功秘诀的话，就是设身处地地替别人想想，了解别人的态度和观点。"很多想要与他人进行有效沟通的人并不明白为什么自己不受欢迎，其主要问题就在于他没有想到他人需要什么，只是一味地夸夸其谈，其结果必然是失掉了一批又一批的交谈对象。想要使交谈变得成功，我们便必须要注意对方、研究对方，站在对方的立场上去想问题，谈问题，这才是使沟通更为有效的最直接方法。

4. 与人交往保持适度的弹性

现实生活中有很多人与他人进行交往的时候"弹性不足",他们认为,做人做事都应该保持一个原则,交往同样也是如此。有些人甚至会列出各种各样的条条框框,使自己的交往局限性大大增加,如看不顺眼者不来往,兴趣不同者不接近,话不投机者不搭理……当然,我们每个人做事都有自己的原则,这种交往的态度与原则本身无可厚非,但是一个人想要在社会上顺利生存的话,做事还是保持些弹性最佳,拥有一定的灵活性,做事才能更加顺利。我们交往也要因人而宜,在坚持一定原则的情况下保持着适当的弹性,交往才能够顺利进行。

有些人总是认为,现实生活中所交往的对象不是敌人,就是朋友,而这样的交友原则使得敌人越来越多,朋友越来越少。其实,不存在永远的敌人,也难有永远的朋友,不管是商场还是战场,生活还是工作,这句话都适用,利益永远是决定人际关系的关键。在荷兰与英国打仗的时候,荷兰的银行还可以贷款给英国买军火,更何况在这个变化极快的世界中,任何两个竞争对手都有可能会联合起来,从而组成更为强大的群体,达到双赢的目的。那种你死我活的方式只会造成两败俱伤的后果。

李明认为自己一向都是一个讲究原则的人,他在工作中也的确是这样做的:他的工作从来都是一丝不苟,从来没有出过了一丝错误。但有些时候,同事们又感觉他总是事事皆苛求完美,如果有人被他发现了一丝的问题,他便会不屑于与对方进行交往。

某日,上司派下一个任务,指定李明与另一员工合作进行。李明当时并未说什么,但是事后却找到了上司,要求更换合作伙伴,

或者自己退出合作项目。上司询问他原因时,他回答说:"此人平日里一向喜欢投机取巧,我不喜欢这样的人,而且也无法认同他的为人观点,为了避免日后出现矛盾,还是不要合作为佳。"上司面对这样的回答极为惊异,因为另一同事平日里的确喜欢想一些特别的点子,而且这些点子都能够有效地提高工作效率。

此后,上司虽然派了另一员工与李明进行合作,但是他知道对李明的态度已经有所改变了。一年多后,公司清退员工,李明的名字赫然其中。李明不服,找到上司进行理论。上司的回答是:"在这个合作求成功的年代里,你的行事方法明显有些过于生硬,而且询问了你周围的人之后,我们发现,很多人都对你有意见,因为你过于讲究原则,甚至到了不讲人情的地步。为大局着想,我们不得不辞退你。"

此时的李明有些不明白,讲究原则难道也成了错误吗?

其实,讲究原则并不是错误,但是如果事事、时时都将自己为人处事的原则拿出来,使其成为自己与他人有效沟通的障碍的话,我们便会陷入人际交往的沼泽中无法自拔。与人交往需要保持一定的弹性,有时候这种弹性需要我们去用心保持,因为只有自己在交往中感觉到轻松、他人也感觉到愉快,交往才能更为有效地进行。

在生活与职场中,太过于圆滑不行,太过于认真也不行,只有两者恰当地结合,才是为人处世的最高境界,才是高人,但是要修炼到此种境界,成为此种"高人"的话,并不容易,特别是对于一些初入社会的年轻人来说,性格的棱角更为突出,只有经历过了现实的磨砺之后,才会使自己成为处处游刃有余的交际高手。

另外,在交往中,也要注意这样一点:"己所不欲,勿施于人。"

这本身是中国的一句经典古语，自己不想做的事情，也不要让他人去做，这本身是一种站在他人的角度为他人考虑问题的做法。在生活与职场中也同样是如此，大家都是平等的关系，自己是否有权利去要求他人做某事，这本身就是一件极为重要的事情。多多思考，总是会给自己带来意想不到的人际财富的。

美国轻量级拳击手杰克曾经获得过世界级拳击赛的冠军，在每一次的比赛开始之前，他必然会先静静地找一个地方祈祷一会儿。

一天，一个朋友非常奇怪地问他："亲爱的杰克，能告诉我你在祈祷些什么吗？你是不是在祈祷让上帝保佑自己打赢这场比赛？"

他摇摇头说："如果我祈祷自己打赢，而我的对手也祈祷打赢，那上帝会很难办的，我只祈求上帝让我们打得漂漂亮亮的！最好让我们谁都不受伤！"

谁愿意失败？谁愿意品尝失败的痛苦？这些问题恐怕在面对竞争的时候，我们每个人都无法想到。一个必须要将对手打倒在地才可后生的拳击手竟然在上场前，向上帝祈求这样一个愿望，实在是令人唏嘘的。其实世界上大部分的事情都是这样，在这个世界上，我们总是会不可避免地介入各种各样的竞争中，总是会有各种各样的对手站在我们的面前，而在这种情况下，谁也不敢保证每一次的竞争都可以保持双赢的状态，更多的时候，我们需要分出个胜负。不过，在这个过程中，双方都起码要让他人少受一些伤，或者不受伤。因为我们自己不希望失败，他人同样也不会喜欢。这是目前我们处于竞争状态下可以接受的最佳结果。保持交往中的适度弹性，同时也掌握竞争的弹性，要知道，竞争并不是你死我活的斗争，而是自己活，也要让别人活。

5. 真诚结交功利性朋友

在市场经济社会中,很多情况下,朋友之间的交往主要是直接的功利性导向。有些人对这样的交友原则极为不屑,他们认为,朋友之间就是要以真心相对,中间不能掺加一丝一毫的功利性,否则便是对友谊的最大玷污。但事实上,这样的理想化交友模式在现实生活中往往是无法达成的。

在市场经济社会中,很多情况下朋友相处往往是直接的功利性导向。我们必须要承认,朋友是我们最为重要的社会关系之一,朋友是我们值得信赖的依靠,朋友与我们有着相同的兴趣与爱好,而以上三个原因都带着极强的功利性目的。

胡飞是一家公司的地区销售主管,为了打开某地的市场,他必须让本公司的产品进入到当地的一家大型百货公司中。其实凭心而论,这个任务并不简单,因为胡飞所在的公司并不具备任何明显的竞争优势,产品无法拿出来说话,那便只能从人员上面下手了。

在经过了调查之后,胡飞发现,百货公司采购部门的王强是极为合适的目标对象。王强虽然并不是采购部门的主管,但是恰好分管本公司的产品采购。由于其他公司纷纷将目标集中在采购部门主管身上,王强平日里鲜有人重视。但实际上,王强控制着进货的权力,只要王强提出来,主管又不反对的话,基本上就算是大功告成了;即使是主管引进来的产品,其所有手续还是要经过王强才能入库等待销售。

在进行此事的联络时,胡飞的上司并没有给予太多的经费和权限,即使胡飞采用其他公司的策略,将采购主管作为目标对象,或许也不能达到理想的效果,因为采购主管毕竟见识广泛,胡飞有限的资源和权限,甚至胡飞的能力,都不是那些大公司深经百战的销售主管的对手。

思考了很久之后,胡飞决定与王强交朋友。在正式拜访王强之后,他找了一个机会与王强在外面吃了一顿饭。吃饭的时候,胡飞无意中得知王强极爱吃四川菜,而胡飞又是四川人,他便极力邀请王强到自己的办事处一起吃四川火锅,王强答应了。

家中待客与在外吃饭有很大的差异,通常情况也只有朋友才会采用这样的方式。胡飞与王强在家中吃了一顿由胡飞亲手做的四川火锅之后,双方都以朋友关系相处,而不是普通的业务关系。当然,也顺利地把业务做了。

由此可见,现实生活中想要办成事,必然需要用到朋友,而这种情况下的交友便是典型的功利性导向。胡飞通过与王强交朋友,打开了市场,扩宽了销路。除了业务关系之外,很多情况下交朋友都是带着极强的功利性导向的。例如,认识某个人,可以买到更为便宜的东西;可以容易地办成事;可以成为自己向他人炫耀的资本……其实我们大可不必因为直接性的功利性导向而感觉到朋友关系是否不纯洁,因为本身现实生活中很多的朋友都是属于功利性的朋友。同样是做生意或者做事情,与朋友打交道当然要比与陌生人打交道更为顺利,而这样的顺利也可以进一步地促进朋友之间的感情,何乐而不为呢?

话说回来,哪怕是功利性的交友,我们也要以诚相待、真诚对人。马克思与恩格斯便是真诚交友、真诚合作的典例。

1850年,恩格斯重返曼彻斯特从事他十分厌恶的经商活动,以便在经济上接济马克思,使之能够完成《资本论》的写作。工作之余,他还研究自然科学和军事科学,就各种理论问题同马克思交换意见,写了大量军事、政治论文。恩格斯极其关心欧美各国工人运

动的发展。在第一国际前期，尽管他无法直接参与活动，仍通过信件和马克思讨论有关国际的重大问题。他很关心被压迫民族的解放斗争，写过不少论述波兰问题的文章。他在《波斯和中国》《俄国在远东的成功》等文章中，揭露沙皇俄国和英国对中国的侵略，预言今后必将看到"整个亚洲新纪元的曙光"。1870 年 9 月，恩格斯从曼彻斯特迁居伦敦。10 月，当选为第一国际总委员会委员。在国际的后期发表《论权威》等名著，总结了巴黎公社革命的经验，批判了巴枯宁派的无政府主义思潮。

19 世纪 70 年代初期，马克思、恩格斯特别关心德国社会民主党的成长。在 1875 年爱森纳赫派与拉萨尔派合并时，恩格斯和马克思一起批评了爱森纳赫派领导人无原则妥协的错误和哥达纲领中的拉萨尔主义观点。两派合并后，杜林主义危及德国党的理论基础。1877～1878 年恩格斯写出《反杜林论》，深刻批判 E.K.杜林唯心主义先验论的哲学、庸俗的政治经济学和假社会主义，第一次系统地论证了马克思主义的哲学、政治经济学和科学社会主义原理，被誉为马克思主义的百科全书。1880 年，把《反杜林论》一书理论部分中最重要的部分改编成《社会主义从空想到科学的发展》小册子在法国和其他国家的工人中广为传播，被马克思称做"科学社会主义的入门"。

恩格斯重视总结自然科学的新成就，批判自然科学领域的反动哲学思潮，研究辩证唯物主义自然观的形成和发展。从 1873 年开始对自然辩证法进行研究，写了许多札记和片断。其中《劳动在从猿到人转变过程中的作用》一文，科学地解决了人类起源的问题。这些手稿在恩格斯逝世后被编成《自然辩证法》一书出版。

如果，马克思的经济没有恩格斯的大力支持，马克思遇到的生存困难，不仅仅是那么多，没有马克思博大精深与两位思想家的密切交流，就不可能顺利完成那样厚重的思想巨著。他们之间的友谊

"能四时而不衰,历险夷而益固",又可以促进双方的进步,这本身就是很值得世人仿效的。

没有一个人可以大言不惭地说,虽然我的朋友不给我带来任何的利益,但是我就是要和他在一起。"我对朋友无所图"这本身就是一个世界上最大的谎言。利益分为许多种,你的喜悦被朋友分享,你的忧愁被朋友分担,你的难处被朋友解决,这些都是功利所在,更是朋友为你带来的利益。朋友的优秀品质与外在的条件都是你利益的所在,你的友谊正是由此而展开的。

功利性朋友本来就是一种极为合理的存在,何为益友,即正直、诚实、博学之人。他们会对我们有所帮助,我们也可以从他们的身上获益,从而增加自己的价值,孔子说:"益者三友,友直、友谅、友多闻,益矣。"就连孔老先生也倡导"益友",可见交友要避免功利性是不可能的。

假设,你的朋友每每提到你的帮助,而当你需要帮助的时候,他却总是有不在场的理由,这样的朋友你还会继续与之交往吗?一旦友情中某个人的利益受到了损害,你们的友谊自然也无法维持,谁也不愿意与损人利己者交往,其根本原因就是因为他们损害了友谊的根本存在基础——利益。

古希腊哲学家伊壁鸠鲁认为趋乐避苦是人的本性,是人的最大利益。我们每个人都力图使自己的利益最大化、价值最高化,在享受着交友为我们所带来的诸多好处时,不要忘记,我们所鄙夷的功利主义交友实际上正在被我们所默默实行着。

6. 让领导真正喜欢你

人在初入社会的时候总是会抱着非常美好的愿望,以为只要

自己努力做好分内的工作,领导就会发现自己,到那时自己被提拔的机会便会大大增加了。但是这样的机率会非常少,而且也会非常慢。想要让领导快一点喜欢你,想要自己被提拔的速度增快,你便需要走一些捷径。

讨好领导,投其所好是一个不错的选择。为了骗取唐僧肉吃,妖精不得不"八仙过海,各显神通",变做村姑、美妇、老妪、孩子,诱惑蒙蔽唐僧。当第一领导者唐僧与第二领导者孙悟空发生了矛盾的时候,猪八戒总会自动自发地站在领导那一边,领导说那是好人,他便跟着说是好人。冒失的孙悟空总是将其一棒子打死,自然惹得唐僧火起,念几句紧箍咒,尽管妖精原形毕露,但猪八戒也没忘记给领导一个台阶,说那是猴子使的"障眼法"。

遇到这样懂得自己心的好下属,唐僧嘴上偶尔也会骂两句"蠢货"、"夯货",但心里却是着实喜欢的。与之相比,沙僧尽管也非常忠诚,但立场就不那么坚定,他偶尔也会被猴子说动心,跟着师兄反对领导的观点,自然无法成为领导的心腹。

投其所好或者适时地拍拍马屁,实际是更为人性化、建设性的职场法则。领导也是人,自然需要下属对他的肯定,试想:如果领导的每个想法和做法都被下属否定掉,领导的权威何在?面子何在?领导发号施令又有谁愿意听呢?

在一个企业中,投其所好地讨好领导自然不是坏事,主动地把领导的意图往下传递和贯彻实施,如果大家都能真心地投其所好,执行力自然大大增强,效率也会跟着提高。很多时候,一个团队需要的不是创意,而是执行。

全球第一 CEO,通用电器总裁杰克·韦尔奇,为了向通用的员工灌输一个"要做数一数二大企业"的观点,居然讲了 10 年,才真正贯彻如一;如果他面对的都是一些投其所好的好下属、好员工,根本不用天天重复。抑或者，在那里面有一些那样的员工，那么领导自然可以省下这样的口舌去发现和开拓新领域，如此一来，公司岂不更加强大？

当然，投其所好也要有个度，如果发展到"黑的说成白的，假的说成真的，错的说成对的"的地步，尽管暂时能使领导心旷神怡，但结局却是完全不一样的，也许会跟大贪官和珅一样，最终被抄了家、掉了脑袋，岂不冤枉？

其实，在现实生活中，职场本身就是一个为了利益而争的尔虞我诈的世界，职场中的敌人就像是众"妖怪们"，而领导就是唐僧，三位徒弟则是下属。在职场中要学会像猪八戒那样，适时地给领导台阶下，适时地保住领导的面子，并适时地投其所好拍一下马屁。

16 世纪初，意大利的天文学家、数学家伽利略发现自己处境很不妙，他必须依赖统治者的慷慨解囊来维持研究。因此，他决意把自己的发明当做礼物送给当时对他的事业最为重要的赞助者，以求更多的资金帮助。

于是，他将自己发明的军事罗盘献给了贡札加公爵，然后他将解释罗盘用法的著作献给了麦迪西家族。但无论两位统治者如何满意，赞助的通常只是一些珍贵的礼物，而不是科学研究所需的资金。

于是在 1610 年当他发现木星时就采取了新的策略。这一次他没有像从前那样将自己的发现分割开来送给不同的赞助人，他决定将其全部献给麦迪西家族。如此一来，麦迪西家族提供给他大量的资金，以供他的生活和研究。伽利略过去贫穷和四处乞求的生活从此一去不复返了。

为什么会这样呢？理由其实很简单，所有人都希望自己或是自己家族的身份和地位永远都比别的家族更胜一筹，伽利略为麦迪

西家族提供了满足他们这种心理的绝佳条件。

对于拥有这么多财富的家族来说，他们不关心科学或者真理，也不关心新发明，他们在意的是名声与荣耀。伽利略以他们的名字为星球命名，使他们的家族烙印在宇宙永恒的记忆中。比起以往让这些富有的人成为新科学仪器或新发明的赞助人来说，这份荣耀实在是无可比拟的。而伽利略就是看准了人类的"通病"，因此投其所好的把自己的荣耀全部给了麦迪西家族，从而使得他们整个家族在意大利王室之中璀璨夺目。同时，伽利略也赢得了自己的利益：他用自己多年的研究，挣得了做实验和自己生活的全部费用。

另外，在工作中一定要忌讳"功高盖主"，适时地恭维领导，为领导保住面子，这是十分必要的，而这一行为与单纯的拍马屁有着本质上的区别。领导也需要下属适时地赞美来支撑他的信心，当然，这里所指的赞美并不是简单而肤浅的奉承，需要你透视领导的内心，在他周围制造一种情境，使他自然地感觉很好，这堪称一门艺术。

当荣誉到来时，千万不要得意忘形，把一切功劳全部揽在你个人身上，你首先要感谢的是同级员工的协助。尤其要感谢领导，感谢他的提拔、指导与授权。如果事实的确如此，那么你本就应当这样做；如果同仁的协助有限，领导也不值得你恭维，你的感谢仍然是必要的。虽然你会觉得虚伪难耐，但却可以使你避免成为同事与领导的箭靶，也为避免以后自己的路特别难走。

公元前 478 年，斯巴达派遣年轻的贵族卡阿尼斯率领远征军讨伐波斯。希腊城邦刚刚击退来自波斯的侵略。卡阿尼斯加上其他三名斯巴达信任的贵族，乘胜追击去惩罚侵略者。卡阿尼斯与众人共同奋战,不久就夺回了被波斯占领的岛屿和沿岸市镇。卡阿尼斯以无畏的勇气和出人意料的突出表现赢得雅典人和斯巴达的敬重。胜利而归的卡阿尼斯等人受到了人们的热烈欢迎。

然而,在庆祝酒会上,卡阿尼斯却独揽了风光,接受着最高的荣誉和奖赏,其他贵族被冷落到了一旁。于是,被冷落的贵族经过密谋,一个可怕计划产生了。

不久后,有传言说,卡阿尼斯与波斯共谋摧毁斯巴达。当局立即下令逮卡阿尼斯,他不得不仓皇而逃,这位昔日的英雄最终被愤怒的人们烧死在一处小屋中。

这便是过于出风头、将领导晾在一边的悲惨下场,你要明白,你的未来与前途都掌握在领导的手中,他的一句话可以使你升上天堂,同样他也可以让你从天堂坠入地狱中。你必须要明白,让领导真的喜欢你,你便需要去学会让领导看到你的存在价值,同时也不要忘记了,你的成就是由于领导给了你机会,才使得你现在成为了一位成功者。感谢一下领导,恭维一下对方,完全是一种非常必要的行为,这样的行为既可以使自己赢得未来,也可以使领导赏识自己。

除了最高领导之外,每个职员都有上司,如果你的工作完成得好,你的业绩也不错,你的下属也非常喜欢你,但是你的上司可能不喜欢你,因为你只知道做自己的工作,只知道怎么去管理你的下属,但是却并不注重上司是怎么看待你的。所以不管你是主管也好,普通员工也好,你都要懂得怎么当下属,怎样让你的上司喜欢你、器重你、提拔你。如果你想要获得这样的效果,你便必须要明白,讨好你的上司,学会适当地奉承上司,是你日后获得职场进一步发展的必要条件。

7. 把握与异性交往的分寸

俗话说:"距离能产生美。"人与人之间,应当保持适当的距离,只有这样才能感觉到彼此之间的情谊是最真的、最美的。异性朋友之间更应该如此。

在1953年,艾森豪威尔站在了权力之巅,成为了美国第33任总统。为了使自己给新总统的印象最深刻,肯尼迪煞费苦心,他通过朋友的介绍,邀请了当时美国最为美丽的社交皇后杰奎琳·布维尔陪同他一起出席新总统的就职典礼和舞会。也正是那次相遇,使得杰奎琳对肯尼迪产生了爱慕之心,由此她开始了人生的爱情追逐。

当时的杰奎琳才刚刚23岁,身为《华盛顿先驱时报》年轻记者的她不仅拥有超众的美丽,而且也有着极高的智慧。舞会之后,她利用了自己的工作之便,以采访的名义,对肯尼迪进行了主动的接近。

面对杰奎琳的主动追求,肯尼迪却极为平静,好像杰奎琳的表现都是应当的。当时,杰奎琳身边的朋友都纷纷劝她不要与肯尼迪走得太近,因为他不仅是一个政治大有前途者,而且还是一个有名的花花公子。但是杰奎琳却对这些劝解视若耳边风。

后来,杰奎琳的父亲知道了这件事,他没有像其他人一样对女儿的行为阻止,而是提醒她,不要给予太多;只有有所保留,使人感觉到可望不可即才是最好的状态。父亲的一番话如醍醐灌顶,让杰奎琳幡然醒悟。

之后,杰奎琳开始改变自己与肯尼迪的交往策略,开始有意无意地爽约,有时候她甚至会极为干脆地拒绝他的邀请。有时候,她甚至还会在肯尼迪需要她的时候消失得无影无踪。而这些莫名其妙的改变，使得一向傲慢自负的肯尼迪感觉到极为愤慨，这些做法使得虚荣心极强的肯尼迪不断地受到伤害，同时也增加了他的不安与征服欲望。

当两个人的爱情如火如荼的时候，杰奎琳又一次不打招呼地从华盛顿消失了。肯尼迪极为着急，他开始动用自己所有的关系来进行全城找寻。几天后，他才从《华盛顿先驱时报》上得知，杰奎琳正在英国伦敦参加伊丽莎白二世的加冕典礼，并且要完成相关的采访报道。不久的一天，他收到了杰奎琳从英国伦敦寄来的信件，当他满心欢喜地打开来看时，却发现里面的内容让他更加失望了：杰奎琳只字未提对他的思念，而是大谈特谈她在伦敦参加了多少次的舞会与酒会，遇到了多少英俊的上流男人，而且这些男人都拜倒在了她的石榴裙下。

这件事情深深刺痛了肯尼迪。不久，他便给杰奎琳回电，而电报的内容是："文章写得好，只是思念你。"这次的回电，成为了这位不善于浪漫言辞的未来的美国总统，一生中唯一一次极具浪漫色彩的函电。至此，杰奎琳在这场爱情中赢得了胜利。在1953年6月25日，杰奎琳和肯尼迪订婚，两个月后二人正式结为伉俪。

不仅仅是爱情，生活中的其他时候与异性交往也一样是如此，过于松懈或者过于紧迫的交流方式都会使他人感觉到不适应，只有与他人保持着适度的弹性，我们才能吸引起他人对自己的注意，才能更好地与对方进行交流。中国人讲究中庸之道，过犹不及，虽然这种哲学并不适用于科学、艺术等各种追求完美的学科，但是在人际关系中却极为贴切。在职场中，没有不可交的同事，更没有不可不交的密友。一个人要想保持自身的人格独立，并与他人都保持着良好的距离，这是在生活、工作甚至于爱情中赢得尊重的最基本

要诀。

应该承认,男女间除了夫妻、恋人的关系之外,还另有一种真诚的友谊存在,异性朋友之间可以互补互敬,互相促进。因为性别上的不同,对很多事物的看法和想法都会存在一些不同的观点。如果在异性面前,你是一个很谦虚的人,你会发现你在异性中备受宠爱。因为大多数人对异性并没有排斥感,而且相反,许多人都非常喜欢帮助异性,他们把这个看做是同事中成就感的一个标志。人人都希望被异性重视、仰慕,一个人如果注意吸取他人的长处和优点,他可以从每个工作伙伴身上学到在自己身上找不到而对自己的发展有帮助的长处。因此,在平时注意观察他人长处,不计较他人短处的人,会觉得同事之间是很好相处的。在与异性同事、朋友交往和相处时要注意分寸,保持合适距离,不能逾越底线;在提及和异性交往的事情上要注意对方感受,并从侧面进行适度地加工与处理。只有这样,你才能在与异性交往的圈子时赢得更多赞赏的目光。

8. 给对方留点儿面子,也是给自己留面子

常言道:"人有脸,树有皮。"这句看上去简单古老的言语,却蕴含着人性中无法逃避的特点:爱面子。的确,每一个人都非常爱自己的面子,对于触及面子的问题,我们总是非常地在意。因此在你拼命地维护自己的面子同时,千万不要忽略了他人的面子,因为面子也如同物理学中的力学一样,本身就是一种相互的力量。只有给足了他人面子,反过来他人才会给自己创造面子。有些时候给人留面子也是尊重对方的表现,马斯洛在其需求层次理论中提到,"人有被尊重的需求与自我价值实现的需求"。什么是尊重?学会给他

人留面子无疑属于尊重他人的一种。什么是自我价值的实现？一个不给他人留面子的人，同时也是不懂得尊重他人的人，而这样的人在得到了他人的尊重时，也会失去自我的价值。生活中这样的例子比比皆是。

春秋时期，郑武公设宴款待来自各国的使者餐桌上摆着精美绝伦的九龙杯供各国使者使用。每位使者都把玩、欣赏自己面前的九龙杯，都对上面精细的刻功赞不绝口。

宴会结束时，一个眼尖的侍卫看到胡国的使者竟然趁别人不注意时，偷偷拿了一个九龙杯藏在自己的袋子里。他把这件事报告了大将军，但是大将军担心直接向胡国使者要出杯子，会使对方恼羞成怒，因此迟迟不敢有所动作，打算先请示郑武公。

郑武公左思右想，到底怎么样才能顺利地取回这个九龙杯，又让大家都和和气气，不伤感情呢？"好！我有办法了，晚宴后不是安排民俗技艺给远道而来的贵宾们欣赏吗？我们就加一场魔术表演，让各国使者开开眼界。"郑武公打好算盘，拈着胡子，一副胸有成竹的样子。

吃饱喝足以后，魔术表演正式登场，魔术师将三个九龙杯用黑布盖起来，接着拿了个道具，神秘兮兮地对着黑布划了一下，等黑布被掀开时，三个九龙杯竟只剩下两个。

在众人鼓掌欢呼时，魔术师向观众表示，其中那个凭空消失的杯子被他变到台下观众那里了，然后，魔术师缓缓走向胡国使者，彬彬有礼的请他打开袋子，把袋子里的九龙杯拿回台上。

胡国使者虽然被揭穿偷了东西，但是由于保留了面子，他也不得不去配合他人，为个精彩的魔术拍手叫好，从而有效地维护了两国之间的友好交往。

　　记住，多个朋友就等于少个敌人，给对方留条后路，也就等于给自己留条后路，冲动地撕破脸固然大快人心，但是撕破脸之后呢？也许你会冲动地断送了自己的后路。

　　社会是由人组成的，每个人都是一个独特的个体，其思想、行为等各个方面势必与他人有所不同。因此，人与人相处时，难免发生摩擦冲突，但是如果学会给他人面子，懂得给他人留出说话的机会，委婉地说出自己的想法，往往会给事情带来戏剧性的变化。

　　布鲁诺·瓦尔特是一位德国籍的著名乐队指挥。第二次世界大战后，他到美国首次指挥纽约交响乐团时，发现第一大提琴手沃伦斯坦总是有意不听从指挥。

　　"沃伦斯坦先生，您的抱负是什么？"瓦尔特问。

　　"成为一名大指挥家！"沃伦斯坦说。

　　"那么，当您成为乐队指挥时，我希望您永远不要让沃伦斯坦这样优秀的人在您的面前演奏！"瓦尔特微笑着说。

　　在一个团体中，只有大家合作才能演奏出最满意的作品。大提琴手不听指挥，指挥家心里自然不舒服，如果指挥家不考虑后果，就此把对方责备得一无是处，体无完肤，恐怕对自己也不会有多大好处，或许还会适得其反，受到对方强烈的攻击，不仅没有演奏好，两者之间也会很没面子。而指挥家却没有当众责备，而是私下婉转地陈述了自己的意见，顾及了对方的颜面，又表达了自己的不满。这种适当的退步给自己和对方都留有回旋的余地，要比盲目前进，直接用严词责备对方明智得多，也会使双方在以后的演奏中能够配合得更好。

　　在责备他人时应该留宽余地，万万不可将他人逼入死胡同。对方若是没路走了，势必会反咬一口，而这样的结果也只能是两败俱伤。多忍一点，多给他人留出一些面子，这不仅是社交中一种必要的礼节与美德，而且也会使自己的视野更加开阔。

在某公司一次例行的生产会议上，一位公司的产品质量总监曾经就某个材料的质量问题，当着会议上众人的面厉声地质问一位质检员。本身这并不是一件非常严重的事情，但是他的语调与态度带有着极强的攻击性，而且言语方面也非常苛刻。事实上，这位总监的真实意图只是想要提醒质检员在工作中要更为认真与严肃地面对自己的工作。

本来这位质检员在公司里是出了名的好脾气，但是这次为了使自己不至于在同事、领导与下属面前丢掉面子，竟然与这位总监吵了起来。两个人在会议上闹得非常僵，最后这名总监是在极为尴尬的气氛中不了了之了。

此事后，原本极为踏实肯干的质检员在工作中开始表现出了极大的懈怠情绪，而且在两个月后离开了公司，去了另外一家同类公司，据说，他在那里是一位极为称职的质检员。

质检总监的初衷是好的，但是他却损害到了他人的面子，最终也使得自己颜面尽失，同时也给公司造成了一定的损失。给他人留面子是一门艺术，更是一门学问，很多人之所以会在他人的面前丢面子，是因为他们没有给对方留面子。

人就是这样一种奇怪的动物，可以暗地里吃亏，也可以吃明面的亏，但就是在面子问题上毫不相让。如果你想要有效地影响他人的话，便要善于从对方的角度去考虑问题，给他人留足面子，这样你在做事情的时候，对方才会给你留足面子，并忠诚地做你想要让

他做的事情。

　　法国著名作家安东安娜·德·圣苏荷伊曾在自己的作品中写道："我没有任何权利去做或说任何事来贬低一个人的自尊，重要的不是我觉得他怎么样，而是他觉得他自己该如何。伤害人的自尊是一种罪过，这也包括不给人留面子。"生活中给对方留出面子是一种互助的行为，如果你对面子无所谓的话，那么你往往会在生活中无法得到他人的喜爱。当你招来了大多数人的反感时，你认为自己还有能力去说服他人、影响他人，进而让他人接受你的意见或者观点吗？我们的答案显然是否定的。所以，想要在社交方面有所成功，最为明智的选择便是时时给他人留出面子，事事预留出一些分寸。这样，你在给他人留面子的同时，也给自己铺就了一条通往成功的阳光大道。

第七章 求人办事，口吐莲花

说话是一门艺术，更是一种技巧。会说话的人往往左右逢源，如鱼得水；不会说话的人，却处处受限，寸步难行。古今中外，独领风骚，成就大业者，都是会交朋友、会说话的杰出典范。然而，说话不懂得分寸，往往会使原本有望成功的事情趋向于失败。说话有分寸，做事才会更加顺利。

1. 对人说三分话

著名将军、法国前总统戴高乐曾经说过，真正的领袖要幽居、伟大和超脱，要神秘，必要时还得保持沉默寡言。无独有偶，在戴高乐之前几百年，中国明朝时期的吕坤在《呻吟语》中曾总结圣人的处世经验说：独处看不破，忽处看不破，劳倦时看不破，急遽仓猝时看不破，惊扰骤感时看不破，重大独当时看不破，吾必以为圣人。《呻吟语》的圣人，只不过是一个有悬念的人而已。也许我们做不到像《呻吟语》中的圣人，但是我们却可以让自己成为看透不说透者。

贺若弼，隋灭陈中的名将，其父贺若敦乃是南北朝时北周的大将，素以威猛出名，曾任金州总管。在参加平定湘州之战中立有大功，自以为可以受到朝廷的封赏，但是没有想到的是，他被奸人所诬，不赏反被降职。心中愤愤不平的贺若敦当着使者的面便大发怨言。

当时权臣宇文护早就对他有所不满，想要除之而后快。此次听到使者的话之后，便马上将贺若敦调回，迫其自杀。在临死之前，贺若敦对儿子贺若弼说："吾必欲平江南，然此心不果。汝当成吾志，且

吾以舌死，汝不可不思。"说完后，他拿着锥子狠狠地刺破了儿子的舌头，想要让贺若弼记住他的临终遗言与血的教训。

十几年后，早已是大隋天下。贺若弼也早已经成为了隋朝的右领军大将军，任吴州（扬州）总管镇守江北，成为了灭陈的前线，在灭陈战役中任行军总管。但是在灭陈后与同为名将的韩擒虎争功，使得隋文帝杨坚心中极为不快，认为他一心想要贪功邀宠。贺若弼甚至在他人面前大表不满说，就连不如自己的杨素都已经坐上了尚书右仆射的高位，而他还是一个将军，不满之情溢于言表。于是便有一些好事之徒将他的这些气话告诉了杨坚，杨坚便派人捉入狱中，但是后来又念及他有功，将其放回。

谁知贺若弼不但未曾警觉与收敛，反而进一步地夸耀他与太子杨勇的关系极为密切。后来，杨勇失宠被废，他又为杨勇鸣不平，文帝将他招来质问道："我用高颖、杨素为宰相，你在众人面前多次大发厥词，说他们什么也不会，只会吃饭，言外之意便是说我这个皇帝也是废物了？"贺若弼只得伏地请求，文帝将他消职为民，一年之后恢复了他的爵位，但是并不重用，杨广篡位后，贺若弼由于对炀帝的奢侈进行非议，最终被隋炀帝所杀。

贺若弼父子的悲剧使我们更加明白了那句"君子欲讷于言而敏于行"，当说则说，不当说则不说，更不可以意气用事，说一些与事无补的怨言。对人只说三分话，对于不平与偏见最好的处理方式更是坦然地处之，心平气和、不努不怨、知止节欲。

在中国的五千年历史中，历朝历代，在说话问题上惹祸被杀的比比皆是。人的嘴巴除了吃饭之外，便是要说话、要交流的，而你要交流的话很可能便会惹起祸端，所以国人只好话到嘴边留三分。君不见，在说话问题上有了技巧，便有可能会仕途一路通畅，事事顺利。但是也有俗语说："多干活，少说话，寡言少语威望高。"看不惯的不说，看到真相不点破，不懂的不懂，懂了的也装不懂，要你从来不吐露真情，不说真心话，你必然会受上司的重视。在中国，说话是一门大学问：你越是不说话，越是装哑巴，你的城府便越深。如果你懂得见人说三分话的话，你便一定不会吃亏，因为你会掂量话的分量，预料话出去的结果。

《新唐书·列传·苏味道》中描写苏味道说，此人乃是赵州栾城县人……他对宰相府的各种规章制度极为熟悉，而且极为擅长随口回答皇帝的各种问题，向皇帝报告事情。但是他作为宰相，只不过占了一个宰相的位子而已，从来没有对国家大事有所阐发，作出贡献；他只是极为圆滑地应付差事，为自己谋取利益。苏味道有着自己独特的处事哲学，他曾经告诉他人说："在决定事情的时候，不要明明白白地表示态度。如果你明确表示了态度，而后错了，你就要后悔。凡事含含糊糊，采取模棱两可的态度就行了。"因此，当时的人叫他"模棱手"。苏味道之所以可以平安地待在宰相的位置上到老，与他别样的处事哲学有着必然的联系，看透不说透，对人只说三分话，从来不会对人掏心掏肺，这本身就是交友、处世的秘诀所在。

李先生在一家知名的外企工作，有一次，项目经理告诉他，企业需要一个宣传案的具体策划。在经过了大家的讨论之后，李先生按着经理的意思加班加点地完成了策划。但是当策划被交到项目组领导那里时，他却被狠批了一顿。

在领导面前，李先生说，这方案是他们小组中所有人都经过讨论得到的结果，而且，他们的项目经理也非常赞同，这个策划案有60%都是项目经理的想法，但是没有想到的是，领导竟然直接将项

目经理叫来,当面对质。主管领导追问项目经理:"听说这都是你想的,就这种东西还能叫方案,还值得你们那么多人来集体策划?我看你这个项目经理还是不要当了。"

从主管领导的办公室出来后,李先生又被项目经理狠批了一通,项目经理告诉他,以后说话之前动动脑子,不要一五一十地把什么都说出去。

可见,有些话真不该说,正所谓话到嘴边留三分,揭人短的老实话是不能轻易说出口的,特别是喜欢"快人快语"的那种人,在人际交往中是最容易得罪人的,他会让你在人际关系上屡遭挫折。而一个心理成熟、懂得社交技巧的人应该知道在什么时候,该以怎样合适的方式说话办事。实话并不一定要实说,而是可以幽默、婉转地说,或者延迟一些说、私下里说,当众说是一种最不理智的说法。同样是说实话,用不同的方式说,其效果便会有很大的不同。

在社会这个大染缸中,职场新兵应该长存"害人之心不可有,防人之心不可无"的心态。总是轻易地把别人当做知心朋友,动辄一吐真心,更是一种极为危险的行为。听别人倾诉时,千万不要有如果自己不把心掏出来就负了一份人情的想法。人际关系是变化无常的,今天的知心朋友或许就是明天势不两立的对手,万一哪句话犯了对方的禁忌,你掏心窝子的肺腑之言就成了握在他手中的把柄。

事无不可对人言,是指你所做的事,并不是必须尽情向别人宣布。成熟的人是否事事可以对人言是另一问题。说话本来有三种限制,一是人,二是时,三是地。非其人不必说。非其时,虽得其人,也不必说;得其人,得其时,而非其地,仍是不必说。非其人,你说三分真话,已是太多;得其人,而非时,你说三分话,正给他一个暗示,看看他的反应；得其人，得其时，而非其地，你说三分话，正可以引起他的注意，如有必要，不妨择地作长谈，这叫做世故通达。

由此，与水的精神联想到一起，随着地形的改变而更改流向，在不同的环境里有不同的应对措施，与实际做事结合，那就是随心所欲事半功倍了。

2. 多旁敲侧击，少单刀直入

话没有直接说明白，而是利用隐含的意思，使他人领会自己想表达的真正意见的方法，叫做旁敲侧击。旁敲侧击的说话方式大有学问，这本身是一种谈话策略，精明的人往往说话讲究算了说，糊涂的人却往往会说了算。

什么叫算了说？即在说话之前，先看看是谁在听、在哪里听、提出问题的角度、说话的程度，即深度、广度与高度。而一旦这些都考虑进去之后，再根据分析琢磨的方案循序地进行。有些人可能会是你的领导、上级，该说的还是要说，关键是你以怎样的形式去说。这样一来，旁敲侧击的说话方式便会极为有效了。

旁敲侧击在于旁与侧，并非正面，而是学会在旁面、侧面去提醒对方：这种敲与击或是弦外之音，或是通过震动的余波去触及他人的联想与反思。敲与击在这里都不是拼命地敲、拼命地击，而是轻轻地敲、软软地击。这种力度往往侧重于可以引发对方的警惕反应，而又可以容纳最佳的火候。这样既不会伤害到他人，也不会伤了和气，恰到好处，这才是旁敲侧击最难掌握的分寸。

但事实上，生活中有很多人说起话来都比较直，这些人办事成功的几率也是非常低的。也正是因为他们说话过直，无法打动他人，所以才会造成这种局面。所以，当我们有话要说的时候，不妨来

点偏的,这样才能达到说话的目的。说话听声,锣鼓听音。在与他人交流的时候,很多话并不需要直接说出来,在话中带出来就行了,更不要有直言的意思,而是靠暗示来表达。于是便有了一语双关、含沙射影、指桑骂槐等旁敲侧击的艺术性语言。

在齐国有个人得罪了齐景公,齐景公在盛怒之下,命人将这个胆大包天的家伙绑上了殿,并要召集左右的武士将这个人肢解了。为了防止有人对自己的行为进行干预,他甚至下令说:"如若有敢于劝谏者,也定斩不误。"文武百官见国君发了这么大的火,谁还敢上前自讨杀头之冤呢? 大臣晏子眼看武士们就要对那个人进行肢解了,便急忙上前说:"且慢,让我先来试第一刀。"众人都感觉到非常奇怪:"晏相国平日里从来不会亲手杀人,今天这是怎么啦?"

只见晏子左手抓着那个人的头,右手磨着刀。突然他仰面向坐在一旁的齐景公问道:"古代贤明的君主在要肢解人的时候,你知道他是从哪里开始下刀的吗?"齐景公一听此言方从愤怒中清醒了过来,他赶忙离开坐席,一边摇手一边说:"别动手,别动手! 把这人放了吧,过错在寡人。"那人早已被吓得半死,待他从惊悸中恢复过来的时候,真是一点也不敢相信头还在自己的脖子上,连忙向晏子磕了三个大响头,死里逃生般地走了。

多旁敲侧击,少直来直去地单刀直入,往往会使事情办得更加顺利,单刀直入的说话方式对于知己知彼的好友来说,也许是可以接受的,但是放在生活中的其他方面,这样的直来直去便多有不妥当的地方了。在与不相熟、不能交心的人进行谈话的时候,最好多旁敲侧击少单刀直入。旁敲侧击是从题外话开始说起,而这题外话又必须是与当事人有关的。这便需要说话者具备相当巧妙的说话技巧了。只有这样,才可以办成他人办不成的事,才可以一举达到成功。

曹操对自己的二儿子曹植的才华十分欣赏,于是便想要废掉曹丕转立曹植为太子。当曹操将这件事告诉贾诩,征求他的意见时,贾诩却一声不吭。曹操就很奇怪地问:"你为什么不说话?"

贾诩说:"我正在想一件事呢!"

曹操问:"你在想什么事呢?"

贾诩答:"我正在想袁绍、刘表废长立幼招致灾祸的事。"

曹操听后立即哈哈大笑,他已经明白了贾诩的言外之意,从此之后再也没有提起过废曹丕的事情了。

南朝的时候,齐高帝曾经与当时的书法家王僧虔一起研习书法。有一次,高帝突然问王僧虔说:"你和我谁的字更好?"

这问题比较难回答,说高帝的字比自己的好,是违心之言;说高帝的字不如自己,又会使高帝的面子搁不住,弄不好还会将君臣之间的关系弄得很糟糕。

王僧虔的回答很巧妙:"我的字臣中最好,您的字君中最好。"

皇帝只有那么几个,而臣子却有无数个,王僧虔的言外之意是很清楚的。高帝领悟了其中的言外之意,哈哈一笑,也就作罢。

聪明的人从来不会让自己没有台阶下,更不会如同傻瓜一样,见什么说什么,他们会想出一个好的方法,直说不行的话,便从侧面下手,也正是因为如此,他们才能够得到上级的宠爱与重用。在那么多的大臣中,伴君如伴虎,想要立足,没有一点心机是不行的。

所以，做人做事一定要多留一个心眼，不可有话就直说，一定要三思而后行，多旁敲侧击，少单刀直入。

1952 年，美国总统尼克松正在苏联进行访问，并准备搭机去苏联另一城市进行参观，苏共总书记勃列日涅夫到莫斯科机场送行。正在这时，飞机出现故障，一个引擎怎么也发动不起来。机场地勤人员马上进行紧急检修，尼克松一行只得推迟登机。

勃列日涅夫远远看着，眉头越皱越紧。为了掩饰自己的窘境，他故作轻松地说："总统先生，真对不起，耽误了你的时间！"一面说着，一面指着飞机场上忙碌的人群问："你看，我应该怎样处分他们？"

"不，"尼克松说，"应该提升！要不是他们在起飞前发现故障，飞机一旦升空，那该多么可怕啊！"

尼克松的话中既有辛辣的讽刺、涩涩的挖苦，又有着无声的指责，但是这些话却是以表面上看起来如同夸奖一样传了出来。听了这些话，除了苦笑，勃列日涅夫一行人什么也说不出来。尼克松并没有说什么难听的话，自己又何苦要落得个"神经过敏"的把柄呢。不直接说出指责对方的话，只是旁敲侧击，这样的批评实在是高明，表面上好像什么都没有，而且这样的话听起来也不疼不痒，但是它里面却藏着"玄机"。

所以，在许多场合，有一些话不好直说也不能直说，这种时候，旁敲侧击绕道迂回便成了人们最佳的选择，也只有这样才能够达到更好的效果，它不仅可以给人留下面子，同时也可以达到指责、批评的效果，这不是很好吗？所以，我们日后一定要多个心眼，从侧面下手，这样才可以处处如鱼得水、游刃有余。

3. 说话注意场合

这是在我们的生活中真真实实发生过的一件事：

一位早年毕业于某高等院校中文系、勤勤恳恳工作了几十年的老教师退休了。为此，学校为他与另一位曾经多次荣获过"先进个人"的退休老同志一并举行了一个欢送会。参会的同事与领导对二位退休的老教师的工作与为人都进行了热情洋溢而又极为得体的肯定和赞扬。自然，两人相比之下，那位曾经多次荣获过"先进个人"的老同志所获得的美誉更多。

当轮到两位受欢迎的退休老同志致答辞的时候，他们对大家的赞誉作了极为深情的感谢，一时间，会场里面充满了一种令人动情的温馨气氛。作为答谢，话到此处也就可以了；但是那位老教师却并未就此打住，而是由人们对另一位"先进个人"的赞扬中深得感触，并作了颇为欠当的联想和发挥："说到先进，很遗憾，我从来也没有得过一次……"

老先生的话还没有落音，一位坐在他对面、平日里与他关系并不融洽的青年教师突然抢过了话头："不，不是你不配当先进，而是我们不好，怪我们没有提你的名。"话中那不肯饶人、又让人难堪的含义令人无法接受，老教师的脸上立即出现了一股感伤的表情，一时间，整个会场中出现了一种怏怏不悦的尴尬气氛。

一位领导见势头不对，便马上将话茬接了过来，想要将气氛缓和一下。按常理来说，他应该先避开"先进"这个敏感的话题，转而谈论其他。但是他却反反复复地劝慰那位退休老教师，叫他对"先进"的问题不要在意，说没有评过先进，并不等于不够先进，先进不仅在名义，更要看事实。如此等等，一席话将本来应该避而不谈的

沉重话题又作了一番重复与引申，使得本来已经非常尴尬的局面变得更加尴尬了。

退休老教师不该作无谓的比照，青年教师不该在别人失意之火燃烧时浇油，那位领导人应注意避开敏感话题，三个方面的教训合为一点，即说话一定要注意场合。不看场合，随心所欲、信口开河，想到什么说什么，这本身是不会说话的一种拙劣表现。人总是会在一定的时间、一定的地点、一定的条件生活，在不同的场合，面对不同的人、不同的事，从不同的目的出发，便应该说不同的话，用不同的方式去说话，这样才可以收到理想的言谈效果。

我们经常会说："言多必失。"其意思便是说，如果一个人总是在滔滔不绝地讲话，说得多了，话里面自然便会暴露出许多的问题。言多必失，祸从口出，特别是在不同的场合中，如果你一小心，一旦失言，你的话便很可能会中伤或者伤害到其中的某个人，而这自然会让你招惹上祸端。

在事业成功的过程中，一言一行都与个人的成就荣辱有着极大的关联，所以言行不可不慎。有些人生来口齿伶俐，在交际场合总是口若悬河，滔滔不绝，这固然是很多人所向往的，但是如果在人多的场合下，一旦说错了话，说漏了嘴，也是非常难以补救的。所以，在人多的场合下尽量少讲话。否则倘若因为言行不慎而使他人下不了台，或者自己把事情弄糟，那是最为不合算的事情。

在一次公开的宴会上，某人在酒桌上向邻座的人讲起了某校校长的秘密，同时还表现出了对校长卑鄙行为的大为不满，并大大地说了一堆带有攻击性言语的话语。

说完后，有位太太问他说："先生，你是否认识我是谁？"

"还没有请教贵姓。"他回答说。

"我正是你说的那位校长的妻子。"

这位先生立即窘住了,场面一度变得极为尴尬。

这位太太非常有教养,并没有对他的行为进行当面的指责,但是这位先生的口无遮拦却给他人留下了一个极坏的印象。这便是说话不分场合的下场:你怎么知道听自己说坏话的人一定就是个可以交心的人呢?在公众场合说一些只有私下里可以提及的事情,这本身就是一种极为不合适的行为,更何况是在一个公开的宴会上。

一位湘籍著名歌星应邀到长沙做嘉宾,主持一个义演节目,只见她手持话筒,朗声说道:"那次在中央电视台举行青年歌手大奖赛,我给'娘屋里'的参赛选手打了最高分,下次'娘屋里'的伢子到北京参赛,我还要给他们打最高分。"

这样的话便极为失体了,如果这位歌星是在私下的场合中,对"娘屋里"的人说说私情乃是人之常情,但是在义演这种本身极为严肃的场合中讲这样的话,说的又是极为严肃庄重的大奖赛评选打分的问题。如此的偏重"情感"而疏于"理智"的话语,人们不禁会问道:"作为评委,你的公正何在?"这样的话显然与主持人的身份极为不符。

不管在什么时候,什么场合之下都要注意说话的分寸,没有考虑周全的话,最好少说甚至不说。说话注意分寸,便要做到慎言、忌口,同时也要注意说话的场合、地点与说话的对象,不可乱说一通,同时还要注意说话的内容与形式,做到该说的说,不该说的字一个

也不说，只有这样，才能够使自己在面对各种事情时游刃有余。

4. 投其所好，从对方得意的地方说起

与人交谈、求人办事的最佳途径，就是投其所好。如果你懂得投其所好，说的话便可以深入人心；如果反其所好的话，便很容易招来对方的厌恶，给自己带来麻烦。两个陌生人初次见面，如果不能善用机会，投其所好地找出话题，就不能使沟通更为有效地进行，如果无法进行良好沟通话，合作便会成为空谈。

每一个拜访过西奥多·罗斯福的人，都会因他知识渊博而感到惊讶。哥马利尔·布雷佛写道："无论是一名牛仔或骑兵，还是纽约政客或外交官，罗斯福都知道该对他说什么话。"他是怎么办到的呢？很简单。每当要有人来访的前一天晚上，罗斯福就开夜车，翻读这位客人特别感兴趣的题目。因为罗斯福知道，正如所有的领导者都知道，打动人心的最佳方式是：跟他谈论他最感兴趣的事物。

杜维诺先生一直试着把自己的面包卖给纽约的某家饭店。接连4年，他每天都要打电话给该饭店的经理，并去参加该经理的社交聚会。他甚至还在该饭店订了个房间，住在那儿，以便成交这笔生意。但尽管做的这一切，他还是失败了。

杜维诺先生说："接着，在研究过为人处世之后，我决心改变策略。我决定要找出那个人最感兴趣的是什么，他所热衷的是什么。"

"我发现他是一个叫做'美国旅馆招待者'的旅馆人士组织的一员。他不只是该组织的一员，由于他的热忱，还被选为主席以及'国际招待者'的主席。不论会议在什么地方举行，他一定会出席，

即使他必须跋涉千山万水。"

"因此,这次我见到他的时候,开始谈论他的那个组织。我得到的反应真令人吃惊。多么不同的反应!他跟我谈了半个小时,都是有关他的组织的,语调充满热忱。我可以轻易地看出来,那个组织是他的兴趣所在。在我离开他的办公室之前,他'卖'了他组织的一张会员证给我。"

"虽然我一点也没提到面包的事,但是几天之后,他饭店的大厨师打电话给我,要我把面包样品和价目表送过去。"

"'我不知道你对那个老先生做了什么手脚,'那位大厨师见到我的时候说,'但你真的把他说动了!'"

"想想看吧!我缠了那个人4年,一心想得到他的生意——如果我不是最后用心去找出他的兴趣所在,了解到他喜欢谈的是什么话,那我至今仍然只能缠着他。"

投其所好,从谈论别人感兴趣的事物开始,你的话才会在对方的心中产生正面的积极作用,他人也会感觉自己受到了尊重。投其所好,也是一种可以深刻了解他人、并与之愉快相处的办法。投其所好,谈论他最感兴趣的事物是打动人心的最佳方式。人们常常说:"人事鬼事都能办,千难万难都不难,人话鬼话都能说,条条大路通罗马。"便是指的此种道理。

战国时期,张仪是一个出了名的口才天才,他学了一套"纵横术",带了几位同乡跑到楚国去求富贵。因找不到登龙途径,在楚国潦倒起来,生活异常困难,同去的人挨不下去了,便怨气冲天地嚷着要回家去。

张仪就说:"你们是不是因为穷了,享受不到什么就要回去?那

　　根本不成问题。这样吧,再等几天,不是我夸口,只要见楚王之后,我包管大家吃穿不尽,否则的话,你们可敲碎我张仪的门牙!"

　　那时候,楚王正宠爱着的两个美人,一个是南后,一个是郑袖。

　　张仪那天见到了楚王,楚王十分不悦。

　　张仪就说:"我到这里相当久了,大王还没有给我一点事做,如果大王真的不想用我的话,请准我离开这里,去晋国跑一趟,到那边碰碰运气!"

　　"好吧,你只管去吧!"楚王巴不得他快些离开,便一口答应。

　　"当然,不管那边有没有机会,我还是要回来一次的。"张仪说,"但请问大王,需要从晋国带些什么?譬如那边的土特产,您若喜欢我可顺便带一些回来!"

　　楚王冷眼向他扫一扫,淡淡地说:"金银珠宝、象牙犀角,本国多的是,对于晋国的东西没什么可稀罕的。"

　　"大王就不喜欢那边的美女吗?"

　　这句话像电流一样,楚王一感染,肌肉立即放松,眼一亮,连忙问:"什么?你说什么?"

　　"我说的是晋国的美女。"张仪假装正经地说,还做起手势向楚王解释,"哦,那真是妙呀!漂亮极了!晋国的女人,哪一个不似仙女一样?粉红的脸蛋儿,雪白的肌肤,头发黑得发亮,走起路来如风吹杨柳,说话娇娇滴滴,简直比银铃还清脆,正所谓比花花枯,对月月无光,云鬟压衡岳,裙带系湘江……"

　　这一席话引起楚王的眼珠一直跟着张仪的手势转,连嘴巴也合不拢了,说:"对对对!本国是一个荒僻地区,我从未见过晋国的那些小娃们,你不说,我倒忘了,那你就给我去办,多带些这样的名贵土特产回来吧!"

　　"不过,大王……"

"那还用说,货款是需要的。"楚王立即给了张仪很多银子,叫他从速去办。

张仪又故意把这消息传开,直传到南后和郑袖的耳朵里。两人听了,大感恐慌,连忙派人去向张仪疏通,告诉他说:"我们听说张先生奉楚王之命到晋国去买土特产,特地送上盘缠,给先生做路费!"因此,张仪又捞了一把。

张仪要向楚王辞行了,装出依依不舍的样子,说:"我这一次到晋国去,路途遥远,交通不便,不知哪一天可以回来,请大王赐我几杯酒,给我壮壮胆吧。"

"行,行!"楚王客气地叫人赐酒给张仪。

张仪饮了几杯,脸红起来。又装模作样地再拜请楚王,说:"这里没有别的人,敢请大王特别开恩,叫最信得过的人出来,亲手再赐我几杯,给我更大的鼓励和勇气。"

"可以,不成问题,只要你能早日完成任务!"

楚王看在"土特产"份上,特别把最宠爱的南后和郑袖请了出来,轮流给张仪敬酒。

张仪一见,连酒都不敢饮了,"扑通"一声跪在楚王面前,说:"请大王把我杀了吧,我欺骗大王了。"

"为什么?"楚王惊讶不已。

张仪说:"我走遍天下,从未遇见有哪个女人长得比大王这两位贵妃漂亮。过去我对大王说过要去找'土特产',那是没有见过贵妃之故,现在见了,觉得已把大王欺骗了,真是罪该万死!"

楚王松了口气,对张仪说:"我以为什么呢!那你不必启程了,也不必介意。我明白,天下间就根本没有谁比得上我的爱妃呢,是不是?"

从此,楚王对张仪的态度就有大大的改观,张仪也落得安静。

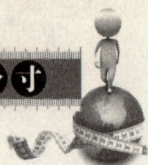

张仪的成功,主要摸透了楚王的心理,一是楚王的好色心理,这可以从极端宠幸南后和郑袖上看出来,二是楚王的虚荣心理。男人总想把世界最美丽的女人据为己有,从楚王宠幸南后和郑袖的程度上来看,无疑是认为她们是天下最美丽的,先满足第一心理,再满足第二心理,前后呼应,张仪投其所好的策略真是妙不可言。

柯达胶卷为它的发明者乔治·伊斯曼带来了财富,使他成为世界著名的企业家。他想建造一所音乐学院以及一座剧院来纪念母亲。纽约座椅公司的董事长詹姆斯·爱德莫生希望能取得这份生意订单。当爱德莫生被带进办公室,伊斯曼正低头翻阅一些文件,他抬起头,摘下眼镜,走到爱德莫生面前说道:"你早,能让我给你帮什么忙吗?"

爱德莫生说:"你的办公室真漂亮,如果我有这么棒的办公室,我会尽心尽力的,你知道,我是个经营木材生意的人,但在我一生中,还从没有见过这么雅致的装潢。"

伊斯曼道:"噢,要不是你提醒,我还不觉得,这办公室确实不错,当我每一次使用时,心里高兴极了,现在因为事情比较忙,我几乎没空慢慢欣赏这个优美的建筑,只是习惯性地每天坐着办公。"

爱德莫生环视整个屋子,摸着窗框说:"这是橡木做的吧。"伊斯曼回答:"是啊!那是从英国进口的,我朋友特地为我挑选的。"然后,伊斯曼还带他参观每一项设计,并谦虚地请他也为社会谋点福利,兴办一些学校或救济儿童,还拿了一些纪念照片给他看。

爱德莫生乘机引发他过去的雄心,伊斯曼认真地说起他童年时的往事:母亲为了伊斯曼上学替人帮佣,小时候贫困的痛苦使他下定决心要努力赚钱,让母亲过好日子。他夜以继日地工作,全心投入于实验中,最后终于发明了胶卷。爱德莫生在早上10点15分与伊斯曼见面，但一个小时过去了，两个小时过了……鼓舞和赞赏，激发对方谈话欲望，不知不觉度过了很长时间。

最后，伊斯曼对爱德莫生说道："我最后一次到日本时，买了些椅子回家，椅子在阳台上被晒褪了颜色，于是我又买了些油漆自己上色。你愿意来看看我那些椅子吗？那就到我家吃午饭吧，我拿给你看。"

午饭后，伊斯曼先生把从日本买回来的椅子拿给爱德莫生先生看。其实那些椅子并不贵，然而，他太自豪了，因为油漆是他自己刷的。

这个价值9万美元的订单，最后自然被爱德莫生争取到了。不仅如此，他们还成了最要好的朋友。

总之，在与别人交谈时，就必须去迎合他的兴趣，投其所好。唯有这样，我们才能打动他，才能达到我们的期望。

5. 幽人一默，打破尴尬

人非圣贤孰能无过？不慎揭了他人缺陷或被他人揭了自己的短处，做了错事被人发现或发现别人做了错事，自己或他人遭遇窘迫手足无措，自己未能践朋友之约或朋友未践自己之约……凡此种种都是不可避免的尴尬，面红耳赤下不了场。尴尬不仅使人难堪，而且还能消磨人的意志与勇气，使人变得畏首畏尾。面对这种场合，若暂且放弃常规思维，处之以幽默，也许能事半功倍、如汤沃雪，瞬间即将尴尬化解得一干二净。

自嘲也是幽默的一种，自嘲是一种极深的艺术，它是人们心理防卫的一种方式，是生活的艺术，是一种自我安慰与自我帮助，同

第七章 求人办事，口吐莲花

209

时也是对人生挫折与逆境的积极乐观态度。自我解嘲并非逆来顺受，不思进取，而是随遇而安，放弃可望而不可即的，对自己进行重新的设计，追求新的目标。懂得自嘲者往往可以与他人更愉快地相处，更受人欢迎。

自己犯了错误，或者受到了他人的过分嘲讽时，都可以顺着他人的思路通过自嘲来进行化解。同时也应不忘记抓住对方的弱点，反守为攻，攻其不备。当然，这一过程需要我们拿捏到位、反应敏捷，并且拿捏得恰到好处。

有一次，美国前总统克林顿被记者围攻。记者问道，总统对于您与莱温斯基小姐绯闻的报道有什么评价？克林顿从容不迫地答道，取笑我的话已经被世人说尽了，再也没人能说出新鲜的了。

克林顿的语言既尖锐又圆润，在自嘲的同时也没有忘记反攻对方，一下子把球抛到了记者的手中，而他的弦外之音便非常明显：你们哪个有本事便说出点新花样？我洗耳恭听。果然记者们顿时全部语塞。克林顿的回答便是自嘲之范例。试想一下，如果克林顿赤裸裸告诉众位记者说，拒绝回答他们的提问，或者表现出抵触的情绪，必然会招致媒体驳难四起，引发起一轮更猛烈的进攻，那样的话自己便会陷入更加被动的局面中。在这里，他仅仅是略施小技，便把记者们从语言上打输了。幽默帮助克林顿渡过了难关。

在著名演讲家罗勃特·欧尔本的一次演讲中，一位听众无理地指责他，说他对某一个问题所发表的见解是极为愚笨、毫不出色的。罗勃特·欧尔本是这样回答的："给你们讲个故事：有一次我上街，一辆汽车尖叫一声，然后在我面前刹住，开车的那位先生甜甜一笑，对我说：'我是为了保护动物而刹车的——你这笨驴！'"全场听众捧腹大笑,不能不为他的睿智所折服,罗勃特·欧尔本不仅利用自己的自嘲成功地转移了听众们的注意力,而且还以退为进,使得听众们更加喜欢他的率真与幽默了,当然,他的这次演讲也与从前一样成功了。

自我解嘲,这是幽默的一种表现形式,同时也是一种自我帮助的形式,它使得你更加清楚地认识了真实的自己,帮助你去应付周围众说纷纭的评价所带来的巨大压力,帮助你摆脱心中的种种自卑、失落和不平衡。

亚伯拉罕·林肯是美国历届总统中最幽默的总统。一天,他不得已出席在伊利诺斯州布罗明顿召开的报纸编辑大会。在会上,他坦白发言指出,自己并不是一个编辑,所以他出席这次会议与会议的主题是极为不相称的。

为了更好地说明自己最好不要出席这次会议的理由,他顺便为大家讲了一个有关于他自己的小故事:"有一次,我在森林中遇到一个骑马的妇女。我停下来往旁边让路,但是她也停了下来,目不转睛地盯着我说:'我想,你是我这辈子见过的长得最丑的人了。'"

我说:"尊贵的小姐,也许你说对了,但我对此又有什么办法呢?"

她说:"当然啦,先生您的这副丑相是没有办法改变的,但是至少你可以待在家里不出来嘛!"

此时全场的人们都因他的谦逊与幽默而哑然失笑。

聪明的人懂得自嘲,不让自己太失面子,但是愚蠢的人却并不懂得,他只会在他人的嘲笑中变得更加胆怯。白我解嘲,退亦是进,在表面上看来,这是在嘲笑自己,但事实上却是在为自己减少尴尬,没有心眼的人是不会懂得这样的道理的。而这样做的人必然是

一个有心机、会做事的人。

如果有人故意无事生非，企图以巧言戏弄你，让你当众出丑。这时，你就可以幽默为武器予以还击。幽默素材最好取材于对方话题，让其自食苦果，将尴尬不知不觉地转移给对方。对待那些恶人，就要以其人之道还治其人之身。有一个人凭自己才高八斗便目中无人，有一天，他遇见一个乡下人，本想奚落他一番，于是向他发难："请问这位老兄，你有几个令尊？"乡下人装作不知，反问："令尊是什么？"这个人以为自己的手段很高明，狡黠地一笑："令尊就是儿子的意思啊！"乡下人不动声色地说："噢，原来如此，那么请问您有几个令尊？"这个人没有思想准备，一时竟无言以对，气得直翻白眼。乡下人步步紧逼，佯作安慰状："原来您膝下无子。我倒是有两个儿子，可以过继一个给您当令尊，不知可否？"这个人真是赔了夫人又折兵，只好悻悻而去。这个乡下人不仅使对方知道损人必损己的道理，同时，又达到了维护自己尊严的目的。

生活中难免会遇到这样的事情：一个人做事无意中造成你的尴尬，如果你只顾排除自己的尴尬，对对方死活毫不理会，也许会使对方陷入更深的尴尬之中，自己的尴尬轻而易举的化解掉了，却害得他人无地自容。遇到这种情况，最好的办法是将错就错，化解双方的尴尬。托翁的一位朋友要来访，他便去火车站迎接他的朋友，在站台上被一个刚下车的贵妇人误认为搬运工，便吩咐托翁到车上为她搬运箱包，托翁毫不犹豫地照办了，贵妇人付给了托翁五个戈比。此时，来访的朋友下车见到托翁，赶忙过来同他打招呼，站在一旁的贵妇人才知道这个为她搬行李的人竟是大名鼎鼎的托尔斯泰。贵妇人十分尴尬，频频向托翁表示歉意并请求收回那五个戈比，以维护托翁的尊严。不想托翁却表示不必道歉，和蔼地对贵妇人说："无须收回这五个戈比，因为是我应得的报酬。"就是因为这句幽默语言使双方尴尬，顿时消失在欢笑声中。

有些时候，哪怕是好朋友之间也难免会出现不和的情况，严重的分歧会使得两者之间境况有些尴尬，处理不好还会因此而散。人性中天生就有一种执拗，用一般方法，难以改变一个人根深蒂固的观念或习惯。但若用幽默的方法，欲擒故纵，也许会收到良好的效果。众所周知，物理学家牛顿与天文学家哈雷是挚友，但也存在严重分歧：牛顿是虔诚的基督教徒，认为是上帝给了地球"第一推动力"，哈雷则是无神论者。为了改变哈雷，牛顿精心设局，制作了一个太阳系模型，中央是太阳，四周的行星排列有致，一拉曲柄，行星便按照自己的轨道转动，和谐而又美妙。一天，哈雷来访看到模型，不由得摆弄起来，他惊叹地问，如此巧妙之物，是谁造的啊？牛顿摇了摇头说，不是造的，是一堆破铜烂铁偶然碰到一起形成的。哈雷说，不可能，一定有人造它，并且造它的一定是一位天才。牛顿看火候到了，对哈雷说："这个模型虽然精巧，但比起真正的太阳系，实在算不得什么。连模型你都相信是人造出来的，比模型精巧万倍的太阳系，岂不应该是被一个全能的神用高度智慧创造出来的吗？"哈雷听罢哈哈大笑，从此也相信神了。牛顿巧妙的欲擒故纵法化解了他们之间的严重分歧。

幽默法是人们心理环境的"空调器"。当你受到挫折或处于尴尬、紧张的境况时，可用幽默化解困境，维持心态平衡。幽默是人际关系的润滑济，它能使沉重的心境变得豁达、开朗。

美国小说家马克·吐温的机智幽默，同他的小说一样，也享有盛名。

有天，正当他在旅店登记房间时，一只蚊子正好在马克·吐温眼前盘旋。那个职员面露尴尬之色，忙驱赶蚊子。马克·吐温却满不

第七章 求人办事，口吐莲花

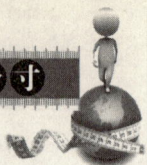

在乎地对职员说:"贵地的蚊子比传说中的不知聪明多少倍。它竟会预先看好我的房间号码,以便夜晚光顾,饱餐一顿。"大家听了不禁哈哈大笑。结果这一夜马克·吐温睡得十分香甜。原来,旅馆全体职员一齐出动,想方设法不让这位博得众人喜爱的作家被"聪明的蚊子"叮咬。

生活中难免会遇到尴尬局面,或者出于自身,又或者自他人,但只要注意多一点幽默,尴尬反而会成为意想不到的收获。幽默具有极大的包容量和亲和力,它不仅可以使人轻松摆脱尴尬,更可以树立自己的形象,增加自己的人格魅力和人际吸引力。

著名的霍夫曼将军有一次到慕尼黑去视察军队,慕尼黑的军官俱乐部当晚举行宴会,欢迎他的到来。在大家举杯喝完酒后,一个中士服务员来给将军斟酒。由于紧张和激动,中士居然一下子把酒洒到了将军的秃头上去了。当时,在场的军官和士兵都十分紧张,不知道将军将如何大发雷霆来惩罚那个可怜的中士。中士也吓得脸都白了,脸上不自觉地流下了一道道汗水。这时,只见霍夫曼将军拿出口袋里的手帕,擦了擦脑袋,笑着说:"小伙子,我这脑袋已经秃了20年了,你这个方法我也用过的,谢谢你。可还是得告诉你,根本不管用!"就在大家一阵哄笑声中,那个中士也恢复了平静,他感激地向将军敬了个礼,流着眼泪退了下去。这时,大厅里响起了一片热烈的掌声……

人类语言如恒河沙砾,面对不同的人和不同的境况,简短的一句得体话便能变被动为主动,变严肃为欢快。

在19世纪,达尔文的《物种起源》一书问世,便立刻引起社会的极大震动，尤其是他关于"人是由猿猴转变而来的"观点，让达尔文的身心经受到前所未有的挑战。人们或惊奇，或围攻，或谩骂，可达尔文却常常以微笑和幽默来回敬他的反对者。一次，达尔文应邀参加一个皇家宫廷宴会，有位姿容俏丽的小姐上前责问达尔文："听你说人是由猴子变来的，请问我也是吗？"达尔文稍视一下，笑容满面地说："当然是的，不过你不是普通的猴子变的，而是一只非常迷人的猴子变的。"这位小姐听后，虽有愠意却又十分满足，只是吭了一声便离开了。

在这里，达尔文用幽默的语言不仅捍卫了自己的观点，又化解了敌意，避免了一场不该发生的危机。

幽默与玩笑不同，幽默是一种快乐，是生活中不可缺少的一部分。生活中，言谈举止自然轻松、热情奔放，往往遇到困境时他能用一个像似玩笑的幽默化解尴尬、紧张的气氛和局面，这时，开怀大笑之余，我们还会深切地感觉到："这个人真幽默。"幽默感其实是一种生活处世的艺术，如果我们能意识到人极其严酷的那一面，才能以自然轻松的幽默来应对，用那种"快活"的幽默态度来应对因极其严酷所压抑的人生。幽默感不仅是一种轻松愉快的心态，而且还是轻松处世态度的流露。

6. 巧妙表达不便明说的话

在日常的人际交往中，当别人对我们有所求，但我们心有余而力不足或者由于某种原因无法答应对方的请求时，如果直截了当地说"不"，便会使寻求帮助的人感到失望和尴尬，但是如果学会如同罗斯福般巧妙地表达自己的意思，便很容易会让他人所接受了。

罗斯福年轻时曾经担任过海军助理部长，当时，一位好朋友来看望他。在谈话间，朋友提起了自己听他人所谈到的海军在加勒比海某岛建立基地的事。

这位朋友坚持地问道："我只需要你告诉我，我所听到的有关这个基地的传闻是否确有其事。"

这位朋友打听的事情在当时属于国家机密，根本不可能公开。但是既然好朋友相求，如何拒绝才可以使自己坚持原则又不损伤友谊呢？

只见罗斯福向四周望了望，然后压低嗓子向朋友问道："你可以保证能对不准外传的事情进行保密吗？"

"当然能！当然能！"好友急切地回答道。

"那么，"罗斯福微笑着说，"我也能。"

不仅仅是朋友之间，在某些交际场合中，我们经常会有一些不便于明说的话。当你遇到了别有用心的提问、含沙射影的诘难、涉及隐私的话题之类，不便明说但是又不得不说时，如果应对不当的话，便很容易会便自己陷入到极其难堪的境地中。这时候，作为应答的一方，除了需要有较强的洞察能力外，还需要特别讲究对答的技巧，使用极为巧妙的方法，说出自己不便于明说的话。

某个下午，一位颇有几分姿色的少妇正坐在公园的椅子上等人。一位年轻的男子走了过来，坐在她的身边，频送秋波，笑眯眯地想和她搭话。他看到那位美丽的少妇穿着一条碎花短裙，便嬉笑着说："请问，小姐，你能告诉我你的裙子是从哪里买的吗？我也想要买一条。"少妇冷冷地看了他一眼后说："先生，我劝你还是不要买的好，穿上了这样的裙子，便会有不三不四的男人找借口打你女朋友的歪主意。"青年男子十分尴尬。

在这里，少妇非常巧妙地把自己的意思表达了出来，明里看，她只是在劝男子不要为女友买裙子，但是暗地里却顺口将"不三不四"的帽子扣在了他的头上，而男子只得吃了这个哑巴亏，有苦说不出。少妇的对答应用了"双关术"，她的回答显得极为自然，如同信口道来一般，而效果却像武侠小说中的"暗器"，伤人要害而不留痕迹。

在谈话的过程中，为了照顾到对方的自尊心，尊重对方的隐私权，有些话不宜明说，这时便用得着话中有话的方法了。

一天中午，青年教师刘清接到了学生小虹的电话，约他傍晚的时候在校园的大榕树下见面。最后一句"不见不散"刚刚说完，小虹便将电话挂掉。刘清静心下来一想便知道，这位女生肯定是想要对自己展开"爱情攻势"了。他无意与这位女生谈恋爱，但是为了照顾到对方的自尊心，还是如约前往了。在见到了小虹之后，刘清便主动说道："如果我没猜错的话，你一定是为班里面准备晚会的事情找我吧？"小虹只得顺着刘清的话往下说："是的，我刚刚当上班长，想要请你帮忙……""没有问题，我会调动我们教研组的每一位教师帮助你的！"刘清边说边与过往的熟人点头打招呼，他还告诉小虹说："我的女朋友月月是一个绘画高手，我可以请她为你们画一些漂亮的油画当做装饰品！"小虹心里一震，便很快平静了下来，谈完了晚会的事情，两人便告辞了。

面对不恰当的"爱情攻势"，刘清进行巧妙的应对，他如期赴约，但是却只谈工作；他话中有话，向对方表明自己已经有了女朋

友。这一切看上去好像是无意的,但实际上却是极为坦率而又有效的谈话,使得小虹原有的念头被打消了,又给足了她面子。

在某些交际场合中,我们也许会遇上一些非常难缠的人,他们喜欢对他人的隐私进行刺探,喜欢事事皆刨根问底,穷追不舍,而这个时候我们便不妨试着去做一些"无效回答"。其具体的方法是,不向对方提供任何的具体信息,表面上是有问必答,但事实上却是什么都没有说。

一次舞会上,一个心怀巨测的男人对一位美丽的女子大献殷勤。

男:"小姐,我总感觉我们似曾相识,您贵姓?"

女:"我与我父亲的姓相同。"

男:"你父亲贵姓?"

女:"那当然是与我家祖父的姓相同啦。"

男:"你家一共有几口人呢?"

女:"数量与我们家的碗一样多。"

男:"你家有几个碗?"

女:"每人一个。"

这个女子实在是一个极为机智的人,她并没有如同一般人一样,硬邦邦地回答说:"怎么啦,要调查户口吗?"但是她的每一句话都是在带着对方兜圈子,既让那男人一无所获,又最大限度地顾全了他的自尊;既没有泄露自己的私密,又表现出了对对方的轻蔑,十分的巧妙。

每个人都会有一些不希望外人所知道的事情,这些事情因人而异,如健康状况、年龄、经历、收入等。当别人的问话涉及你非常忌讳的领域时,你可以采用以虚代实的方法去巧妙地应对。

白岩松有一次做客一个访谈类节目时，有观众问他说："您在央视做主持人，一个月有多少收入？"

白岩松笑着说："应该说，养活一个老婆是足够的！央视主持人的收入不是固定的，要看你上节目的多少和档次的高低。有时这个月收入很高，下一个月只有它的零头。我从不走穴，没有什么外快。在央视，我的收入不算很高的，当然同下岗职工相比，我就什么也不应该说了。"

白岩松避开了自己的每个月具体收入，而是指出，养活一个老婆是足够的。他既委婉地表明了自己的收入属于中等的水平，又表现出了自己洁身自爱、淡泊知足的生活态度。这样的回答方式不仅回避了该回避的，而且也回答了该回答的，显得极为得体。

有时候，如果是在一定的语境下，可以运用一些较为不精确、模糊的语言来表达自己对客观事物所持的态度，这样的说话方式可以达到趋利避害的目的。

1972 年，周总理在欢迎尼克松总统访华时，说了这样一段话："由于大家都知道的原因，两国人民的往来中断了 20 多年，现在，经过双方的共同努力，友好往来的大门终于打开了。"

周总理运用了一个极为模糊的短语"大家都知道的原因"，来阐述了中美断交 20 多年的原因。究竟是什么原因呢？两个不同意识形态的国家对此显然有着不同的认识，但是，在此时此地并没必要也不可能用三言两语便把问题讲清楚。总理的模糊用语含而不露，点到为止，既坚持了我国政府的严正立场，又顾全了对方的面子。

你想要在交际场上成为人人瞩目的明星吗？先学会如何去巧

妙表达不便明说的话吧！当你对所有自己不想回答、不便明说但是又非说不可的话能够非常得体地回答出来时，你的生活一定会被幸福与快乐所充斥着。

7. 晓之以理，动之以情

矛盾是一种普遍存在的现象，在社交场合中也没有例外。解决矛盾一般都靠着说服来进行，只有在经过了长期的说服无效，而矛盾性质又日益激化的情况下，人们才会采取非社交的强制手段，但是那依然要以说服作为辅助性的手段。说服不仅仅限于思想教育工作，即使是志同道合的挚友之间，也是不可能永远事事认同、见解完全一致；想要在不同的思想中取得一致，便要通过说服。

在人际交往中，说话要寓情于理，以情动人，以理服人，情理交融才能打动人心。如果有一台手扶拖拉机搭乘多人，监理人员上前纠正违章仅用"你们不要命啦"之类的话叫喊的话，那么乘客必然会产生逆反心理，很可能会以"死了也不关你的事"来回答对方，如此便很有可能会造成僵持场面。而改用"农民朋友们，国家法规规定拖拉机不允许载人，因为拖拉机的安全性能较差是容易翻车出事的，如有万一，你们的父母妻子儿女以后日子怎么过呀？请大家下车吧！"这样的情理交融性语言与别人沟通，所产生的具体效果肯定会不一样。

赵太后刚刚执政的时候，秦国便加紧了对赵国的进攻，此时赵国不敌，只好向齐国求救。齐国国君告诉使者说："一定要把长安君送来作为人质，才肯派兵。"赵太后心疼儿子，不肯答应，大臣们极力劝说，太后明白地对左右的人说："有哪个胆敢再来说要将长安君当成人质的,我便要把唾沫吐在他的脸上。"

左师官触詟进见太后,太后气冲冲地等着他。触詟到宫中后,慢慢地小跑到太后的跟前谢罪道:"我的脚上有毛病,竟然不能快步走。好久都没有见您了,我怕您玉体欠安,所以想来看看您。"太后说:"我靠车子才能行动。"触詟又问:"每日饮食该没减少吧?"太后道:"不过吃点稀饭罢了。"触詟说:"我近来很不想吃什么,却勉强散散步,每天走三四里,稍稍增加了一些食欲,身体也舒畅了些。"太后说:"我做不到啊。"此时太后的怒色已经减去了几分。

触詟又说:"老臣的贱子舒祺年岁最小,不成器得很,而我已经衰老了,心里很怜爱他,希望他能充当一名卫士,来保卫王宫。我特冒死来向您禀告。"太后答道:"好吧。他多大了?"触詟道:"15岁了。不过,虽然他还小,我却希望在我没死之前把他托付给您。"太后问道:"男子汉也爱他的小儿子吗?"触詟答道:"比女人还爱得很哩!"太后答道:"女人格外疼爱小儿子。"触詟说:"我私下认为您对燕后的爱怜超过了对长安君。"太后道:"您说错了,我对燕后的爱远远赶不上对长安君啊!"触詟言道:"父母疼爱自己的孩子,就必须为他考虑长远的利益。您把燕后嫁出去的时候,拉着她的脚跟,还为她哭泣,不让她走,想着她远嫁,您十分悲伤,那情景够伤心的了。燕后走了,您不是不想念她。可是祭祀时为她祝福,说:'千万别让她回来。'您这样做难道不是为她考虑长远利益、希望她有子孙能相继为燕王吗?"太后答道:"是这样。"

左师触詟又说:"从现在的赵王上推三代,直到赵氏从大夫封为国君为止,历代赵国国君的子孙受封为侯的人,他们的后嗣继承其封爵的,还有存在的吗?"太后答道:"没有。"触詟又问:"不只是赵国,诸侯各国有这种情况吗?"太后道:"我还没听说过。"触詟说道:"这大概就叫做:近一点呢,祸患落到自己身上;远一点呢,灾祸

就会累及子孙。难道是这些人君之子一定都不好吗？但他们地位尊贵，却无功于国；俸禄优厚，却毫无劳绩，而他们又持有许多珍宝异物，这就难免危险了。现在您使长安君地位尊贵，把肥沃的土地封给他，赐给他很多宝物，可是不乘现在使他有功于国，有朝一日您不在了，长安君凭什么在赵国立身呢？我觉得您为长安君考虑得太短浅了，所以认为您对他的爱不及对燕后啊！"太后答道："行了，任凭您把他派到哪儿去。"于是触詟为长安君准备了上百辆车子，到齐国作人质。齐国便派兵救赵。

无论你怎样地能说会道、说话技巧再高，也高不过一个"理"字。《十善业道经》说，"言必契理，言可承领，言则信用，言无可讥"，其意便是指，言论一定要合情合理，要让别人能接纳领受，要有信用，要令人无懈可击。此语强调的便是一个理字。而触詟的话之所以最终能够让赵太后欣然信服，愿意安排长安君到齐国做人质，最主要的原因在于他能够在动之以情的基础上，以理服人。天下没有任何一个人不疼爱自己的孩子，如果喜欢自己孩子的话，就要为孩子的长远考虑，不能用短浅的眼光，要让孩子有立身之本，不要永远依靠父母。站在客观事实的角度上来看，触詟步步诱导，旁敲侧击，明之以实，晓之以理，全部对话无一字涉及人质，但又句句不离人质，迂回曲折之中尽显语言奥妙，循循善诱之余凸现事情必然。

说服他人动摇、改变、放弃己见或信服、同意、采纳你的主张，实际上是一场从精神上征服人心的战斗，但是又不能使对方感觉到有丝毫被迫接受的感觉。一个人用几十年形成的思想观点，一个民族用千百年来形成的风俗习俗、思维定势，你休想通过三五次苦口婆心的说服便轻易地令其改变。一种崭新的学说、理论、观点、方法,即使已经通过一定的实践证明了它正确与合理,但是想要深入人心,依然需要长时间的说服与宣传。说服需要耐心与韧性,只有善于打持久战的人才会胜利。有些说服,三言两语便可以说到对方的心坎上,疙瘩迎刃而解;有些说服,越说对方越不服,结果便会不欢而散。这说明说服有一定的规律,是一门交谈、对话的艺术。

清朝时,康熙皇帝比较喜欢微服出巡,探查民情。皇帝为了自身的安全,出巡时自然会带有保镖,而在这些保镖之中,皇帝最信任的也就是魏东亭。

康熙有一次巡视河道时,正好看到人群中起了争执,这只不过是地方老百姓和地方小官的纠纷,康熙还是走到人群看个究竟。在观看中,不知怎么康熙得罪了恶人,那恶人自然也不肯善罢甘休要打康熙,而康熙乃是一个堂堂的皇帝,以前何曾受过这番屈辱,眼看恶人正要打来的时候,康熙本想拔出天子宝剑怒杀恶人,但是微服出巡,哪里带有宝剑。他转头一看,保镖魏东亭却呆呆站在那里,不知如何应付这种突发事件。康熙顿时怒气大发立即扬起手,“啪”的就是一记耳光打向魏东亭,说:“主辱臣死,你懂吗?难道要朕亲自动手?”这句话激醒了魏东亭,于是,他就立即出手解围。

夜晚的时候,康熙无论如何也无法休息,但不知为什么,心里总是七上八下,什么东西也吃不下,对什么事情也没有兴趣。于是,康熙叫在外站岗的魏东亭,说:“东亭!你走到灯前来吧!”魏东亭对皇帝突然召见不知所措,战战兢兢。今非昔比了,以往和康熙一同长大,两小无猜,但现今皇帝天天成长,开始有自己的威严,再加上今天的一巴掌,魏东亭早已感到和康熙,已经不再是过去的朋友关系了,彼此之间的关系都疏远很多。

当魏东亭走近的时候,康熙说:“让我瞧瞧!”康熙一边看他的

脸,一边说:"朕一向以仁慈对待下属,今日却无端打了你……"

魏东亭听了,从来没有感到如此的亲切,感到一股热气涌上心头,自己的脸涨红了,连忙下跪,说:"主辱臣死,是奴才的过失!"

康熙又说:"你有委屈吗?有委屈就哭出来吧!哭一场就舒服一些!"

魏东亭更紧张地说:"不不不……没有委屈!奴才怎会有委屈?"他立即接着说,"都是奴才手脚慢,见他们正在冒犯皇上,而奴才居然待着不知如何应付,真是罪该万死……"只见他一边说,一边流下眼泪。康熙笑着说:"朕打错了你……"只见魏东亭更忍不住了,泪水鼻涕也流了出来。

康熙说:"还说没有委屈,眼泪都控制不了。"

魏东亭立即说:"没有委屈!没有委屈!奴才只是感到受主子隆恩,感激万分,不知如何肝脑涂地报答圣上……"

"你说的是实话吗?"康熙一手扶起了魏东亭,又说:"你不觉得朕委屈了你,近来对你好像刻薄了一些吗?"魏东亭立即说:"奴才没有这样想过,主子也未曾薄过奴才!"康熙笑着说:"你越来越干练了,也学了不少油嘴!"魏东亭立即说:"奴才岂敢讲大话!皇上的恩宠,无论是雷霆雨露都是君恩,莫说主子没有疏远奴才,就算有,奴才也要自我反省,自己做错了什么事,令主子讨厌,奴才要自己学乖、学好进步!"

康熙说:"朕要有意锻炼你一下。你说要弃武就文,目的当然要他日找一条好的出路,这是对的,如果封你一个官职,只要朕一句话就可以了,但这样不能培养你成材。你还需要多一点历练,所以,朕对你是严格了一些。你知道吗?索额图是皇亲,有时胡来,只要不太过分,朕也会忍他一忍,给他一点面子。将来你的前途,肯定在明珠、索额图等人之上,但要好好历练……"魏东亭听了,更加感激,说："主子明训,令奴才茅塞顿开……"康熙又说:"朕再三筹划,才不得不把你留在身边。你要吃得起这个亏呀!"

魏东亭原本不知有多少怨气积在心中,但经过康熙的一番说明,所有的怨气消了,魏东亭得到皇帝如此交心的交谈,真是又服又贴,于是,就更加忠心地做好份内的工作了。

在《孙子兵法》中,兵圣孙武要求为将者应具备"智、信、仁、勇、严"五个方面的才能,强调作为将帅只有威武之仪是不能够服人的,最重要的是要怀揣仁爱之心,用仁爱之心感动他人。历史著名诗人白居易也曾说过:"动人心者莫过于情。"情动之后心动,心动之后理顺。仁爱兵卒,仁爱部下,无非也是要求为将者如何动之以情,统一军心,达到制胜的目的。

俗话说:"商场如战场。"现代管理者必须懂得人是世界上最富感情的群体,"情感投资"是管理者调动人的积极性的一项重要手段。管理心理学研究表明:一个人生活在温馨友爱的集体环境里,由于相互之间尊重、理解和容忍,使人产生愉悦、兴奋和上进的心情,工作热情和效率就会大大提高;相反,一个人生活在冷漠、争斗和尔虞我诈的气氛中,情绪就会低落、郁闷,工作热情就会大打折扣。管理者在实施"情感投资"时,必须抓住一个"心"字,与下属员工互相交心、互相关心、以心换心,从而达到心心相印、同心同德、共同干事业,最终达到你的目的。

一些不良冲突时常伴随着情绪上的对立,倘若一个人和领导者有意见冲突,对领导者无好感,领导者就是搬出再多理论也很难说服他,因为情绪已影响了他的理智。一个人一旦有了自己明确的看法,他是很难被迫改变自己意见的。但是假如领导者首先动之以情,缩短彼此间的距离,诚恳谦虚地诱导对方,这样一来,就可以让

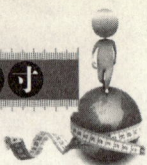

他们改变自己原先的主意。

在美国工运史上，领导者中较早懂得以诉诸感情的方式对待罢工者的是福特汽车公司的一个经理。在福特汽车公司 2500 名工人因要求加薪而罢工时，经理布莱克并不为此而感到发怒、痛斥或威吓罢工者。实际上，他反而夸奖工人。他在克利夫兰各报纸上登了一段广告，庆贺他们"放下工具的和平方法"。当他看到工人纠察队没有事情做时，买了许多棒球和棒球棍让工人们玩。

布莱克经理的这种讲交情的态度，就是在感情上接近对方，让对方愿意接纳自己。人是社会动物，都是讲感情的，那些罢工的工人借来了许多扫帚、铁锹、垃圾车，开始打扫工厂周围的废纸、火柴棍及雪茄烟头。在劳资对立的情况下，想一想为提高工资罢工的工人们却开始在工厂的周围作清扫，这种情形在美国劳工斗争史上是空前的。那次罢工在一周内获得圆满解决，双方都未产生恶感和怨恨。

领导者实施管理的过程，往往是调节人的情绪和情感，激发工作热情，进而促进工作开展的过程。领导者要用心管理，以情感人，注重情商管理艺术，发挥"人格的力量"、"情感的力量"，以理服人，以情感人。以情感人重在尊重人、理解人、关心人、爱护人，一句话要有人情味。

只有"情"字，才是长远的弭久之计。不管你多么厉害，如果你太厉害太硬，只会引起下属的对抗情绪，可是你煽情、你专说感人的话，大家对你也会非常感动。管理之道，其实没有那么复杂，就是要懂得与下属沟通。不少人以为给予物质奖赏，这便是最佳的管理，这样是不对的，要换个角度站在下属的立场，关心他们、体贴他们、尊重他们、体谅他们、善待他们，这样才能赢得他们，才能赢得成功。

现实生活中的众多事实都告诉我们，那些精明的领导者都懂得以情动人、晓之以理的做事方法，他们极善于用伟大的事业凝聚人，用真挚的感情滋润人。给予适当的待遇的确能够吸引许多人，但是只有将情商管理贯穿于领导工作的始终，才能使整个团队更好地发展。

8. 学会委婉和含糊

保罗·休斯顿是英国剑桥大学的一位高才生，小伙子聪明好学，非常有才气，认识他的人都说保罗将来会有一番大成就。但或许是由于他总是恃才自傲的原因，平日里他总是会显得有些放荡不羁。后来，保罗深深地爱上了一位美丽的姑娘，但是当他极为郑重地向那位姑娘求婚时，那个姑娘却极为无情地说："我宁可跳到泰晤士河中淹死，也绝不愿意嫁给一个浪荡的人！"遭到了无情拒绝的保罗心灵上受到了极大的震撼，他从此之后便一蹶不振。在一个阴郁的午后，保罗竟然真的纵身跳入了波涛汹涌的泰晤士河中……

保罗·休斯顿的悲剧告诉我们，鉴于不同的形势与对象，在进行交谈的时候，我们要学会去选择不同的交流方式，特别是在提出要求或者表达不满的时候，我们更应该摒弃直露而选择委婉。心理学家告诉我们，为人处世要有"软"与"硬"两种不同的手段，软硬兼济之下，利用尽量委婉的语气使他人接受自己的意见与建议，这是一个成功者最为基本的素质。

说话要学会婉言，何为"婉言"？它就是指婉转之言。善于说"婉言"就是在表情达意时，要有意识地将那些刺耳的话转换成温婉的话来表达，以避免不必要的语言伤害，与他人结下仇恨。生活中为

人求情、代人办事经常会遇到无法令人满意的情况，但是如果你学会了委婉的表达方法，进行旁敲侧击的话，便往往可以起到意想不到的效果。

韩国开始修筑新城的城墙，并限期完工，大臣段乔负责主管此事。某个县拖延了两天，段乔便下令将这个县的主管官员逮捕了起来，将其囚禁。这个官员的儿子为了将父亲救出囚笼，找到了管理疆界的官员子高，让子高去替父亲求情，子高当场应允了这件事情。

后来，子高特地去见了段乔。在见到段乔之后，他并没有直接将释放人犯的事情提起来，而是与段乔一起登上了城墙，并故意地左右张望，然后说："这墙修得太漂亮了，真算得上是一件了不起的功劳。功劳这样大，并且整个工程结束后又未曾处罚过一个人，这确实让人敬佩不已。但是，我听说大人将县里一位主管工程的官员叫来进行了审查，我看大可不必，整个工程完工得如此成功，出现一点点小小的纰漏是再所难免的。又何必为了一点小事影响到您的功劳呢？"

段乔听到子高竟然对他的评价如此之高，心中极为高兴，然后又听子高的见解也在情理之中，于是便把那个官员给放了。那个官员之所以可以免罪，其主要原因便是子高的求情。子高将一顶高帽子巧妙地戴在了段乔的头上，然后就事论事，委婉地将整件事情的利害关系提了出来，这样的谈话方式不能不令人拍案叫绝。其实，一般人都存在顺承心理与斥异心理，对于那些合乎自己心意的人们往往可以轻易地接受，因此，顺应事情的发展规律，委婉地提出自己的见解，便很容易获得成功。

很多时候，我们要敢于直言，这是一种正义而又坦荡的行为，特别是在涉及有违自身原则的某些问题时，更要敢于直言、敢于批评指正。但是，有时"直言"也不能把话说得锋芒毕露、毫无余地。有时表意的直截了当与语言的委婉并不矛盾。不要以为把话说得越直越狠，就越有力度，这是一种误解。现实生活中，如果把语言说得过"直"过"狠"，倒往往容易让人感到尴尬。至于非原则问题，说话就更不必"针尖对麦芒"，而恰到好处的委婉表达，则常可达到消除怨怒、化解矛盾的效果。"一句话说得让人跳，一句话说得也可让人笑"，因此，我们要时时刻刻注意说话的艺术。

其实，对于很多事情，只要能够换个委婉的说法，便可以使许多矛盾免于发生。委婉的说话可以避免伤害到他人，也可以避免给自己带来不必要的麻烦。

张阳在某家医院工作。在一次上班时，主治医师对他说："208病房的某个患者患有胃癌晚期，他只能活四个月了，你去病房对他说一下病情。"张阳天生的性格就比较直，他跑到208病房对患者说："你的病情非常严重，患得是胃癌晚期，你只能活四个月啦！"患者接受不了这个沉重的打击，当场惊吓晕倒，事后病情加重，并由于对生活失去信心而不配合治疗。

在了解此事后，主治医师狠狠地批评了张阳，并教导他说："我们作为医生，很多时候不能那样大声地叫喊，尤其是不能对患者直接说出实情。"张阳惭愧低下了头。

说话委婉往往会博得别人的欢心，使听话人可以极为体面地有台阶下。如此种种，全得益于一个人说话的方式。直言逆耳，虽有时会起到警醒的作用，但未必会使听话人接受。婉言能够达到预期的效果，何乐而不为呢？

史蒂文森曾两度竞选总统均败在艾森豪威尔手下，但他未失去幽默。在他第一次荣获提名竞选总统时，他承认，自己的确受宠

若惊，并打趣说："我想得意洋洋不会伤害任何人，也就是说，只要人不吸入这空气的话。"在他竞选第一次败给艾森豪威尔的那天早晨，他以充满幽默的口吻，在门口欢迎记者进来："进来吧，来给烤面包验验尸。"几年后的一天，史蒂文森应邀在一次餐会演讲。他在路上因为阅兵行列的经过而耽搁，到达会场时已迟到了。他表示歉意，解释说："军队英雄老是挡我的路。"

面对迟到，史蒂文森使用巧妙含蓄的语言，用一句轻松、微妙而委婉的俏皮话改变了他在人们心目中的形象，听众们感觉到他并不是一个失败者，而是一个值得尊敬的政治家，从而为他日后在政界继续赢得自己的发展留下了充足的空间。

我们在与别人交谈时，考虑到双方的关系或出于某种无法不去顾及的原因，有些话不能直接说出来，这时便需要用较为委婉的语言，把本来要说的话或者要表达的意图暗示出来，让对方去领会和思考，让对方更好、更容易地接受，从而使双方的关系变得更为融洽。

从心理学角度上来看，委婉的表达方式便是一种心理上的暗示，这种暗示采用了极其含蓄的方式，通过语言、行动等手段对他人的心理和行为产生影响，使他人接受某一观念，或者按照某一方式进行活动；通过暗示，不显露动机，不指明意义，但是却能将自己所要表达的真正含义间接地提供给受暗示者，使其心理和行为受到影响。

很多时候，我们在回答他人的问题时往往不能直言不讳，而必须学会去用委婉的方法进行暗示，以影响对方；人人都具有一定的自尊心、虚荣心，如果运用太过于直白的语言，会刺激到对方，伤害对方的自尊心，特别是带有忠告性的意见或建议，若不考虑言辞，不但对方不容易接受，达不到忠告的目的，而且，还可能会产生语言上的冲突,造成感情上的失和;有时,也由于涉及对话双方以外的第三方,直言不讳地回答可能会使双方引起误会甚至矛盾,将自己转入不必要的语言纠纷;因此,如果遇到这种情况,要运用中听的言词,温和委婉的语气,平易近人的态度,曲折隐晦的暗示,使对方理解其意图,达到说服对方或应付对方的目的。

委婉的语言表达是人际交往中的一项基本技巧,如果能够熟练运用这一方法,在交往中就可以有效地避免许多语言摩擦,人际关系也可以得到进一步的发展。婉言是调节人际关系的"润滑剂"、"减压阀",人际关系的人为紧张,往往可以通过婉言来缓解。当然,"婉言"并不是无原则的"和稀泥",不是要尽说违心话、奉承话,而是要以诚相待,把话说得"好听"一些,让人易于接受一些。

9. 学会巧妙的去赞美

莎士比亚曾经说过这样一句话:"赞美是照在人心灵上的阳光。"作为一种与他人进行社交沟通的技巧,赞美可谓是具有神奇的魔力,它不但可以将人际交往中出现的各种龃龉和怨恨都消除,使人的虚荣心大大满足,而且还可以轻易地说服对方接受你的观点,而这样的影响有时候甚至足以改变一个人的一生。但是赞美也是有技巧的,如果不切实际、不审时度势地对对方进行赞美的话,哪怕你是真诚的,其结果也会适得其反,好事最终变为坏事。因此,要想在社交中成功地运用赞美,便一定要学会掌握赞美的技巧。

赞美如同煲汤一样,需要注意火候。在赞美对方的时候,我们需要学会恰到好处,使对方感觉到舒服;但是如果赞美得过多,便会产生过犹不及的效果,从而使赞美没有什么新鲜的感觉,或是使对方感觉到如同撑到了肚子一样,吃不消。

　　真正的赞美大师非常懂得，哪怕是赞美也要学会控制好自己的火候，将强弱的分寸都拿捏得极为到位，张弛有度，收发自如。很多人不懂得如何才能去赞扬他人，偶尔称赞他人一次，便会如同半路杀出了一个程咬金一样，使对方没有一点准备，不知道所谓何事。

　　美国化妆品大王玫琳凯是一位推销化妆品的高手。一天，她与好友一起到服装店中购买衣服，听到旁边有两个女孩子在说话，说话的两位女孩一位金发一位黑发。金发女孩买了一件新衣服，穿起来很好看，黑发女孩赞她："刚才你放下的那件衣服，扣子挺漂亮的。"而在这个时候那个金发女孩突然有点生气地说道："那是什么破衣服，扣子难看死了，看看这个。"

　　这个时候，玫琳凯与她的朋友走了过去，她面带笑容地对那位金发的女孩说："这件衣服的领子很漂亮，衬得你的脖子就像是一位高贵的公主一样有气质，如果再配上一条项链，那就简直完美极了。"金发女孩听完后非常高兴，因为她也是这样想的。她骂黑发女孩没有欣赏眼光，黑发女孩不服气："我也是这么觉得的，只不过没说出来罢了。"

　　然后，玫琳凯又转而对那位黑发女孩说："其实你可以试一下这件，它特别能衬托出你优美的身材。"黑发女孩也高兴起来了。"当然，要是你们的脸上肤色再稍为护理一下，会显得气质更加优雅。"接着，她们便开始聊起了美容化妆的话题，而这恰恰是玫琳凯最为擅长与最希望对方了解的东西。后来，两人都成为了她最为忠实的客户之一。

　　玫琳凯还有许多事例可以证明，她是一个赞美高手的。而她最为擅长的赞美方式则是抓住对方的每一个闪光点，去恰如其分地赞美对方。

在创业初期,玫琳凯曾经亲自上门去推销化妆品,但是却被女主人非常客气地拒绝了:"对不起,我现在没有钱,等我有钱了再买,你看可以吗?"

但是细心的玫琳凯却看到,这位女主人的怀中抱着一条极为名贵的狗,能够拥有一条这样的小狗,便可以证明,她的没钱购买完全是一句托词而已。于是,她微笑着说:"您这小狗真可爱,一看就知道是很名贵的狗。"

那名女主人回答说:"没错呀!"

"那您一定在这个狗宝宝身上花了不少的钱和精力吧?"

"对呀,对呀。"女主人开始很高兴地为玫琳凯介绍她为这条狗所花费的钱和精力。

玫琳凯非常专心地听着女主人兴奋的介绍,在一个非常适当的时机,她插了话:"那是肯定的,可以为一条名贵的狗花费如此多的钱与精力的人,一定都不是普通阶层的人。就如同这些化妆品一样,价钱比较贵,所以也不是一般人可以用得上的,只有那些高收入、高档次的女士,才能享受得起。"

女主人听完这番话之后,非常高兴,于是便买下了一套她的化妆品。

由此可见,在赞美他人的时候,一定要学着去发现对方值得赞美的地方,从而引发他人对自己的好感。但是在面对初次见面的人时,最好不要以对方的人品或者性格为赞美的对象,而是称赞他过去的成就、行为或者所属物等各种看得见的具体事物。如果赞美对方"你真是个好人"这一类的话,即使是从内心发出的由衷之言,也

很容易会使对方产生"才第一次见面，你怎么知道我是好人"的疑念及戒备心。

如果赞美对方过去的成就或者行为的话，此时的情况便大有不同了。赞美既成的事实与交情的深浅没有直接的关系，对方也会比较容易接受。所以，不能直接地赞美对方，而改为赞美与对方有关的事情，而这种间接的奉承在初次见面的时候非常有效。如果对方是女性的话，则她的服装与装饰品也会成为我们间接赞美的最佳对象。

当然在赞美的时候要恰如其分，这同样也是一件很不容易的事。如果称赞不得法，反而会遭到排斥。为了让对方坦然说出心里话，必须尽早发现对方引以自豪、喜欢被人称赞的地方，然后对此大加赞美，也就是要赞美对方引为自豪的地方。在尚未确定对方最引以自豪之处前，最好不要胡乱赞美，以免自讨没趣。试想，一位原本已经为身材消瘦而苦恼的女性，如果她听到别人赞美她苗条、纤细，又怎么会感到由衷的高兴呢？

某些有关对方的传言，对你来说即使十分的新鲜，也要注意去避开这些陈旧的赞美之词，而大大的赞美他较不为人所知的一面。正如出现在著名作家三岛由纪夫的著作《不道德教育演讲》中的将军一样，一听到他人对他美丽的胡须提出称赞便极为高兴，但是对有关于他作战方式的赞誉却并不放在心上，这种心理是每个人都会有的。很多人都会对将军的英勇善战与富于谋略的军事才干升起赞美之心，但是他作为一名军人，不管在这一方面如何去称赞他，也只是赞歌中的同一支曲子，从来不会使他产生自我扩大感。然而，如果你对他军事才能以外的地方来加以赞赏，这就表明在赞词中又为他增加了一项新的条目，他便也会因此而感到非常的满足。

　　1960 年,法国总统戴高乐在访问美国时,在一次尼克松为他举行的宴会上,尼克松夫人费了不少心思才布置成一个美观的鲜花展台:在一张马蹄形的桌子中央,鲜艳夺目的热带鲜花衬托着一个精致的喷泉。戴高乐将军一眼就看出这是女主人为了欢迎他而精心设计制作的,不禁脱口称赞道:"女主人为举行一次正式的宴会要花很多时间来进行这么漂亮、雅致的计划与布置。"尼克松夫人听了,十分高兴。事后,她说:"大多数来访的大人物要么不加注意,要么不屑为此向女主人道谢,而他总是想到和讲到别人。"可见,一句简单的赞美他人的话,会带来多么好的反响。

　　含蓄的赞美比直白的赞美更能打动人。例如坐在客厅里,看见女主人的编织品十分漂亮,就脱口而出:"你编织得真不错啊!"如果这样来赞美对方,她会认为你只不过随口说说而已,这样不会得到良好的效果。充其量对方回答说:"哪里,没事时织着玩的!"

　　尽管你向对方不断地强调自己的诚意,你留给对方感觉也就是言不由衷,只不过在应酬她而已。殊不知直截了当的称赞,确实不能刺激对方的想象力。那么,如何说才能达到自己想要的那种效果呢?美国知名的业务培训员洛伦·泰特主张在称赞女性时用间接称赞。此时不妨这样问:

　　"太太,你是搞艺术工作的吗?"

　　"不是,怎么啦?"

　　"我看见这幅编织品实在是很不错,没有一定的艺术素养绝对织不出来。"

　　如果女主人听到这样的称赞,一定会兴奋得两眼放出光彩,这样会使你们后面的谈话更加融洽。

　　赞美的话就好比是令人赏心悦目的花朵,使人如痴如醉,赞美

的话,它就是人际关系的润滑剂,它在交际中是不可缺少的一环。当然,只是一味的阿谀逢迎只能让人生厌,只会受到人们的唾弃。只有我们提倡的是发自内心的由衷赞美,才能使对方感受到我们的美丽。

人生中没有什么比出于内心的赞美更令对方温暖的,如此行事既不令自己破费礼物,又能使双方感受到其中的愉快。当你用心观察到对方的优点,并且发自真心地表达赞美,友善的关系便在一言一行中逐渐建立、累积起来了。

10. 巧妙向上司提出自己的意见

我们在与他人讨论一些非常棘手的问题或者商量复杂的事情时,彼此都会有不同的意见与观点,这是难以避免的事情。不同的意见与观点往往是建立在否定他人意见之上的。如果你的方法不巧妙的话,便很可能会使他人处于极为尴尬的境地中,甚至有可能会得罪人。因此,如何提出不同的意见是一件大有讲究的事情。

我们不用在亨利八世时期的法庭里工作,着实是一件值得我们高兴的事情。亨利八世实在不能称得上是一位懂得原谅的老板,更不是一位体贴的丈夫。在他手下工作的员工都非常负责,这是他们的明智。但是,当他们给亨利八世提出了错误的意见时,很可能便会赔上自己的脑袋,这种说法毫不夸张。

也许今天的老板可能不会如同亨利八世那样严厉苛责,但是这并不表明,你在跟老板说话的时候,可以如同与邻居聊天时那样随意。跟任何一个有可能会使你丢掉饭碗的人聊天,你都要时刻保持着警惕,机智应答,记住三思而后行。

　　刘先生是一家知名网络公司的总经理助理，他的顶头上司王总乃是技术出身，虽然在商场中已身经百战，但是由于工作的重点长期落在研究与开发领域中，因此自身对于如何更好地管理企业依然保持在一知半解的地步，而且他常常会将自己对于管理的个人化感性领悟娴熟地使用出来。出于对技术的钟情与依赖，王总不仅平日里经常会越级插手技术部门的事情，而且还将整个公司的管理层级体系搞得乱七八糟，而且还在许多方面给予了技术部门极为优厚的待遇，使得管理的公平性受到严重的损害。虽然其他部门在表面上都极为平静，但事实上他们却保持在敢怒不敢言的状态中，但是私下里人们无不怨声载道，人心浮动，使得李先生在与其他部门的沟通与协调时倍感吃力。

　　刘先生曾经向王总极为委婉地反映，企业本身是一个整体，虽然技术很重要，但这并不是唯一，希望他可以将更多的精力放在管理上来。但是王总对此却并不以为然，而且他对自己的技术权威信心十足。经过了长时间的慎重思考之后，刘先生决定兼并策略，再次向王总建言倡行。

　　刘先生对王总说，真正意义上的领导权威包含着技术权威与管理权威两个层面，王总的技术权威已经牢固树立，但是在管理权威则有些薄弱，亟待加强。王总听后，若有所思。

　　刘先生非常巧妙地兼顾了王总的立场。后来，王总果然越来越多地将时间用在了人事、营销、财务管理上面，企业的不稳定因素得到了有效的控制，公司的运营也进入了高速发展的阶段中，刘先生的其他各项工作也顺风顺水，渐入佳境。

　　从李先生的经历中，我们可以得出极好的启发：将上司的立场兼并地考虑到，的确不失为向上司提意见的最上上策。首先，

这一提意见方式没有对上司的观点提出排斥，而是站在了上司的立场上，最终是为了维护上司的权威而进行的，其出发点是非常善意而良性；其次，这是一种极为温和的方式，可以充分地照顾到上司的自尊，使上司可以轻松地接受，其效率也会非常高；另外，这种提意见的方式需要极强的综合能力与很高的社会修养，可操作的难度较大。也正是因为操作难度大，所以这也是锻炼能力的最佳途径，如果我们可以针对不同的情况，不断地提出行之有效、兼并了上司立场的意见，久而久之，自己的个人领导能力也会迎风而长的。

在同事之间出了问题、需要向领导有所要求的时候，巧妙的提意见方式更可以令你达到事半功倍的效果。

娇娇一直都非常喜欢自己所从事的广告设计工作，难得上司和善，同事之间的关系也极为和睦，工作起来也非常顺利。

最近，公司新进了一名同事，这位新同事在整体的设计思路上明显与大家有所不同。另一同事便忍不住向老板发起了牢骚："怎么搞的？这样的人简直与外行没有什么两样，干什么都摸不着边际。"而老板也是一个极为自信与好强的人，他却偏偏极为欣赏这位设计人员，他对这一同事说："新人总是需要有一个适应过程的，谁会一上手就是专家？如果你感觉他的设计存在问题的话，你可以与他进行有效的沟通，并给他一些建议，要明白，只有多多的磨合，才会有默契！"

但是不管同事们与这位新同事如何进行深入的沟通，都无法达成共识，这下子整个办公室的气氛都变得极为尴尬了。娇娇也有同感，但是她非常清楚，老板就是老板，如果你一味地去指责他，他也绝对不会同意你的意见的。在以后的工作中，娇娇与办公室的其他同事达成了共识，他们假装工作合作非常愉快，与新同事也有商有量,老板看在眼里,似乎松了一口气。当手头的工作告一段落之后,他们首先对这位新同事的成绩给予积极的评价,之后又非常委婉地提出了先前那些他们曾经提出而老板却未加理睬的意见。面对现实,老板的心里也有了谱,他终于主动提出:"你们把意见集中起来,我要找他好好地谈一谈。"

其结果自然可以猜想得到,在老板的亲自指点下,新同事终于有所改变了。

当面指出他人的错误,特别是当面指出老板的错误,只会遭到他人的顽强反抗,但是巧妙地暗示对方注意到自己的错误,则会受到他人的尊重。作为上班族中的一员,我们难免会与上司发生不快,但不管谁是谁非,我们都要记住,只要你目前还没有调离或者辞职的打算,便不要使自己陷入僵局中。学会委婉地向上司提出自己的意见,学会将自己的意见巧妙地告诉上司,职场之路才会好走,你才有可能得到上司的赏识。

11. 小人物更要会说有分量的话

有一句流传经年的老话叫"人微言轻",这句话中不仅有妄自菲薄的意味,其中也有着拙口笨舌的无奈感叹。如果细想一下就可以发现,世间上的许多小人物,说话也并非都是无分量的。要想使自己的言语在尊者面前有着充足的分量从而打动尊者,这涉及的方面就广泛了,自然会牵涉到说话的态度、方式、时机和技巧。从古至今有许多"小人物"都以自己卓尔不群的口才,说出那些听而不厌的锦言妙语来,剖析一下他们"言重"的取胜方式,于我辈"人微"者或许不无启迪意义吧!

敢于出"狂言"。许多小人物,总是把"大言"为狂言的同义语,因此,在尊者面前显得唯唯诺诺,低三下四毫无生气可言。

其实,小人物更需要独特的惊世骇俗之言,才能引人注目,令人洗耳恭听,最终使自己伴随妙语脱颖而出。

在唐朝时期有一名宰相李绅位尊名盛,他出使淮南时,只要是下人他一律不接见。有一个无名小辈叫张祜,他执意要结识位尊名盛的大人物,他写了一张名帖,署名"钓鳌客"。李绅一见这名帖顿生怒气,于是破例召见了他。为了给对方一顿羞辱,李绅故意问:"秀才既懂得钓鳌,那么用什么东西做钓竿呢?"张祜脱口便道:"用长虹!"李绅再问:"用什么做钓钩?"张祜大气张扬:"用新月!"李绅再问:"用什么做钓饵呢?"张祜大笑:"用我做钓饵,当然也就不难钓到大鳌啦!"李绅听此话,不但没有责怪于他,而且还高兴地用酒菜款待了这个狂妄自大的书生,对饮聊天,不亦乐乎。张祜之所以能够结识像李绅这样非同一般的人物,就是因为他敢出狂言以磅礴气势给了对方强烈刺激,他的出众才华最终得到大人物的认可。

大胆地显示出自己的个性。大凡表述心迹,总少不了豪言壮语。如果只是一般地转述现成的豪语,会给人留下平庸的印象。真正振聋发聩之语,大约总是一种心底激情之宣泄,一种颇有个性色彩的挥洒。抗日英雄鲁雨亭,年轻时同几个长辈一道赴宴。席间一长者问及他将来的打算,鲁雨亭率直地说:"各位长辈,不瞒你们说,晚辈立志与别人不同。别人都愿当大官、享清福,而我此生不愿做大官,只愿做大事!"一语既出,令长辈们震惊不已,倒吸冷气,从此更加看重他关心他了。若按中国人的习俗,晚辈之言总该谦让些吧,可鲁雨亭偏偏豪情傲语,以"大官"与"大事"对比,表明自己的志向，让长辈们对这小字辈刮目相看。一个小人物，要赢得尊者的重视，如果没有勇于表达出自己个性的能力，脱颖而出何从谈起呢？

用语言来维护自尊。即使尊卑上下之间，也难免意见相左甚至唇舌交锋的时候。作为小人物如何才能使自己的话语掷地有声震慑对方？有时，只是一味的低声下气委婉曲折是无用的；如果利用一些严词峻语却常能令尊者怦然心动，心悦诚服，此法对在需要护卫自己人格尊严时更会显出良好的效果。

在三国时期，曹操的一个故交宗世朴看不起曹的品性。后来曹操官至司空，总揽朝政，一次他故意对自己手下的小人物宗世朴挑衅道："你现在总可以答应与我相交了吧？"宗却不为所动，出语傲然："松柏之志犹存。"既然得罪了你不受重用，就更没想过高攀与升迁了！这毫无媚气的铮铮之语，既令曹操惊讶，更令他折服。事后，曹操竟叫儿子向宗登门求教，其子恭敬地静伏于宗的床下，令人慨叹不已。宗世朴在对手前是人微者，他却以毫无委曲求全的凌厉之言，最终赢得了对手的折服，护卫了自身人格的尊严。从这个例子可以看出，用"落笔惊风雨，诗成泣鬼神"般的峻语严词来维护自己的自尊实在合适不过了。

说话设陷点要害。小人物谋求说话要有分量，当然不只有"大江东去"的言语风格一途。有时，"小桥流水"般的谑语戏言更能使对方心服口服。我国援建B国一大型运动场遇到了停电的困扰，难以按期完工。工程队负责外事的张珊女士便找到该国电力委员会经理王高峰，谁知对方百般推诿。碰钉子后张珊决定智取，她先设宴款待干高峰，不断以外交辞令夸赞他"颇有才干"，感谢他对双方的"支持与合作卓有成效"。正当对方喜不自禁时，她话锋一转，以调侃的语调说："王高峰先生，您是这个项目的总负责人。我们如果不能按期完工，虽然经济上受损失，可是对你的影响恐怕更大了。

贵国运动会不能如期召开,那么,您头上的乌纱帽没准也会被拿掉呢!"此言在软硬夹攻中点明了要害,立即引起对方的重视。王高峰只得笑道:"不会误期的,不会。"工地上很快就恢复了供电。张珊能够以区区小人物打动大人物,正是那先赞美后将军的套路,从而显示出话语的分量来,对方能不予以重视么?

说话不妨绕点弯子。日常生活中,饶舌是平常谈话之大忌;然而,作为一个小人物既要使自己的言谈打动对方,让对方赞同你的说话,免不了要绕点弯子,打持久战,以激起对方的恻隐之心。巴普自办了一个剧场,却总无戏剧评论家前来光顾,他深知没人宣传就没有观众,于是大胆闯入《纽约时报》搬尊神了。巴普点名要见著名评论家艾金森,凑巧艾在伦敦访问,巴普干脆待在报社不走:"我就等到艾金森先生回来!"艾的助手吉尔布无奈,只好询问其原因。巴普便大施游说之术,说他的演员如何优秀,观众如何热烈,最后摊牌:"我的观众大多是从未看过真正舞台剧的移民,如果贵报不写剧评介绍,那我就没经费继续演下去了!"吉尔布见其态度坚决,不由感动了,答应当晚就去看戏。谁知,露天剧场的演出到中场休息时,便遇上了滂沱大雨。巴普一见吉尔布躲雨欲走,立即又粘上他说:"我知道,你们剧评家通常是不会评论半场戏的。不过,我恳求你了,无论如何破一回例!"巴普一次次地游说,真诚也有,"无赖"也有,斯人斯言到底感动了上苍,几天后一篇半拉子戏的简评见报,巴普剧场也日渐红火起来。一个名不见经传的小小剧场主,其言何以搬动了《纽约时报》这大尊神?那不正是步步紧逼、巧舌游说的结果吗?人微者言语的力量,正是在那步步紧逼软缠硬磨中展示出来的。当然,这种说法也不可毫无分寸,只宜抽丝剥茧般地渐次逼近主题,否则也是竹篮打水一场空。

巧藏机锋。理直辞正之法,固然有光辉,然而,特定环境下不防利用一下矛盾的巧言诡辩，其力量更是不可估量的。对于小人物来说，更是妙不可言。历史上春秋时期，直躬的父亲被告发他私下扣留了别人一只羊，按当时法律其父该判死刑。当判决下来后，直躬方才省悟，忙跑到官府去哭诉，说："我作为臣民，不得已而检举父亲，是因为臣民必须维护法律，以向国君尽忠。可是作为人子，我不忍家父被诛，因此请求代父受戮，以尽人子之孝。"官吏见他说得在理，于是特许他替父从死刑。然而，到了刑场上，直躬又长叹大叫："我真是太不幸了。我举奸不避亲，可说是至忠了；我甘愿代父受戮，可说是至孝了。可是，连我这样至忠至孝的人都被诛杀，那么，楚国人又有谁不该被杀掉呢？"刑场上的官吏一听，觉得在理，于是上报楚王。楚王听后亦大为感动，不仅免去直躬一死，还对其奖掖有加，从此直躬便声名大振了。直躬抓住事物矛盾的两面，左右开弓，其言之重，竟至撕开了法律的一个窟窿，可见巧言悖论中所蕴藏的力量之所在了。

把握时机说服别人。小人物要想使自己说话更有说服力量，它是与把握说话的时机是密切相关。时机到来时，趁火打劫说出的话自然贴切，自然就会被他人的重视。并不是说只有趁对方心情愉悦时出言才有分量，其实是抓住对方隐忍难发之机，坦诚直言，则是人微言重的别一番风光。裕容龄是中国现代舞拓荒者，在她年轻时随外交官父母迁居巴黎。囿于旧礼俗，她一直不敢对父母直言学舞的愿望。一次日本公使夫人来做客，顺便问其母："你家小姐怎不学跳舞呢？我们日本女孩都要学的。"裕母不便拒绝，顺水推舟道："往后让学吧！"裕容龄趁机进言了："好母亲，我今后就学日本舞跳给你看，好吗？"说罢便换上舞装跳起《鹤龟舞》，公使夫人夸赞不已，母亲亦只好认可。从这个故事中，裕容龄的进言之所以成功，全在于她善于抓住说话的时机。

第八章 礼尚往来，巧妙送"礼"

"人无礼则不生，事无礼则不成，国无礼则不宁。"礼，是人际关系的润滑剂，是一个人立身处世的根本，是你事业成功的金拐杖。然而，送礼也要有技巧，有分寸。会送者，不仅送得必要，而且送得恰到好处；不会送者，不仅不容易被他人所接受，甚至有可能会得到相反的效果。

1. 以情为礼，冷庙烧香

建立起人际关系需要学会在冷庙中烧香，不要只挑那些香火旺盛的热庙进香。热庙菩萨受捧，烧香人太多，神仙的注意力自然不会集中在一个人的身上，你去烧香，也不过是众多香客中的一员，既显不出你的诚意，神仙也不会对你有特别的好感。所以，一旦有事求于对方的话，他也只会以待众人之礼相待，不会对你特别的照顾。但是冷庙的菩萨便不是这样了，平日里门庭冷落，无人礼敬，但你却极为虔诚地去烧香，神仙当然会对你特别地在意。同样一炷香，热庙的菩萨不会当回事，冷庙的神会认为这是天大的人情，日后你若有事去求于他，他自然会特别照应于你。假如有一天风水转变，冷庙变成了热庙，神还是会对你特别地看待，不将你当成趋炎附势之辈。

其实，不仅只有庙分冷热，人也同样如此。一个人是否可以发达，往往要靠机遇来决定。你的朋友中，有没有怀才不遇的人，如果有的话，此朋友便极有可能是冷庙。你应该与热庙一样看待，时常去烧香。因为对方是穷人，自然不会履行着礼尚往来的习惯，这并非他不明白礼尚往来的习惯,而是个人无力还礼。这是他欠的人情债,人情债越欠越多,他想还的心越切。所以日后他否极泰来时,他第一想要还的人情债还依然是你。当他有能力去清还的时候,即使你不去求他,他也会自动还给你。这时你若再有求于他,便是轻而易举的事情了。

胡雪岩本是浙江杭州的一个钱庄小伙计,他不但极善于经营,而且也非常精通于人情世故,懂得"惠出实及"的道理,常会给周围的人一些小恩惠。但是人情场上的这种小打小闹并不能使他满意,他一直有成就大事业的想法。但是在中国,一向提倡着重农抑商的做法,单靠纯粹的经商是不太可能出人头地的。胡雪岩读过几年书,于是便想要学大商人吕不韦另辟蹊径,由商入政,名利双收。

当时,胡雪岩在极为偶然的机会之下认识了一个名叫王有龄的杭州小官,他满腹经纶,但是却苦于没有钱作为敲门砖。随着交往日益加深,两人发现有着共同的目的。在了解到王有龄的难处之后,胡雪岩将自己从客户那里收来的几千两银子交给了王有龄。王有龄去京师求官后,胡雪岩却因此事失掉了工作,在杭州无法立足。无奈之下,他只得去往上海谋求生路。

几年后,王有龄身着巡抚的官服苦苦寻得正在街上为人当长工的胡雪岩,问胡雪岩有何要求,胡雪岩说:"祝贺你福星高照,我并无困难。"王有龄是一讲情义的汉子,他利用职务之便,为胡雪岩日后的发展提供了许多的机会。此后,胡雪岩的生意越来越大,越做越好,他与王有龄的关系也更加密切。

故事中的胡雪岩就很好地做到了"冷庙烧香"这点,王有龄在当时只不过是一个极为落魄的官员而已,对他并不可能起到任何

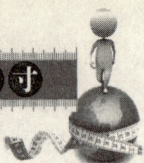

的帮助。但是胡雪岩却依然冒着倾家荡产的危险去帮助他,待到王有龄发达了,自然就会对胡雪岩倾力相助了。

其实,"冷庙烧香"并不是很难的事情,有时仅仅需要随时体察一下别人的需要即可,这是最简单不过的事情了。时刻关心身边的人,帮他们一个忙。日后,你就很容易得到他们的帮助。生活中,无论做什么事情,遇到什么人,不妨灵活点,经常帮助别人一把,别人也会牢记在心,当你有事时,就很容易得到帮助。

以情为礼,冷庙烧香的方法在任何时候、任何国度都不会过时。哪怕你用不到这个朋友,如果你在他落魄的时候及时伸手相助的话,也不失为结交益友的一个极好方法。

矶崎新是日本国内最有国际影响力的建筑大师,他在建筑方面的天赋使他很早就成名了。自20世纪60年代起,他便一直在引领着世界建筑的潮流,被人们称之为日本建筑业的切·格瓦拉。他超前的设计理念对日本、亚洲乃至于整个现代世界的建筑潮流都产生了极为重大的影响。全球有名的日本奈良百年会馆、卡塔尔国家图书馆都是他的代表作。而且,他最为让人称道的,并不是一件件令人惊叹的艺术设计,而是他在建筑界颁奖礼上的表现。

20世纪70年代,他已是全球有名的建筑大师,日本国内的各种颁奖仪式总是以请到他出席为最大的荣耀。

那一日,矶崎新是最后一个出场的。他刚刚亮相,台下便一片唏嘘声。日本人极为看重这种重大的场合,出席颁奖仪式的嘉宾都是着正装而来的,只有他穿着一件圆领的衬衣,并且还没有打领带,就跟一个先锋艺术家一般,与周围人的整齐庄重格格不入。

第二天,国内的各大报纸纷纷刊登出了这则消息,大家对矶崎新的这身另类装束非常好奇,要知道他一向是一个极为讲究的人,怎么会这次如此出格呢？在记者对矶崎新进行采访之后，人们才知道，原来他穿的这身衣服出自于一个好朋友之手。矶崎新与这个朋友比邻而居。两人认识的时候，他已经是一个建筑界的大师了，而对方只不过是一个毫无名气的服装设计师。

地位的差别丝毫没有影响到两人的友谊，他们有着相同的爱好，大家都喜欢摇滚，都喜欢突破成规，喜欢追求创新……这个年轻的服装设计师有着独到的眼光与独特的设计风格。矶崎新敏锐地感觉到，他的设计一定会如同自己的建筑作品一样，引领起服装新的时尚。朋友在服装业内的名气并不是很大，大众也无从得知这位充满了才气的设计师。为了让他出名，在出席颁奖仪式的时候，矶崎新精心设计了这一幕。

果然，矶崎新的良苦用心收到了极佳的效果。媒体对他的新鲜着装广为报道，而他那位不知名的朋友——三宅一生的名字也频繁地出现于各种媒体之上。

如今的三宅一生早已经成为了日本最为著名的时装设计大师，以他的名字命名的时装已经迈入了世界时装顶级品牌之列了。建筑大师矶崎新巧妙地为朋友提供了受人关注的机会，用自己的聪慧成就了另一个大师。

可以想象，如果没有了矶崎新的鼎力相助，三宅一生的服装不知何时才能引起时装界的关注，他的成名之路不知会走得多么坚难。矶崎新对朋友的奉献，使得另一位大师由此而生。这便是真正的以情为礼——在朋友不知名时依然相伴，在自己可以伸手相助时，对无力走出困境的朋友出手相助。在朋友最为困难的时候出手相助，哪怕这种帮助对于朋友来说只是杯水车薪，在朋友看来，也是极为难得的。

2. 意义特殊，独出心裁

送礼有轻有重，只要送出的礼物有意义，未必价值高的才能受欢迎。礼物的选择需别出心裁，富有寓意，这样对方才更容易接受你送的礼物。如果你想使送礼艺术达到更高的境界，就应多动脑筋，送得与众不同，一定会取得意想不到的效果。比如说当别人过生日时，大家都只是一味地送蛋糕，结果寿星常为如何解决三五个大小不等的蛋糕伤透脑筋，最后往往拜托邻居吃完了事，这样的生日还不如不过，而且带来的只是麻烦而并非喜悦。所以最好打听一下别人送什么，相互间以不重复最妙；能送富有创意的礼物则更妙。譬如以寿星名义赈灾济贫，意义非常重大，或致赠一年的杂志，或送一株冬青树，这些都可以送给别人当生日礼物。

小杨在一家杂志社作编辑，有一天是她过25岁的生日，编辑部的其他同事一人给她发了一个字的短信，组合起来就是：杨姐生日一定要快乐啊！这个别出心裁的生日礼物，让小杨感动不已，这是多年以来她收到的最开心的一份生日礼物。

"礼尚往来"的潜台词是"天上不会掉馅饼"，所以如果你贸然给上司送礼，那相当于给他下了最后的通牒。

从古至今中国人都比较崇尚"礼尚往来"，以"礼尚往来"寄托和维系感情，更有可能是用来做利益交换。前者总是亲密的家人和朋友，礼物不一定贵重，象征意义更大；后者则是"天上不会掉馅饼"，有些心照不宣了。在企业里，特别是在非公有制企业里，那些在商场和人情中千锤百炼的老板非常清楚礼物的含义，有一种本能的警惕。

　　如果你要想通过给老板送昂贵的礼物，来得到老板认可，这是非常愚蠢的举动，结果只会是竹篮打水一场空。记住，千万不要贸然给老板送礼，只要你有良好的业绩就是给老板最好的礼物。

　　张女士与李女士一起进入一家公司，张女士的业务一直比不上李女士，眼看着李女士从业务员一步步做到部门主管，薪水高自己两倍，不由得开始嫉妒。她考虑了几天，终于做出了一个荒唐的决定：给老板送礼。开薪那天，张女士用自己的半月薪水，又从积蓄里取出来一部分，共计1000多元，到工艺品商店里买了一座镏金的"一帆风顺"扭扭捏捏地送到了老板的办公桌上，老板那一瞬间的表情就像是遭到了恐怖袭击，先是惊讶，后是责备，然后是婉言谢绝，把张女士搞得脸红脖子粗，无地自容。好在老板体恤她的一番苦心，在委婉的批评后，自己掏了钱，实际上是变相地拒绝了她。后来这位张女士通过努力也终于做到了部门主管，老板对她同样刮目相看。

　　有一个人在他朋友出国时，只是在地上捏了把泥土送给他。一把泥土表面上看起来是一文不值，但其中所含的叮嘱深意，送礼人不须直言，对方即可明白。这可不是一般普通的礼物：莫忘故乡土，其意为盼游子早早归来，而这样的深情自然全在那一捏土中了。

　　其实，送礼有时并不一定要选择年节或特殊的日了，拥有一份巧思，则随时可送。比如某人逛街时，看到一双古意盎然的砚台，联想到毛笔字写得不错的上司，便买了下来。第二天即以不卑不亢的态度说："昨天我逛古董店，看到这方砚台，你一定会喜欢，所以买来送给您！"如此细心的殷勤，日后上司还能不对你另眼相看吗？

　　再例如你从外地回来，把一枚卵石送给喜爱收藏小玩意的朋友，并跟他说："这是我在希腊海边捡到的，知道你会喜欢，所以带

它飞过一万八千里,使它物得其主。"对方自然对你充满感激,此后,你们的关系自然越发密切。一份别出心裁的礼物,送给一个曾经对你不满的人,现在变成了无话不谈的知心朋友;如果送给你的好朋友,你们的关系就会变得更加密不可分。

3. 送礼也要送之有术

在当今社会上,送礼已不可避免地成为了一种时尚。不管那礼物是轻还是重、或多或少,我们都可以从中体味到人情缔结、友好往来所带来的欢乐。送礼不仅是一种艺术,更是一门学问,我们需要懂得送礼的技巧。要想使对方更容易接受,其中隐藏着有许多玄机与奥妙,送礼绝不能随心所欲,盲目乱送。特别是送给领导的礼就更需要一番细细地考虑。如果没有选择适当的方法,没有把握住时机,往往会适得其反。因此,在你为上司送礼时,巧妙地把礼物送出去,会令双方都心生愉快。

一般说来,在礼物的选择上,应遵循小巧玲珑的原则。你所送的东西不仅精致,而且又有意义,是最为让对方所喜欢的,并且你所送的东西最好可以随身携带。如果送给上司大件的礼物,而礼物本身既粗大笨重又不易搬运,送时兴师动众,弄得四邻皆知的话,上司肯定会极为尴尬,而此时你所送的礼物肯定会被对方所拒绝。

另外,送礼时一定要看准时机,亲手交给对方。不管是在生活中还是在职场上,除了平级、朋友之间的送礼,其他的送礼关系都有可能会被他人所猜疑。礼物本来只是人际交往的载体,重要的是通过交谈增进情谊,而错误的送礼方法往往会使这个收礼的领导在收受贿赂。

给上司送礼时最好不要盲目地乱送，事先要对上司的个人兴趣爱好、脾气秉性等特点进行了解，并选择合适的礼物，找时机再去送礼一定会事半功倍。但送礼最好在私下进行，切忌在人多眼杂的公共场合送。尤其是给上司和异性送礼更应注意。前者会被笑为"拍马屁"，你则会落得个"拍马屁"的头衔，你的上司也会被人怀疑不清廉。本来是正常的人际交往，结果反而使双方受不正之嫌，岂不是自讨苦吃。

因此，学会如何给上司送礼是一种极为必要的人际交往技巧。送得巧，送得妙，双方都会皆大欢喜。送得不好，受礼者不愿接受，或严辞拒绝，或婉言推却，或事后退回，都会令你和上司十分尴尬。以下是我们常见的几种送礼技巧：

醉翁之意

小王他家在广东，他的父母从老家托人给她带来一大堆特产，望着这么多乱七八糟的东西，小王甚是烦恼，就她和丈夫小周商议，这么多东西怎么吃得完。突然，她有了主意，因为她想起小周以前和她说过，小周的公司经理比较喜欢广东的土特产。和丈夫商量好后，小王找出很多方便袋，分别都装上些特产，再封好。

第二天一早，小周上班时把这些包好的特产带到公司，每个同事一份，当然经理的那份更少不了。顿时公司里一片欢快，经理更是高兴。大家都说："小周真是有心人啊。"小周说："吃完还有，还有谁要的，明天再给带来。"大家都说够了，经理开玩笑说："有多少带多少，哈哈。""成。"

次日上班，小周果然又提了一大包，同事们都说够了，经理也推说够了。小周接着说："我记得经理不是最爱广东特产吗？况且这是老家带来的，家里还多着呢，您要喜欢就拿回去吃个够。"经理美

滋滋地接受了。

可见，如果送这种土特产时，可以顺势给各位同事也分点，既不会让人说三道四，而且也让所有人高兴，更顺了上司的心意。这才是"醉翁之意不在酒"啊！

借花献佛

刘辉在一家公司工作。这个公司的领导特别孝顺，家里有一个老父亲，患有哮喘，早年因操劳过度，又无钱医治，至今仍无法断根。

前些日子，刘辉的妻子回乡下娘家，她老弟让她带回两条很奇怪的小蛇，给刘辉泡酒喝。可以强身健骨，增强体质，如果有气喘病，也可治。刘辉看了看这两个小东西，在小玻璃罐里还吐着红红的舌丝呢。他向来不碰这种东西的。她妻子说："我知道你不喜欢，可小弟他硬要我带回来，说可以治哮喘，是个好东西。现在怎么办？丢了挺可惜的。"

刘辉突然想起了领导的父亲患有哮喘，或许他可以用得着。与妻子商量后，他们把这两条蛇送给了刘辉的领导。后来，领导碰到刘辉，就说："多亏你呀，我父亲的哮喘比以前好多了。"

众星捧月

某个公司里的上司生日快到了，小李为此却愁眉不展，不知该怎么办？送礼吧！影响不好。不表示吧！领导肯定会有意见。回家同妻子商议，他妻子出了个主意。第二天上班，他便邀上公司几位同事一同去送礼祝贺，或共同集资为老总开个小小的Party。就这样，他的老板既高兴又感动，从此以后，老板就对他另眼相看了。

内交政策

某公司里有一个叫小吕的员工，公司里要提拔一个职员做主任，并派到国外去学习。每个人都很想拥有这个机会，包括小吕在内。正好他的老婆与公司总经理的老婆是高中同学。于是，小吕的老婆便带着礼物去拜访总经理的老婆，老同学联络感情嘛！后来，小吕果然如愿以偿当上了主任。看来，通过女人与女人之间的内交政策，也能达到很好的效果。

投其所好

小马在公司里主任对他一直挺不错的，他一直想找机会回报主任，但考虑到别人会说主任的是非，所以一直都没有实行。一天，他偶然发现主任办公室桌上放着几幅字画，经询问，才知道主任正在重新装修房子，而他又很喜欢这些优雅的书画，便买了几张。正好，小马家里收藏了一幅的咏竹图。

第二天，他把这幅画送给了主任，当然也很快博得了主任的欢心。

有时在送礼时，我们可以对受礼者说是以出厂价、批发价、优惠价买下的，象征性地向受礼者收一些费用。

中国某家外贸公司与印度某商贸公司合作，很快他们做成了一大笔生意。为庆祝双方合作愉快，更是为了加强两公司今后更好地合作，中方决定向印方赠送一批具有地方特色的工艺品——皮质的相框。中方向当地的一家工艺品厂定制了这批货，这家工艺品厂也如期保质保量地完成了。当赠送的日子快要临近时，一位曾经去过印度的职员突然发现这批皮质相框是用牛皮做的，这在奉牛为神明的印度是绝对不允许的，如果将这批礼品赠送给印方很难想象会产生什么不可思议的后果。幸好及时发现，才使中国的这家外贸公司没有犯下无可挽回的错误，造成重大的损失。

他们又让工艺品厂赶制了一批新的相框,这回在原材料的选择上特地考察了一番。最后在将礼物送给对方时,对方对此礼物非常满意。

在对外交往中,交往双方互赠礼物这不足为奇。适当的礼物可以表达彼此的敬意和良好祝愿,增加彼此的感情。任何一个人都想使赠送礼物达到最好的效果,这就必须遵守有关的礼仪规范,否则,最终是功亏一篑。赠送礼物首先考虑的是以下的几方面:

其一,礼物的特色性。首先要从交往对方的心理上来分析,本地的具有地方特色的,和具有民族特色的东西就是最好的。这样的礼物在他们看来也是最具有纪念意义的。

其二,礼物的针对性,挑选的礼物应该因人而异,因事而异。即要考虑到受礼人的性格、爱好与品位,要"投其所好";因事而异,指在不同情况下,赠送的礼物也应该有所不同。

其三,礼物的差异性。不同的国家、民族或地区有不同的风俗习惯,同一件东西,在一个地区是受人欢迎的,在另一个地区则未必。在考虑到前两点的基础上,还必须对受礼人所在地区或国家的风俗习惯进行了解,不要触犯到对方的宗教禁忌、民族禁忌和个人禁忌。在礼物选择上可以归纳为"礼物六忌":即礼物的品种、色彩、图案、形状、数目和包装。在涉外交往中有"涉外交往八不送":

一、现金和有价证券,以免有受贿之嫌;二、贵重的珠宝首饰;三、药品与营养品;四、广告性的或宣传用品;五、容易引起异性误会的用品;六、为受礼人所忌讳的物品;七、涉及国家或商业机密的物品;八、不道德的物品。

此外,赠送礼物还应注重包装,尤其是在涉外交往中,礼物的包装也属于其的组成部分,同样也在仔细考虑范围之内;最后送礼的时机也要适当,这样才能达到最佳效果。

4. 送礼要送到人的心坎上

送礼之所以被人称之为艺术,关键在于一个"送"字。这是整个礼物馈赠的最后一个步骤,送得好,方法得当,会皆大欢喜。如果送得不好,对方不愿接受,甚至严词拒绝,或婉言推却,或事后退回,都只会令送礼者十分尴尬。弄得钱已花,关系也没沟通,当真是赔了夫人又折兵。所以,只有巧妙掌握送礼的技巧,才能真正做到送礼的全过程。

下面是几种常见的,也是比较有效的送礼的方法。

烘云托月

有时你想送礼给人,而对方跟你又有一点小矛盾,不便直接去送。你不妨选对方的诞辰婚日,邀上几位熟人一同去送礼祝贺,那样对方就不会拒绝了。当事后知道这个主意是你出的时,对方一定会改变对你的看法,使关系和好如初。借助大家的力量达到送礼联宜的目的,也是一种好办法。

醉翁之意

如果你想给家庭困难者送些钱物,有时他自尊心很强,轻易不肯接受。如果你送的是物,不妨说,这东西在我家放着也是闲着,让他先拿去用,以后买了再还。受礼者会觉得你不是在施舍,以后会还,所以会乐意接受你的赠送。这样你送礼的目的达到了,对方也不会失去自尊心。

锦上添花

一位学生在上学时期受过一位老师的很多帮助,在他成功后一直想回报,但就是没有机会。一天,他偶然发现老师红木镜框里

的字画竟是拓片,跟室内雅致的陈设搭配不太好看。正好,他的叔父是位小有名气的书法家,而他的手头上正好有叔父赠他的字画。这位学生马上把字画拿来,主动放在镜框里,老师看到之后,不但不反对,反而非常喜爱。学生送礼回报的目的终于达到了。所以说,"锦上添花"也不失为一种送礼的方法。

异曲同工

有时送礼也可以不掏钱。在某些情况下,人情也是一种礼物。比如,你可以用自己的能力买到厂价、批发价、优惠价的东西,当你为朋友、同事买了这些东西后,他们在拿到东西的同时,会心存感激,已将你的那份情当做礼物收下了。你没有花一分钱,只不过搭上一点人情和工夫,而收到的效果与送礼的效果是一样的。受礼者因交了钱,收东西时心安理得,毫无顾虑;送"情"者无本万利,自得其乐。这种避嫌、实惠的送礼方法,只要以不损害别人的利益为前提,也是送礼的一种技巧。

5. 对症下药,使礼品增值

中国古语有云曰:"物以稀为贵",即稀少与珍贵是同等的,在赠送礼品方面也同样是如此。学会"对症下药"也会使您的礼品增值不少。

事实上,厚礼并不一定要有多么奢华,一掷千金、挥金如土的送礼方式实在不可取。

在赠送厚礼方面,我们应该注意有以下的原则:

除此种方法以外,便无法表达自己的强烈愿望;

您可以对此种厚礼担负得起,而且对方也可以承受;

除非你的目的在此,否则你的厚礼便是一种铺张与浪费。

在都市中极为普通的东西，在边远贫困的地区便显得极为贵重了；对于一个小姑娘来说，一件极为美丽但并不贵重的衣服便是厚礼；送给嗜好饮酒者，恐怕一瓶名酒便可。

李、胡两家乃是世交。李家世代皆爱收藏各种各样的古书，胡家祖上辈辈皆为琴师。到了这一代，两家依然保持着这样的家风与传统，而且双方也是极为融洽的朋友关系。

一日，李先生在整理藏书的时候，发现了一本落在角落的古代失名的琴谱，再想到胡先生一生对各种琴谱都深为着迷，而这本书对于他来说，可能价值更大，所以便拿来送给了胡家。

胡先生对此百般推辞，他说，此乃李家的祖传之物，本身就是十分珍贵的。但是李先生却一再坚持，胡先生只好收下，并说这是一份极为难得的厚礼。

远在俄国的尤斯波夫家族拥有大量的财富，其规模甚至比沙皇的财产有过之而无不及。而菲力科斯是这一财产的唯一继承人。在他记忆中，父亲曾经送给母亲一份极为厚重的生日礼物，那礼物是克里米亚最高的山峰。

不同收入阶层的人拥有着不同的价值观，你对症下药，才能使自己的礼物更有价值。在对外交往的过程中，出于对对方的尊重和友好，以及对领导人的敬仰，往往会馈赠于对方极为贵重的礼物，这些礼物不仅增加了两国人民之间的相互了解，同时也促进了国家与国家之间的友好与合作。

1972年秋天，中日两国的交往日益正常化。日本首相田中角荣在访华时，随行带来了1000棵极为名贵的大山樱作为礼物。这些

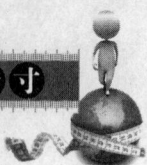

樱树后来分别种在了北京的天坛、紫竹院、陶然亭几个公园中。在1973年4月,樱花开得最为灿烂的时候,中日友好协会的会长廖承志率团出访了日本。

在临行之前,周恩来总理让他带几片樱叶送给田中首相。到了日本后,廖公将它们交给了田中首相,并说:"这是从首相为庆祝中日恢复邦交而赠给中国人民的大山樱上摘下来的,现在大山樱的长势非常好。感谢首相的好意,并要留作纪念。"

田中首相接过后,立即叮嘱身边的工作人员一定要将其妥善地保存好,同时也对中国人民的情谊做出了深深的感谢。

大熊猫乃是中国的国宝,素有"活化石"之称,它憨态可掬的模样深受各国人民的喜爱。在生态环境日益恶化的今天,大熊猫的数量也变得极为稀少,因而显得极为珍贵。将大熊猫作为礼物馈赠给国外,始于公元685年,中国唯一一位女皇帝武则天在当时赠送给了日本天皇两只。在建国后,中国为了表示友好,先后将23只大熊猫送给了9个与中国建交的国家。

在1986年10月3日,李先念主席对朝鲜进行了访问。在金日成广场上,一位名叫白龙益的74岁老人,向李先念主席赠送了一把他珍藏了多年、象征着吉祥与平安的银刀。在朝鲜风俗中,向贵宾赠送银刀乃是最高的礼节。

在朝鲜卫国战争期间,白龙益老人曾经在新义州为志愿军运送过伤员,他的大儿子在与志愿军并肩作战的过程中牺牲了。老人一直将这把刀珍藏在身边。而这样的礼品不仅表达了他对中国人民的深情厚义,同时也饱含了对贵宾的祝福。

送礼是件好事，既能表达情谊，又能拉近你们之间的关系。俗话说："千里送鹅毛，礼轻情义重。"礼品的价格并不重要，送礼对症下药，才会使礼品增值，同时也可以使对方体会到礼品中的情义，这才是真正的送礼之道。

6. 送礼需要有分寸

在某些场合中，人们总是希望可以通过赠送给对方极为昂贵的礼品来表达自己的强烈感情，但事实上，礼品的价值并不全在于其质地是否豪华与价格是否昂贵。钻石固然华贵美丽，但是红头绳也未必会逊色多少，关键在于它是否包含了赠送者的深情厚意。

前些年，我们的生活还未到达小康水平的时候，一些农村朋友来到城里串门，总是会带上一堆自己家中产的西红柿、黄瓜、小米、绿豆等，而主人也是非常高兴地收下。您能说这样的礼物是毫无价值的吗？

一位在大学中任教的医生到极为偏远的小城中去行医。他将一位患病许久但是却没钱医治的山民接到了自己的小诊所中，将他的病治好了，而且没有收他一文钱。

山民到家后，砍了一捆柴，走了足足三天的路才到城里，他将一大捆柴送给了医生。这位朴实的山民根本不知道，在城市的生活中，早已没有了烧柴这一概念了，他的礼物与他的辛苦显得是那么的不合时宜。

但是医生却十分感动地收下了山民的礼物，后来他向人讲述这个故事的时候，总是会说："在我的行医生涯中，从来未曾收过这样贵重的礼物。"

一大捆在荒山中枯去的老枝，本来并不具备价格上的任何优势，但是由于感谢的至诚，使得它成为了医生记忆中不朽的礼物，您能说它没有价值吗？

送多少本来就应该与送礼人的经济实力相一致。如果你给一个经济条件非常差的人送了比较贵重的礼物，会使对方受之不安；但是如果给经济条件较好的人送了较为廉价的礼物的话，则会让受礼者感觉到你非常小气，或者是看不起他。

女朋友过生日的时候，你如果只是一个工薪阶层，但是却非要送她价值5万元的戒指，她当然会非常高兴，但这样的高兴只会持续极短的时间：耗尽了所有的家当买下了的小小戒指，难道你不会感觉到吃力吗？日后，处处捉襟见肘的生活，你的女朋友也必然会厌烦。所以，送多少，一定要考虑到自己的经济承受能力。

另外，在送礼的时间最好附上发票，只要您的动机并不炫耀礼品本身的价值，受礼者自然会对您的善解人意抱以理解。

在日常生活中，相互频繁的送礼已经成为了一种习惯。礼品的类型也开始五花八门，从几十元一瓶的酒，到价值数百元、数千元的电器，这些都属于送礼的可挑选范围。但是在送礼的时候，人们却往往不会将发票、保修单一并送上。这些礼品一旦有毛病，便会使主人陷入尴尬与着急的境地中：无处修理、无处退换，扔掉可惜，放着无用。

话说回来，虽然礼品只是一种表达情义的方式，但是其商业属性并没有多大的改变。为受礼者着想，送礼者不如大大方方地让商家开张发票，装入礼品之中，使对方对礼品的价值一目了然。万一日后出现了什么毛病，也可以自如地前去退换，从而减少了后顾之忧。否则，花钱送了礼品，但是最终却给主人留下了麻烦事，这实在是一件极为不划算的事情。

此外，我们还要考虑受礼者是否在日常生活中用得上自己所送的礼物。例如，在朋友开业之喜时，自己准备送给他一幅极大的装饰画，便应该首先考虑一下，他的店中是否能摆下如此巨大的画？

适用性永远是在送礼过程中无法忽视的重要因素。一位极富有想象力的澳大利亚企业家，为他的穆斯林商业伙伴设计了一件独特的礼物。他知道虔诚的穆斯林每天都必然会祈祷五次，在祈祷时候必然会面对着伊斯兰圣城麦加，但是在旅行的过程中却极难确定麦加的具体方向，这给商业伙伴造成了极大的困扰。这位澳大利亚人便送给了他朋友一个纯银制的指南针，并装在了一只极便于携带的木盒中。

我们可以想象得到，他的穆斯林朋友在收到了这样一份极有价值的礼物之后将会多么的开心！

送礼也需要有分寸，这一分寸并不仅仅表现于礼物的价值上，更表现在礼物是否具有相当的实用性上。最好的礼物，永远是最为适用的礼物。在送礼时，赠送给对方一种毫无用处的东西是最大的忌讳。例如，主管送汽车配件给一个没有汽车的职员，送酒给一个滴酒不沾的人，或者将一件运动器材送给一个身体有残疾的人，这些都是极为不恰当的。

"礼尚往来"可以增进人与人之间的情谊，所以我们要遵守礼尚往来的规则，只有这样才能生活在温馨有礼的环境里。

在现实生活中，礼尚往来是建立人际关系、拓展业务范围很重要的一部分。因此，懂得各国的送礼习惯，掌握好送礼的规则和火候十分重要。在送礼的时候要讲究实用性和奇特性。如，我国产的仿兵马俑，在美国人心中就是一种难得的礼物。同时，要注意赠送礼物应在生意交谈结束的时候。送礼时，如果礼物价格很高，就会

第八章 礼尚往来，巧妙送『礼』

被误认为是一种贿赂。送一些高级巧克力、一两瓶名酒或鲜花,都能得到受礼者的喜欢。我们都崇尚艺术,因此,所送礼物最好带有一些艺术性,如有特色的仿古礼物,他们就会很喜欢。送礼还要注意礼物的包装,礼物切勿用白色、黑色或棕色的包装纸或丝带包扎。另外,不要送尖锐的东西,因为有的人视其为不祥之兆。送礼不要一次送4样或9样东西,因为"4"字是"死"谐音,而"9"则与"苦"字谐音。大多数人对礼物的价值不大讲究,但重视礼物的实用性,不宜送高档礼物。还有些人比较喜欢名牌,特别是西方名牌货,不论礼品价值的高低,只要是名牌对方都喜欢。

鲁迅说:"有好茶喝,会喝好茶,是一种'清福'。"职场送礼,就像沏茶一样,沏好了茶香袅袅。职场之中还有一种叫"功夫茶",或许大多数人都不会沏。在职场上,你送礼的功夫是否到位,决定你能否做到既不显山露水,又能够打动人心。职场上往来的礼物不在贵重与否,而在时尚、实用、有情趣,做到这三点,你也就做到了遵守礼尚往来的规则了。

快过春节了,广告公司业务员关小明这几天一个劲儿地犯愁。让他犯愁的不是工作的事,是送礼的事。他正在想要不要给客户,特别是公司领导和那些在工作中对自己有过帮助的人送礼物,礼物又该如何送?他从上海一名牌大学的市场营销专业毕业后进了一家广告公司做业务员。用老总的话说,他是这家公司的"三最"级员工:年龄最小,参加工作的时间最短,但是业绩最好。取得好成绩当然有自己扎实的专业知识,还有没日没夜的工作,有自己对于营销工作的独特理解,半年下来,他的业绩在公司排名第一。说实话,他能取得这样的业绩,与公司领导对自己的培养、同事对自己的帮助也是分不开的,所以他想对领导和同事有所表示,但老实本分的他却不知道该如何送礼表示。

相信他的情况我们大家也都遇到过。如今的社会,"利"和"礼"是连在一起的,有"礼"才有"利",这已成了商务交际的一般规则。搞懂这个道理不难,难就难在怎样把礼送好,送领导、送客户、送同事、送下属,你送礼的方法是否到位,能否做到既不显山露水,又能够打动人心,使对方乐于接受。

一次邢亮买了一台很时尚的电磁炉去看望他的伯父。但伯父见到礼物时并没有感到高兴。后来堂嫂告诉他,伯父已经收过好几台电磁炉了,再说伯父从来就不喜欢吃火锅。送礼没送好,弄得邢亮十分郁闷。

给朋友送礼不要送钱,那像是送压岁钱。送给朋友一种轻松、健康的生活,朋友会感谢你一辈子。给领导送礼赤裸裸地送钱就是行贿,领导肯定看不起你。

我们都知道,礼尚往来是中国的国情和传统文化。每逢佳节,送礼是我们独特的面子文化,礼尚往来不仅仅出现了大量充斥着荧屏的"送礼就送脑白金"之类的电视广告,也就产生了"礼品回收"这个行当。我们从表面上看"礼品回收"是一种无证经营的市场商业行为,只需加以规范就可以了;其实并不是这么简单的问题,正是这种黑市交易行为,使得如今的送礼与传统意义上的"礼尚往来"相去甚远,使得如今的送礼包含了许多复杂的社会行为,使我们的礼尚往来不再是单纯意义上的情意表达。

"礼品回收"其实扭曲着人们正常的"礼尚往来"文化。当一个人把别人送给他的礼物当成商品卖掉时,这个礼物的性质就发生

了质的变化。原来带着情意的纯粹礼物换成了金钱,"礼轻情谊重"的价值观念就被改变了,感情作为礼物的附加值就消失了,礼品回收价值的多少就代表着送礼方的面子和受礼方的实际利益收获,于是出现讲面子、重礼物轻感情、重价值轻实用,使人们越来越盲目地攀比,礼物不再是一种受礼人能实际使用的东西,反而成为其换取货币的商品,传统"礼尚往来"的文化价值受到金钱利益的严重破坏,产生了一种畸形的文化伦理和商品消费需求,从另一种角度上看这种畸形的商品消费需求也扭曲了礼物生产商家的营销理念——"产品非成礼物不可买卖也",导致不利于市场与社会发展。所以,我们要遵守礼尚往来的规则。

图书在版编目(CIP)数据

做事要有分寸 / 王宇著.– 北京:新星出版社,2010.11

ISBN 978-7-5133-0075-9

Ⅰ.①做… Ⅱ.①王… Ⅲ.①人间交往 – 通俗读物　Ⅳ.①C912.1–49

中国版本图书馆 CIP 数据核字(2010)第 182493 号

做事要有分寸

王 宇 著

责任编辑:李梓若

责任印制:韦 舰

封面设计:艺和天下

出版发行:新星出版社

出 版 人:谢 刚

社　　址:北京市西城区车公庄大街丙 3 号楼　100044

网　　址:www.newstarpress.com

电　　话:010-88310888

传　　真:010-88310899

法律顾问:北京市大成律师事务所

读者服务:010-88310800　service@newstarpress.com

邮购地址:北京市西城区车公庄大街丙 3 号楼　100044

印　　刷:山东临沂新华印刷物流集团有限公司

开　　本:787 × 1092 1/16

印　　张:17.25

字　　数:200 千字

版　　次:2010 年 11 月第一版　2010 年 11 月第一次印刷

书　　号:ISBN 978-7-5133-0075-9

定　　价:29.00 元